坐龙椅

明清帝王的风雨人生

（上部）

范军◎著

金城出版社
GOLD WALL PRESS

图书在版编目 (CIP) 数据

坐龙椅：明清帝王的风雨人生．上部 / 范军著．—
北京：金城出版社，2018.3（2023.6重印）
ISBN 978-7-5155-1634-9

Ⅰ．①坐… Ⅱ．①范… Ⅲ．①帝王—列传—中国—明
清时代 Ⅳ．①K827=4

中国版本图书馆 CIP 数据核字（2018）第 008125 号

坐龙椅：明清帝王的风雨人生．上部

作　　者	范　军
责任编辑	王秋月
开　　本	710 毫米 ×1000 毫米　1/16
印　　张	18
字　　数	264 千字
版　　次	2018 年 5 月第 1 版　2023 年 6 月第 3 次印刷
印　　刷	北京合众伟业印刷有限公司
书　　号	ISBN 978-7-5155-1634-9
定　　价	39.80 元
出版发行	**金城出版社** 北京市朝阳区利泽东二路 3 号　100102
发 行 部	（010）84254364
编 辑 部	（010）84250838
总 编 室	（010）64228516
网　　址	http://www.jccb.com.cn
电子邮箱	jinchengchuban@163.com
法律顾问	陈鹰律师事务所（010）64970501

龙椅中人：碎影流年背后的雄心与惆怅

龙椅上的人生，明清帝王的碎影流年，这注定是本惆怅之书，也是纠结之书。

首先，它讲述帝王的雄心，以及雄心背后的惆怅与局限。

以朱元璋为例。洪武七年（1374 年）十二月十三日，皇帝朱元璋完成了一项本应该由学者完成的工作：注解《道德经》。没有人知道，朱元璋在此时打开的是他的梦想之门。他心中有一个梦想，朱元璋的乌托邦在他看来就是一个人人以《道德经》为行动指南的理想国。没有叛逆和杀戮，有的只是顺从和安居乐业。在朱元璋心目中，《道德经》是“万物之至根，王者之上师，臣民之极宝”，所以注解《道德经》的工作非他莫属。这是治国之经，立国之本，是进入朱元璋乌托邦的通行证或者说敲门砖。

在朱元璋的乌托邦中，对贪官污吏的愤恨、惩罚和对农民的亲近是相辅相成的。农民可以用绸、纱、绢、布四种衣料，商人只能穿绢、布两种料子的衣服，并且商人在考学、从政等诸多方面都会受到限制。另外为了进一步抬升农民的地位，朱元璋身体力行，亲自在皇宫大院里种植蔬菜，他甚至将“御花园”改名为“御菜园”，可以说朱元璋的乌托邦就是个静态的大庄园，一切自给自足，唾弃商品经济，而在言行举止上，强调用一种思想、一种信仰来规范全体民众的意志和行动，从而让帝国呈现出知足常乐、和谐有序的气质来。

洪武末年，朱元璋的帝国基本上能做到夜不闭户、路不拾遗（见祝允明《野记》），似乎回到了周朝礼仪尊严、民风淳朴的时期，相对于元朝后期礼崩乐坏的状况，朱元璋打造的乌托邦令人刮目相看。

此外，朱元璋还热衷于做一件事：修城墙。都城的城墙要修，长城的城墙更要修。朱元璋的雄心由此可见一斑。但惆怅相伴雄心而来，因为龙椅中人朱元璋这样的所作所为类似于农民修院墙，表面上看着气派，实际上挡住的却是一个帝国的视野、雄心和开拓意识。与此相对应，朱元璋禁通外番。他在洪武二十三年（1390 年）十月二十七日诏令户部严申交通外番之禁，帝国向外的大门就此紧闭，外贸的屏蔽最终导致了视野的屏蔽，乌托邦中的人在四书五经中近亲繁殖着祖先的思维，帝国的思想被统一到几本枯燥的经书里头，不可能再有什么创新了。

说到底，由于朱元璋观念的局限性，更准确地说是因为龙椅中人普遍存在的闭合思维，导致了东方封闭的内陆文明、农业文明和西方开放的海洋文明、商业文明的路径之别。朱元璋不知道，从他的新朝元年出发，他以及由他的子孙承继的帝国与这个世界的距离愈行愈远。1381 年，朱元璋下令修建山海关，进一步封闭帝国疆界，当这个乌托邦的长城东起鸭绿江，西到嘉峪关，已长达 6000 多公里时，英国颁布了最早的航海条例，东西方视野之别开始以一种微妙的形式表达出来。朱元璋之后，他的子孙们诏修《四书》《五经》《性理大全》，并于 1417 年颁行，定为生员必读书时，欧洲进入了文艺复兴时期，那个叫达·芬奇的意大利艺术家画出了《最后的晚餐》《蒙娜丽莎》等作品。而当隆庆、万历年间帝国意淫小说《金瓶梅》问世之时，莎士比亚的人性作品《哈姆雷特》《李尔王》《罗密欧与朱丽叶》也问世了。东西方的思想之别也开始以一种微妙的形式表达出来。1581 年，张居正改革赋役制度，推行“一条鞭法”。此前一年，意大利威尼斯建立了世界上最早的银行，在财税改革的路径上较大明帝国遥遥领先。

由于朱元璋等龙椅中人因循守旧、墨守成规，大明王朝注定不可能天长地久。1644 年，李自成攻占北京，崇祯帝自缢身死，明亡。此前四年，英国资产阶级革命开始。此前两年，法国 B. 帕斯卡发明利用齿轮转动进行加减法的计算机。

此前一年，意大利科学家E. 托里拆利和V. 维维亚尼发明了水银气压计。与此同时，那个大名鼎鼎的物理学家牛顿出生，万有引力定律的发现进入了倒计时——东西方文明或者说竞争力之别至此已如天堑鸿沟，不再是任何人力可以阻挡或扭转的。而从这样的时刻回溯，帝国的开创者朱元璋已经死去二百多年，他在世时对帝国气质、视野、思维的框定终于在此时得到报应，所有的因果轮回屡试不爽，逃无可逃。

总之，在一切皇帝负责制的时代，皇帝由于个人能力、识见的缘故，往往掌控不了全局。可作为历史中枢神经的核心部位，皇帝又不能无所作为，这就形成一个悖论———个不够称职的董事长带领公司全体员工试图走进新时代，结果往往差强人意。

另外，作为汉人的最后一个王朝，明朝的"问题皇帝"和"试图解决问题的皇帝"都很多，也很有代表性。比如无为而治的万历皇帝和励精图治的崇祯皇帝。在历史大困局面前，他们的表现就像一个硬币的两面，只能看到面前的问题却看不到背后的实质，只知怨天尤人不懂悲天悯人，这样的皇帝往往会沦为历史的奴隶，被绑架着往前走，何谈发现问题、解决问题？

至于清朝的皇帝更是不易，在"满汉文化"从冲突走向融合最终再走向决裂的历史轮回中，清朝的统治活生生就是一个起承转合的历史，清朝的皇帝更是有着起承转合的人生，包括权力，也包括个人情感。特别是道光以降，在内忧外患的背景下多悲情皇帝。他们的人生是支离破碎的，屁股下面的龙椅也是摇摇欲坠的。问题层出不穷，情感无所寄托，而囚徒天子光绪，被囚住的不仅是身体，更有自由、思想以及他的爱情。在这些基点上看皇帝，他们玩的不仅仅是权力博弈，也是人生和命运。是抓手，也是被抓手。他们实在是历史的那些冲突点、转折点、铺展点和萎缩点。

不妨以康熙九子夺嫡为例，看看龙椅中人不得不面临的权力与人性的变异。一个皇位，相伴多少牺牲品。不争是争，争也白争。不管争与不争，欲加之罪，何患无辞。谁叫你生在帝王家呢？如果从"局杀"的角度看清代龙椅中人继承的选择手段、养成制度、更换程序以及危机处理方式等，真可谓龙椅中人都是

试验品，没有谁的命运是可以自主的。所以才有顺治出家的传说，康熙选择太子的心力交瘁以及雍正难与人言的无情杀伐。

是龙椅中人错了吗？也许是制度之错。总之这是个“局”。设局者或许早已离开，局中人却厮杀正酣。设局、入局、局杀。就是个游戏而已，愿赌服输。在康熙帝国，储权之所以可以挑战君权，是因为里头有一些制度性的安排或者说设计。康熙为了培养胤礽的太子意识，特令礼部为其制定相应的皇太子礼节。但胤礽得陇望蜀，对太子权益做出过度追求。比如他当着康熙的面辱骂殴打平郡王纳尔苏、贝勒海善、公普奇等王公大臣，康熙出于维护储权的需要，对此毫不吭声。太子胤礽之所以在挑战君权的路上越走越远，应当跟康熙这样的制度设计有关。太子的储权如此之大，自然会对皇帝的权威造成挑战。康熙规定，自己外出期间，在京大臣除去按例将各部院重要政务向他奏报之外，还必须同时禀报值守皇太子。另外康熙在亲征时，经常随带包括太子胤礽在内的6位年长皇子加以历练，令其知兵事。他在太子养成计划中的如是培养，既给了太子问政的能力，又滋长其野心，诚属不当。

通观历史，大明王朝的太子养成教育制度堪称完备，可从“促织（蟋蟀）皇帝”宣宗到“木匠皇帝”熹宗，嫡长子继承制下产生出来的“问题接班人”层出不穷，令大明帝国日益走向崩盘的境况。胤礽的情况也相类似，在成年后他暴露了人格缺陷，开始表现出对权力欲的特殊嗜好，以至于铤而走险挑战皇帝的权威，大清帝国的稳定性为此大受影响。总之对此类龙椅接班人模式的错位理解，导致了康熙帝国长达三十多年的无所作为，帝国付出惨重代价。康熙四十七年（1708年）九月，大清皇帝康熙宣布胤礽乃不孝不仁之人，列祖列宗“与朕治平之天下，断不可以付此人”。胤礽的皇太子称号被废除，康熙将其幽禁在咸安宫。

皇帝康熙无力左右局面，既未能将皇帝权威良性传导，又不能使能力出众的龙椅接班人选们得到信任，双方陷入互疑状态，而那些接班人的潜在人选们以内讧、内斗为能事，帝国再付代价：皇长子胤禔因争储位，谋害太子，被康熙革王爵，监禁，雍正十二年卒；皇二子胤礽二立二废，受禁锢，雍正二年卒；皇三子胤祉因参与太子结党，降为贝勒；皇八子原封廉亲王胤禩因争储位被夺贝勒，并受拘禁；皇十子胤䄉因参与太子结党，父子反目；皇十四子胤禵因参与太子结党，父子反目……权力与人性的变异悲歌在龙椅内外一再奏响，令人不忍卒听。

事实上，明清两朝，龙椅中人的问题始终没有得到解决。永琰上位为嘉庆皇帝后，性格过于仁慈和谨小慎微，治国不力，以至于帝国上下贪污腐败层出不穷，他也不能大胆推出改革措施，在帝国亟待转型的时刻坐失良机，诚为憾事。

道光和咸丰这两位龙椅中人的成绩也乏善可陈。道光重用“多磕头，少说话”的大学士曹振镛治国，虽以节俭名世，财政状况却每况愈下——道光二十八年，帝国的户部仅存库银十二万三千九百余两，而道光三十年，太平天国运动爆发前夕，大清户部库银“入款有减无增，出款有增无减”。最主要的是作为一个大国的皇帝，道光的素质和视野很成问题。当第一次鸦片战争爆发时，道光却很好奇“该女主（英国女王）年甫二十二岁，何以被推为一国之主？有无匹配？其夫何名何人，在该国现居何职？”很显然这个皇帝在开拓意识和知识储备上是不称职和极其欠缺的。咸丰的情况更是糟糕。首先一点他器量狭小，不肯重用颇有能力的奕䜣和曾国藩，使得帝国危机四伏，在太平军的打击下惶惶不可终日。另外和前任道光一样，他作为一个大国的皇帝，素质和视野也很成问题。第二次鸦片战争爆发时，他下文要各参战部队“参酌施行”詹事府詹事殷兆镛提供的棉被御敌法以及其他匪夷所思的破夷之策，比如鱼网御炮法，成为中外军事史上的笑柄。如此低能的治理能力导致大清帝国危机四伏，咸丰最后未能收拾残局，只得匆匆逃到避暑山庄去避难……

历史不堪回首，明与清，近三十个皇帝，他们的光荣与惆怅，他们那些难与人言或者不为人所知的人生况味，直至今日仍令人掩卷长叹，唏嘘不已。

2017 年 5 月于上海

目录

第五章

宣德：左手宦权 右手相权

第六章

英宗：命运节点种种

第七章

景泰：有些底气不足 有些朝不保夕

第八章

英宗皇帝：天顺年间的反攻倒算

第一章

朱元璋

一个乌托邦的惆怅

朱元璋的1368

一个数百年王朝兴衰的浮沉线索，有时看似纷繁复杂，看不到出处，但如果耐下性子，究其线头，世人往往会发现，在某一个不经意的年头，某一个不经意的人手中，竟然掌握着历史转折年代的种种玄机。

而1368年，对40岁的中年男人朱元璋来说，究竟意味着什么呢？

这一年，按照《剑桥中国明代史》的说法，“中国被一群互争雄长的军人们弄得扰攘不宁。元帝妥懽贴睦尔仍然作为可汗稳坐在大都（今北京）的天子宝座上。占据四川国号夏的小明王明昇仍未被打败，同时，另外一些次要的割据自雄的人物也准备用武力抗拒国家的统一”。

很显然，朱元璋应该是那一群互争雄长的军人们之一。而在24年之前，他只不过是皇觉寺的一个僧人，因为“逢大饥疫，父兄相继去世”，16岁的朱元璋被迫委身于一座寺庙苟且偷生。8年之后，在一块肮脏木牌的提示下，心情复杂的他离开僧人队伍，成为一名首鼠两端、形迹可疑、未获政府承认的军人。朱元璋参加的是元末农民起义军郭子兴的部队，“初为亲兵，后升九夫长”。这是1352年，中国农历壬辰年，未婚青年朱元璋24岁，前途谈不上光明，甚至有些黑暗。因为他参加的是反政府武装，而在当时，这样的反政府武装数目众多，不成气候，大多属于“有今天没明天”的境况。至于郭子兴领导的这支队伍也未见特别之处，很多人之所以投奔他仅仅是为了混个肚皮儿圆，哪怕是短暂的吃饱饭也可以——那个时代，没有谁可以保证谁的明天，“今天还能活着”

便是最好的目标。

但朱元璋却在这样的境况中意外触底反弹了，他的人生迎来拐点。这是历史的诡异之处：一个配角甚至是群众演员突然跃升为主角，抢光了其他人的戏，风头一时无两，几乎令所有的剧中人大跌眼镜。当然我们现在仔细梳理一遍的话，一切其实都是有端倪可循的。所谓历史的伏笔若隐若现，是你的就是你的，朱元璋注定逃无可逃，当时的他已然被历史佬儿一眼相中了。

第一处伏笔是他成了郭子兴的女婿。一个外号叫“马大脚”的女人成为朱元璋生命中的福星，助他一直走上“九五”之尊。不过朱元璋成为郭子兴女婿的重要意义不仅仅在于此，更在于郭子兴死后，朱元璋可以“统其军，被小明王韩林儿授为左副元帅，奉宋龙凤年号，以令军中”，成为一支独立武装的实际领导人。这样的一种改变，毫无疑问让朱元璋有了从配角向主角跃升的空间和可能。

第二处伏笔是儒士朱升向他吐出了九个字，“高筑墙，广积粮，缓称王”（《明史·朱升传》）。这九个字毫无疑问是乱世箴言，价比黄金。朱元璋由此懂得进退之道的要诀在退不在进，隐显之要在隐不在显。这一年是1358年，朱元璋30岁，他率领手下10万人攻克婺州（今金华），俘掳元将帖木烈思等，设浙东行省，偏居一隅，冷眼旁观那些耐不住寂寞、纷纷称王称霸的人相互厮杀，自取灭亡。

第三处伏笔是朱元璋招纳刘基、宋濂等为谋臣，并采纳刘基的建议，确定“先灭陈友谅，后攻张士诚，统一江南，再北上灭元”的方略，从而构建并实现其朱氏建国路径图。1363年，朱元璋在鄱阳湖战役中击杀陈友谅，歼灭了他的几十万部队。次年，朱元璋在应天即吴王位。不久，率军西征武昌，逼迫汉帝陈理（陈友谅子）投降。又过三年，朱元璋攻克平江，俘掳张士诚，随后命徐达、常遇春率军25万北征。这一切的进程全在刘基的设计当中。如果说妻子马大脚是朱元璋生命中的福星的话，那谋士刘基更是他的大福星。

现在，40岁的中年男人朱元璋站在1368年的时间门槛上，踌躇满志，意气风发。因为1368年对他来说是一个全新的“起承转合”的开始。正月初四，朱元璋在百官的劝进和拥戴下，在南京即皇帝位，国号大明，改元洪武；二月十一日，他下令恢复唐制衣冠。很有从衣冠开始，开一代风气的意思；八月初九日，朱元璋更定六部官制，以为新朝的权力机构定轨……这一年，僧人出身的朱元璋就像以往那些朝代的开国皇帝那样，依样画葫芦为朱家王朝定规矩、画方圆。他有些得意，有些张狂，就像人间行乐图中，只有他朱元璋是唯一的大主角，也只有他一人可以抵达高潮。

从胡惟庸案到蓝玉案

一丝不安的气息从胡惟庸上台接替李善长做丞相开始呈现。刘基这才知道，自己在朱元璋心中的地位——无足轻重。

此前，这个浙江青田人曾向朱元璋献建国策并最终大功告成，但朱元璋开国封赏时刘基却仅为诚意伯，封御史中丞（御史台的副长官），岁禄二百四十石。岁禄二百四十石是什么概念呢？与韩国公李善长相比，后者的岁禄是四千石，几乎是刘基的二十倍了。

当然物质上的比较不是最重要的，重要的是信任。朱元璋建国伊始，似乎对刘基表现出极大的信任感。他向后者咨询丞相人选，在对杨宪、汪广洋、胡惟庸一一否定之后，朱元璋甚至表达了拜刘基为相，以取代左丞相李善长的愿望。但显然，这只是朱元璋做出的一个姿态而已，因为很快，谜底揭晓，浮出水面的那个人是胡惟庸。胡接替李善长做了丞相。这样的游戏朱元璋毫无疑问是玩得很纯熟了——可以虚心请教，但是坚决不听。由此，刘基发现自己走入了一个凶险之境，因为他很有可能被朱元璋出卖，使胡惟庸获知自己对他的评价。

刘基是个对君主不用心的人，所谓“不用心”其实是褒义词，意思是不使心计，不要小心眼。当朱元璋向他咨询胡惟庸的为人时，刘基如是回答：“譬之驾，惧其偾辕也。”意思是胡惟庸像一匹劣马，如果叫它驾车，必然会翻倒。可面对这样的评价，朱元璋还是置若罔闻，依旧将大明帝国交给这匹劣马去管理，由此，刘基明白，自己该开路了，否则后果很严重。刘基选择在洪武四年急流勇退，回青田老家避祸，以度余生。

朱元璋随后果然出卖刘基，因为胡惟庸很快就知晓后者对自己的“恶评”，并及时做出反应，称地方官员报告，刘基在老家看风水，找到一块颇有“王气”的风水宝地以建造自己的坟墓，其心可怖、可恨、可杀。由此，新朝的政治斗争在朱元璋有意无意的导演下惊心动魄地展开，他抓住这个官员间相互攻讦的机会，借胡惟庸之手除掉刘基，就此揭开新朝政治大清洗的序幕。

谁都没想到，刘基之后是胡惟庸。朱元璋螳螂捕蝉、黄雀在后，其机心得到了最充分、最残酷的表演和展示。刘基在洪武八年神秘去世，五年后，朱元璋屠刀举起，开始诛杀左丞相胡惟庸。在此前一年，朱元璋的杀人表演有一个预热的过程：洪武十二年（1379 年）十二月，御史中丞涂节报告：刘基中毒而死，右丞相汪广洋清楚其中内幕，却故意隐忍不报，他的事君忠心到哪里去了？朱元璋立刻抓住这个机会，贬汪于广南，旋即赐死。毫无疑问，汪广洋的死是一个信号，朱元璋向胡惟庸开刀的信号——刘基中毒而死，谁干的？我让你干了吗？胡惟庸百口莫辩。洪武十三年（1380 年）正月，朱元璋以“图谋不轨”罪诛杀左丞相胡惟庸，胡一家三族被诛，除此之外，多名官员涉案，因胡惟庸案被杀的人多达 15000 人。

但 15000 这个数字不是结束而是开始，洪武十三年也不是案结的时间而是案发的时间。因为朱元璋的耐心足够长，机心也足够锋利。他的目光投向已经退隐的李善长。李善长自从交出相位后一直韬光养晦，不问政事。朱元璋将目光投向他，目的是什么呢？

十年后，朱元璋给出答案。他批评李善长“狐疑观望怀两端，大逆不道”。那是洪武二十三年（1390 年），在胡惟庸被杀十年之后，朱元璋的耐心走到了尽头。他指使亲信收买李善长的家奴卢仲谦，令其告发李善长与胡惟庸往来勾结，串通谋反的“事实”。历史在这里展现了残酷的一面，已经 77 岁的李善长及其家族七十余人因为家奴卢仲谦的告发而被杀，另有陆仲亨与唐胜宗、费聚、赵雄三名侯爵涉案被杀。朱元璋杀到最后，甚至把助其事业成功的“浙东四先生”（刘基、宋濂、章溢、叶琛）全都干掉（刘基当然是早死早解脱了）。洪武二十三年（1390年），因李善长案被株连的官员高达三万余人，帝国一时间陷入了白色恐怖之中。

或许可以列出一份因胡惟庸案而死亡的主要人物名单，当然这样的名单绝对是不完全的，他们是——御史大夫陈宁、中丞涂节、太师韩国公李善长、延安侯唐胜宗、吉安侯陆仲亨、平凉侯费聚、南雄侯赵庸、荥阳侯郑遇春、宜春侯黄彬、河南侯陆聚、宣德侯金朝兴、靖宁侯叶昇、申国公邓镇、济宁侯顾敬、临江侯陈镛、营阳侯杨通、淮安侯华中、大将毛骧、李伯昇、丁玉和宋濂的孙子宋慎等，宋濂最后也未能幸免，他是贬死在四川的茂州，成为朱元璋政治大清洗的又一牺牲品。据事后统计，胡惟庸案加上随后的李善长案，共有45000多人失去性命。朱元璋新朝以其血腥的气息告诉世人，僧人皇帝可出世，可入世，在出世与入世之间勘破生死，玩得那叫一个“狠”。

当然高潮还未来到，屠杀仍将继续，下一个出局者是蓝玉。蓝玉是常遇春的妇弟。洪武十二年封永昌侯，后封凉国公。朱元璋将他比作卫青、李靖式的人物。但是在李善长死后第三年，也就是洪武二十六年二月，锦衣卫指挥蒋瓛告发蓝玉谋反，真反假反当然已成历史的迷雾，重要的是朱元璋抓住这个机会有所作为了。他借口蓝玉和一些人趁其出宫耕种耤田的时候试图杀害自己，宣告其谋反罪名成立。于是又一通大屠杀或者说政治大清洗开始了。蓝玉先被除掉了，随后有一公、十三侯、二伯送了性命。再随后有15000人被杀，朱元璋通过蓝玉案，几乎把跟着他打天下的将领一网打尽。

胡惟庸案和蓝玉案，是朱元璋实施政治大清洗的两大案。通过这两个大案，朱元璋差不多让百分之八十的开国功臣去了他们该去的地方，但是肯定还有漏网之鱼。对那些有幸躲过此二案的开国功臣，朱元璋如何对待呢？他采取了一一收拾的策略。洪武八年，德庆侯廖永忠死；洪武十三年，永嘉侯朱亮祖父子死；洪武十七年，临川侯胡美死；洪武十八年，徐达死；洪武二十五年，江夏侯周德兴死；洪武二十七年，定远侯王弼、永平侯谢成、颍国公傅友德死；洪武二十八年，宋国公冯胜死。他们都是“被死亡”，虽然罪名各异，但都是朱元璋权力意志的体现——不死不行。这里重点介绍一下徐达之死，通过徐达之死或许我们可以看清朱元璋的欲望之花是如何“灿烂”绽放的。徐达其实是跟着朱元璋起兵的元老。元至正十三年（1353 年），朱元璋回老家招兵，徐达就跟随其左右了。几十年来徐忠心耿耿，战功赫赫。朱元璋曾称赞他“受命而出，成功而旋，不矜不伐。妇女无所爱，财货无所取。中正无疵，昭明乎日月，大将军一人而已”，并推为开国功臣第一。难得的是徐达为人恭勤谨慎，不骄不躁，很难让朱元璋痛下杀手。但朱元璋最后还是下了杀手，虽然他的杀招比较委婉，透着曲径通幽的意思。

洪武十八年，已经交出兵权回老家安徽凤阳养老的徐达生背疽，一时痛苦难当。朱元璋知道消息后，派人前去探望，并特赐蒸鹅以示“关怀”。背疽患者最忌吃蒸鹅，否则会有性命之忧。徐达当然明白朱元璋的“关怀”是什么——到底还是不放心自己啊，哪怕已交出兵权，远离都城偏居一隅。徐达最后的选择是流泪吃下蒸鹅，几天之后去世。

至此，朱元璋完成了他的屠杀表演。从僧人到皇帝再到屠夫，身份复杂的朱元璋让很多人看不懂。这个男人究竟有着怎样的心路历程才能让其做出如此匪夷所思的举动呢？他是自毁长城还是再造长城？毫无疑问这一切都需要一个解释，合乎情理的解释。

杀人容易 给理由难

太子朱标也需要解释，父亲朱元璋给了他一个解释。

那还是在洪武二十三年，李善长案发，被株连的官员高达三万余人，朱元璋大开杀戒，一时间血流成河。太子朱标不明白，父亲为何如此嗜杀。帝国的人心是杀出来的吗？当初父亲给他安排的太子教育中，排在首要的一条是“仁”，所谓能仁才不失人心。但很显然，朱元璋的所作所为与此背道而驰，所以太子朱标需要获得一个解释。

朱元璋没有给他解释，而是给他一根荆棘。他将这根荆棘随手扔到地上，叫朱标捡起来。毫无疑问，太子朱标不敢去捡，因为荆棘上的刺太多，扎手。朱元璋当头棒喝：刺多，不好下手。我先下手帮你弄干净了，你不就可以捡了吗？！

这真是辩证法，治国如拾荆棘，不去刺无以收拾，而要行仁政，则必须先施暴政。朱元璋以中国农民式的质朴与思维行事，选择了牺牲自己的声名，以成全儿子仁政名声的“壮举”。似乎可以这么说，他的残暴里有大爱，一个父亲对儿子的大爱。当然这样的大爱在几万条性命面前已然变得无足轻重。说到底还是私欲罢了。

或许朱元璋自己也不想杀那么多人的，都是开国功臣，杀伐太剧的话新朝的稳定会成问题。所以有那么一两次他还是手下留情了。收买人心也罢，良心发现也罢，朱元璋到底放过了两个人的性命——一个是汤和，一个是朱升。汤

和是朱元璋的发小，两人一起在牛背上长大，又一起“参加革命”，经受了生死考验。当然这不是朱元璋心慈手软的凭据，最主要的一点在于汤和知进退。在徐达、常遇春都死在朱元璋手上之后，汤和主动交出兵权，并对朱元璋说了这样一句话：“臣老矣，愿归故乡，为容棺之墟，以待骸骨。”汤和如此的知进退最终为自己换来寿终正寝的结局。他是老死在中都的，死在朱元璋为其在中都盖的大房子里，真可谓“君臣两相宜”而不是“君臣两相疑”的典范了，只可惜这样的典范实在太少。

与汤和命运相似的人是朱升。朱升就是那个曾向朱元璋建议“高筑墙，广积粮，缓称王”的谋士。世上谋士分两种：一种是谋他不能谋己；一种是谋己不能谋他。朱升是第三种，既谋他又谋己，既谋国又谋身。在为朱元璋谋得天下后，朱升开始为自己谋一个“全身而退”。早在洪武三年（1390年），朱元璋还没有大开杀戒之时，朱升就提出了退休的申请，请求告老还乡。这是一种远见卓识，谋士朱升厉害就厉害在对人性的洞察细致入微——朱升告老还乡时，求得朱元璋“免死券”一张。凭着这张“免死券”，朱升活到72岁，寿终正寝。但他儿子朱同却未能寿终正寝，最后死在朱元璋的手下。因为“免死券”只保朱升不保朱同——任使朱升谋略盖天，也只能保自身一人平安罢了，而朱元璋的机锋因为一两个生者的存在而变得更加彰显。

历史的因果总是耐人寻味的，每一起命案都各有各的缘起缘灭。洪武二十三年（1390年），李善长案发后，朱元璋杀了三万余人，对新朝有可能存在威胁的开国功臣基本上都收拾干净了，应该说为太子朱标今后的治国创造了“和谐稳定”的环境。此时，离蓝玉案发还有三年时间。没有证据表明蓝玉案是一定要发生的，如果时局没有什么变化的话。但世易时移，两年后（1392年），太子朱标意外病死，16岁的朱允炆（朱标长子）成为皇储，而大将军蓝玉破哈剌章营，缴获人畜六万，回京后进封凉国公，功劳一时无两，实力也一时无两。此时的朱元璋65岁，深感自己百年之后，皇孙朱允炆不可能是蓝玉的对手（蓝玉是否会反不重要，重要的是他和朱允炆同处一个时代，这个很要命），蓝玉案便势在必然地发生了。而蓝玉身后的15000条性命将注定成为这场阴谋的牺牲品——每一起命案都各有各的缘起缘灭，蓝玉案毫无疑问是最好的注脚。

虽然朱元璋的杀戮有着自己极大的私欲，但每一次他都会给出一个貌似有说服力的理由，让被杀者可以闭上双眼，不至于含恨死去，也让旁观者得以心服口服，不至于对新朝的稳定造成威胁。但世上事杀人容易给理由难，特别是要给近十万的被杀者以冠冕堂皇的理由，这个，不是一般的难。

洪武二十三年，李善长被杀，朱元璋给出的理由是“（李）善长元勋国戚，知逆谋不发”“狐疑观望怀两端，大逆不道”。这个罪名的确很重，但监察御史解缙却对此提出质疑——既然李善长是元勋国戚，那他帮胡惟庸谋逆最好的结果无非也就是做一个元勋国戚，总不能做皇帝吧。既如此，他何苦要这么折腾呢？再一个，当时的李善长已经77岁，有没有精力折腾暂且不提，即便折腾成功了，又能享几年福？解缙的质疑可谓鞭辟入里，令朱元璋辩无可辩，只是解缙深知朱元璋杀心太盛，不敢亲自奏呈，因此他写的这份《论韩国公冤事状》，是由郎中王国用冒死呈上的——好在这一回的结局不是太悲剧，朱元璋在解缙强大的逻辑链条下找不出回击的由头，没有让此二人（解缙、王国用）坐罪，此事最后不了了之。

对权力进行重新洗牌

李善长含冤被杀从一个侧面暗示了朱元璋为了实现“家天下”的私欲可以杀戮任何一个他认为该杀的人，并且无须正当理由。但对朱元璋来说，杀人其实不重要，重要的是“杀死制度”，那些约束皇权、挑战皇权的制度。并且朱元璋通过一次次有预谋的杀人行动，巧妙地将制度杀戮引进其中，从而完成了新朝在“家天下”路径下的洗礼，血的洗礼。

洪武九年，离胡惟庸谋反案发还有四年时间，朱元璋不动声色地做了一件事情：将行中书省改为承宣布政使司，此时在中央有中书省，地方有行中书省。中书省权力极大，统领百官，总理吏、户、礼、兵、刑、工六部的事务，所以中书左丞相胡惟庸的地位可以说是“一人之下，万人之上”。毫无疑问这是个危险的信息，起码在朱元璋看来是这样。但朱元璋没有直接拿中书省开刀，而是自下而上地变革，改变行中书省的名称与职能，由此架空中书省的权力延伸，以便将其孤立起来进行切割。第二年，也就是洪武十年，朱元璋下令“诸司奏事勿关白中书省”，这个“诸司奏事勿关白中书省”是什么意思呢？意思是以后官员们的奏章直接递给他朱元璋就行了，别同时也给丞相一份。如此，中书省的权力被压缩了。朱元璋通过此举，切断了中书省与诸司官员间的联系，并直接向丞相发出警告——他要收权了。这一年六月十一日，朱元璋还干了一件事。他对中书省臣说：“你们应令天下臣民，凡愿上书奏言的，实封之后，直接送到我这里。我将一一阅览，择其善者付诸实施。”这就是所谓的“洪武十年奏言实封直达御前”事。这一事件伴随“诸司奏事勿关白中书省”事件同时发生，曲折地表达了朱元璋的权力焦虑和信任缺失。这个王朝的官僚机器以及官员阶层，不再值得他信任了，他对他们的情感反应从此转向疑虑、恐惧和弹压。

洪武十三年正月，朱元璋动手，左丞相胡惟庸案发，随即被杀。十一日，朱元璋发布了一道具有历史意义的旨令：罢除中书省，从此不设，废除左右丞相及其一切属官，只保留中书舍人一职。由于这道旨令意义重大，朱元璋给出的解释也就比较详尽。他首先表明：“自古三公论道，六卿分职，不闻设立丞相。”意思是丞相这玩意儿不是自古就有的，在定义上取消它的先天合法性；然后朱元璋认为“自秦始置丞相，不旋踵而亡。汉、唐、宋虽有丞相，然其间亦多小人专权乱政”。这一说法从反面论证丞相制度的设立弊大于利，不设比设好；紧接着朱元璋回答了“没有丞相怎么办”的问题——朱元璋的制度创新或者说制度设计就是取消中间环节，大权一归朝廷。朝廷是谁，是朕，也就是他朱元璋；最后为了防止丞相制度的死灰复燃，朱元璋对百官进行了警告和威胁，也为朱家后嗣皇帝立下规矩：“以后嗣君毋得议置丞相，臣下敢以此奏请的，置之重典。”最重要的一点还在于，朱元璋关于丞相制度变更的语录被录于《祖训》当中，成为明王朝始终奉行不渝的圭旨。

其实，朱元璋的制度创新或者说制度设计里不仅包含制度杀戮，也包含制度引进。在消解丞相制度的同时，洪武十一年，朱元璋引进了五军都督府。这是他在军事权力制约与集中方面的一个全新实践。此前，朱元璋的最高军事统帅部是大都督府。大都督府的大都督一人掌管全国兵马，是军事领域的“左丞相”。朱元璋自然不能容忍此类人物的存在，便撤销大都督府，设中、左、右、前、后五军都督府，一个大都督变身五个权力均等、互相制衡的都督，以效忠于大皇帝为荣，以私下结盟谋逆为耻。如此，朱元璋高枕无忧了。

这样的制度设计可以说是朱元璋的天才发现，也是他的政治安眠药，确保其可以睡好下半辈子。当然朱元璋的政治安眠药不止一颗，他需要每个领域都来上那么一颗。体现在司法领域的一个制度设计便是大名鼎鼎的锦衣卫部门在洪武十五年得以确立，此时距胡惟庸被杀已经过去两年时间，离蓝玉引颈就戮还有十一年时间。那么蓝玉的死与锦衣卫之间有没有内在联系？洪武十五年和洪武二十六年是否注定了一个人的宿命与一种制度的遥相呼应？答案是肯定的。

锦衣卫一出场便是怪诞的存在，首先是它的着装阴阳渗透，可谓喜气里透着杀气，生死互易只在一线间。其次是它的地位很穿越，凌驾于公检法之上。明代司法系统呈“三法司”格局，刑部、都察院和大理寺各司其职又互相制约。刑部掌管所有刑事诉讼案件的审理，都察院负责纠察百官治案，大理寺则对具体案件的审理结果进行修正。这样的独立审判与相互制约制度可以在某种程度上防止冤假错案的产生。但锦衣卫上来后便“踢开党委闹革命”，一切司法程序都不在话下了。这无疑是一种制度践踏，可朱元璋默许甚至鼓励这样的制度践踏。朱元璋要的就是人人惧怕，令公权力全部归零到他的私权力中，以保证他的“家天下”目标不会遇到任何挑战。

如此，洪武二十六年蓝玉的死便成了一种无法逃脱的宿命。这一年，蓝玉从漠北胜利归来，在夜经喜峰关犯了一个胜利者经常会犯的错误——骄傲。因为守关者反应迟缓，他骄傲地下令轰开城门，破关而入。蓝玉如此轻率的行为，导致锦衣卫指挥蒋瓛告其谋反，在非正常的司法程序下，蓝玉“十月狱具族诛”，有冤都没地方说去。事情发展到这个地步，朱元璋的制度杀戮终于以一种血腥的方式对权力进行重新洗牌。随后，“蓝玉案”引发的15000人的鲜血强化和印证了这一结果。朱元璋终于无敌了。

朱元璋的乌托邦

现在，皇帝朱元璋一身戾气地站在了我们面前。他刻薄寡恩，睚眦必报，只要结果，不问手段，治大国如煮火锅，玩的就是高温、高压、一锅炖。总之这个人的形象看上去清晰可辨，毫无隐私可言，是个扁平人。但历史的真相果真如此吗？如果转过身去，朱元璋是否会呈现出他截然不同的另一面？历史总是耐人寻味，也总是出人意料。

洪武七年（1374年）十二月十三日，朱元璋完成了一项本应该由学者完成的工作：注解《道德经》。事实上作为一个自学成才者，朱元璋或许有这个能力完成此项工作，就像在洪武元年发表的若干谈话一样，他是个悟性极高的人。但令人费解的是他的动机——朱元璋一方面构置冤狱，大开杀戒，实行“法家之治”，另一方面却在灯下皓首穷经，劝人向善，实行“道家之治”。他为什么要亲自干这件事？在道法之间，朱元璋的底线又在哪里呢？

没有人知道，朱元璋在此时打开的是他的梦想之门。他心中有一个梦想，梦想伴随杀戮而生，朱元璋的乌托邦在他看来就是一个人人以《道德经》为行动指南的理想国。没有叛逆和杀戮，有的只是顺从和安居乐业。在朱元璋心目中，《道德经》是“万物之至根，王者之上师，臣民之极宝”，所以注解《道德经》的工作非他莫属。这是治国之经，立国之本，是进入朱元璋乌托邦的通行证或者说敲门砖。

朱元璋的乌托邦版图辽阔，在这个乌托邦中，朱元璋呈现出来的形象是一个亲民特别是亲近农民的仁者。洪武五年十二月，朱元璋在南京三山门看见几个农夫在护城河里的冰水中捞工具。他立刻下令赏给这些农民锄头和工具，同时派人将那些整治农民的督工官吏痛打一顿。随后朱元璋下令，南京所有服役农民一律停役回家。在朱元璋的乌托邦中，对贪官污吏的愤恨、惩罚是和对农民的亲近相辅相成的。这当然起源于朱元璋的出身和他最初朴素的阶级情感，哪怕在身为统治阶层的第一代言人之后，朱元璋还是本能地保持着一个被侮辱与被损害者的原始冲动。为了惩治贪官污吏，朱元璋甚至下令在将他们处死后剥皮塞草，做成稻草人，以为后者警戒。而在其任内处理的两大贪案，则从一个侧面反映了朱元璋爱憎分明的统治观：

郭桓案。洪武十八年发生了郭桓案。户部侍郎郭桓贪污，倒卖官粮。据朱元璋查实，郭桓直接贪污七百万石粮食，加上各种各样的折扣、钞，共计二千四百万石。此案牵连极广，从户部到十二布政司无不涉及，朱元璋发现后出手极狠，诛杀无数，《明史》记载说，“天下中人以上之家，破产大半”，这样的打击不可谓不狠。

驸马欧阳伦案。欧阳伦是朱元璋的女婿，因为走私当时的战略物资茶叶且非法闯关而被告发到朱元璋处。在怎么查处驸马案上，朱元璋起初还是颇费踌躇的，因为欧阳伦的妻子是安庆公主，系高皇后马氏所生的女儿，也是他朱元璋最亲的人。杀还是不杀，朱元璋面临情与法的考验。但最后为了他的乌托邦之梦，朱元璋还是忍痛杀了驸马欧阳伦。世人一时为之震惊。

在朱元璋的乌托邦中，农民可以穿绸、纱、绢、布四种衣料，商人只能穿绢、布两种料子的衣服，并且商人在考学、从政等诸多方面都会受到限制。另外为了进一步抬升农民的地位，朱元璋身体力行，亲自在皇宫大院里种植蔬菜，他甚至将“御花园”改名为“御菜园”，很有“我是农场主我怕谁”的意思。所以朱元璋的乌托邦可以说就是个静态的大庄园，一切自给自足，唾弃商品经济。而在言行举止上，强调用一种思想、一种信仰来规范全体民众的意志和行动，从而让帝国呈现出知足常乐、和谐有序的气质来。

每月初一和十五，朱元璋都要举行乡村教育运动，教育村民要“和睦乡里，教训子孙，各安生理，毋作非为”，由此，社会风气焕然一新，朱元璋的乌托邦初见成效。洪武末年，朱元璋的帝国基本上能做到夜不闭户、路不拾遗（见祝允明《野记》），似乎回到了周朝礼仪尊严、民风淳朴的时期，相对于元朝后期礼崩乐坏的状况，朱元璋打造的乌托邦令人刮目相看。当然这里面的原因细分起来有两种：一是他的调教功夫了得，整个帝国的思想都在他的掌控之中；另外一个原因是他的严刑峻法打击了贪官污吏，使得国风、官风趋向正统和廉洁，朱元璋的帝国便不可能不变得“冰清玉洁”。

与过往那些王朝相比，朱元璋的新朝显得如此强悍和与众不同。但是危险也如影随形，在随后的岁月，朱元璋乌托邦的破绽逐渐触目惊心，并发出可怕的断裂声，从而在根本上影响了一个王朝的气质与走向。在接下来近三百年的时间路径中，一幕幕悲剧无需彩排便接踵上演，而朱元璋及其子孙们却只能无可奈何、防不胜防，令人唏嘘不已。那么，到底是在哪个环节或者程序上出错了，才导致帝国走上悲情之旅呢？最后的答案有待揭晓。

路径之别

说到底还是制度之错。

当朱元璋陶醉于他的乌托邦礼仪尊严、民风淳朴之时，他其实没明白一个道理：所谓礼仪尊严是指等级森严，而民风淳朴则是民风肃杀的曲折表达。那些貌似事半功倍地构筑他理想之国的制度设计从一开始就进入了失效期或者说病毒程序。利弊杂糅之间，帝国的隐患已是呼之欲出。

洪武九年，山西平遥县县学训导（相当于现在的县教育局局长）叶伯巨上书朱元璋，直指朱元璋“用刑太繁”，对官员杀戮太狠。昨天刚升的官，今天就把他杀了，搞得“天下臣民莫之适从”。所以在朱元璋的新朝做官，很多人做的不是官，而是恐惧。因为朱元璋每天都要杀人，区别只在于多和少而已。朱元璋杀人的一个重要暗示在他的玉带上。据说他上朝时如果将玉带勒到腹下，那就预示着他这一天心情不爽，肯定要杀很多官员；反之如果他这一天把玉带系在胸前，那大约表示他心旷神怡，不会杀很多人。

在这样的肃杀背景下，众多的洪武朝官员每天都战战兢兢，以死囚的心态对待自己。特别是在四大案后，数万官员被杀，那些侥幸活着的官员不清楚自己哪一天也会人头落地，便每天在上朝前和家人诀别，吩咐后事，做好不归人的打算。如果下班后还能活着回来，那真是喜事一桩，要举家庆贺了——做官做到如此地步，也算亘古未有。

为说明朱元璋杀人的广泛性和“深刻性”，或许可以引用某条史料加以说明：

洪武某年同批发榜派官364人，皆为进士监生，一年后，杀6人，戴死罪、徙流罪办事者358人。也就是说364人全都该杀，只是因为杀光了没人干事，只好戴死罪、徙流罪办事。但让朱元璋百思不得其解的是，即便他这样广泛而深刻地杀人，贪官污吏仍层出不穷。他最终也只得感叹"我欲除贪赃官吏，奈何朝杀而暮犯"，不知道其中的问题到底出在什么地方。

事实上，朱元璋的制度性杀戮从一开始就原因复杂，包含着公私兼顾或者以私废公的因素，特别是在政治谋杀这一点上。朱元璋杀人越多，人心越荒凉，官员的恐惧和仇恨心理也随之增长，加上其心魔作祟，可杀官员便层出不穷，杀也杀不尽了；而在对待贪官污吏上，朱元璋一开始的制度设计就把众多的官员特别是中下层官员置于铤而走险的境地，逼迫他们不贪便无以做官。洪武十二年正月十九日，朱元璋定百官俸禄数额，规定正七品只有区区七石五斗，正九品更只有可怜的五石五斗！毫无疑问这样一点儿俸禄在官场潜规则面前只是杯水车薪，为了能将洪武朝的官做下去，众多官员不得不铤而走险，在制度缝隙间求生存。由此著名的空印案浮出水面，而朱元璋又借此大开杀戒，表演了一把他的清廉秀，却最终收效甚微——官场腐败现象野火烧不尽，春风吹又生，这不能不说都是制度惹的祸。朱元璋成也制度，败也制度，却到底弄不清自己错在哪里，实在是一个悲剧。

官风一片肃杀，民风同样肃杀。虽然朱元璋的新朝夜不闭户、路不拾遗，但隐藏其间的深层次问题却是民众的不敢为与不能为。这是个笼子里的帝国，朱元璋规定了笼中人的喜怒哀乐，他们的思想，他们的表情和动作。百姓们表面上安居乐业，其实却是行动权、思考权、迁徙权受限。朱元璋的乌托邦是静止凝固的一潭死水。死水里甚至没有微澜，有的只是腐败的气息和无可奈何的麻木不仁。朱元璋规定："农业者不出一里之间，朝出暮入，作息之道相互知。"意思是你们互相监督，谁都别跑到外面去惹是生非，否则就作为罪犯关押起来。朱元璋还热衷于做一件事：修城墙。都城的城墙要修，长城的城墙更要修。这样的所作所为类似于农民修院墙，挡住的却是一个帝国的视野、雄心和开拓意识。与此相对应，朱元璋禁通外番。他在洪武二十三年（1390年）十月二十七日诏令户部严申交通外番之禁："沿海军民、官司纵令私相交易者，严治其罪。"帝国向外的大门就此紧闭，外贸的屏蔽最终导致了视野的屏蔽，乌托邦中的人在四书五经中近亲繁殖着祖先的思维，帝国的思想被统一到几本枯燥的经书里头，不可能再有什么创新了。

说到底，这是东方封闭的内陆文明、农业文明和西方开放的海洋文明、商业文明的路径之别。朱元璋不知道，从他的新朝元年出发，他以及由他的子孙承继的帝国与这个世界的距离愈行愈远。1381 年，朱元璋下令修建山海关，进一步封闭帝国疆界，当这个乌托邦的长城东起鸭绿江，西到嘉峪关，已长达 6000 多公里时，英国颁布了最早的航海条例，东西方视野之别开始以一种微妙的形式表达出来；朱元璋之后，他的子孙们诏修《四书》《五经》《性理大全》，并于 1417 年颁行，定为生员必读书时，欧洲进入了文艺复兴时期，那个叫达·芬奇的意大利艺术家画出了《最后的晚餐》《蒙娜丽莎》等作品。而当隆庆、万历年间帝国意淫小说《金瓶梅》问世之时，莎士比亚的人性作品《哈姆雷特》《李尔王》《罗密欧与朱丽叶》也问世了。东西方的思想之别也开始以一种微妙的形式表达出来，1581 年，张居正改革赋役制度，推行"一条鞭"法。此前一年，意大利威尼斯建立了世界上最早的银行，在财税改革的路径上较大明帝国遥遥领先。

或许应该着重关注一下大明帝国最后的日子，关注一下最后日子里的中西方异事异相。1644 年，李自成攻占北京，崇祯帝自缢身死，明亡。此前四年，英国资产阶级革命开始。此前两年，法国 B. 帕斯卡发明利用齿轮转动进行加减法的计算机。此前一年，意大利科学家 E. 托里拆利和 V. 维维亚尼发明了水银气压计。与此同时，那个大名鼎鼎的物理学家牛顿出生，万有引力定律的发现进入了倒计时——东西方文明或者说竞争力之别至此已如天堑鸿沟，不再是任何人力可以阻挡或扭转的。而从这样的时刻回溯，帝国的开创者朱元璋已经死去二百多年，他在世时对帝国气质、视野、思维的框定终于在此时得到报应，所有的因果轮回屡试不爽，逃无可逃。

但究其实，朱元璋在世时就已经感受到种种报应了。朱元璋废相后不久便发现，他摆脱了制度的桎梏，自己却被桎梏住了——他既是皇帝，也是日理万机的宰相，每天营营役役，苦不堪言。《春明梦余录》中记载朱元璋每天需要批阅文件约 20 万字，处理事务 400 多件。可以这么说，在制度杀戮中，朱元璋成功地杀戮了制度，也在某种意义上杀戮了自己。虽然到最后他为了减轻重负，建置四辅官来分担事务，却终因所用非人而无济于事，让自己不折不扣沦为了制度的奴隶。

朱元璋的制度之锢不仅仅表现在废相后遗症上，还表现在他大刀阔斧改革后的每一个领域几乎都产生了致命的反弹或者说副作用。洪武十年（1377 年）五月二十九日，因为一个久事内廷的宦官言及政事，朱元璋严惩不贷，并且立法规定“寺人不过侍奉洒扫，不许干预政事”。但在他身后，帝国的宦官专权现象愈演愈烈，正统王振专权、正德刘瑾专权、天启魏忠贤专权，搅乱了朝廷的权力格局，也使得朱元璋的乌托邦走向褪色和混乱不堪，一个因果轮回已是清晰可见；而更严重的制度弊病还在于朱元璋确立的分封制度与宗藩政策。朱元璋生有二十六个儿子，他分封了二十四王，朱元璋当然明白汉代分封之后所产生的七国之乱恶果，只是那时已惘然。朱元璋不相信自己的儿子会造骨肉兄弟间的反，但历史的残酷性却在明帝国毫无悬念地上演，这些领有军队的藩王拥军数万，人人心中有一个隐秘的梦想——只要时机成熟，他们愿意像父亲一样，为了梦想而奋斗。

这样的制度之弊让朱元璋的良苦用心最终化为泡影。在他死后不久，燕王朱棣开始“清君侧”，剑指朱元璋生前选择的帝国继承人朱允炆。乌托邦硝烟骤起，一切的制度设计都被推倒，重新洗牌。而朱元璋生前犯下的错误此时呈现得格外清晰：早在洪武九年，那个平遥训导叶伯巨就上万言书，指出朱元璋分封之弊，“如此封建，恐怕数世之后，尾大不掉。若削地而夺其权，则生怨望，甚至缘间而起，防之无及”。他甚至准确地预见了日后造反之人必是燕王朱棣。但当时的朱元璋却认为叶伯巨“间吾骨肉”，将他关了起来，直至死于狱中。这是朱元璋在分封制度与宗藩政策上所犯的一个错误：没有及时修订政策，未能防范危机的发生。朱元璋在此问题上犯下的另一个错误是生前杀戮太剧。四大案后，帝国再无可以力挽狂澜之将才，也就不可能辅助他的皇太孙朱允炆去保卫其政权合法性，“靖难”最终以建文帝朱允炆败亡，朱棣夺得皇位而告终。朱元璋的乌托邦至此完全变色，而他曾经倡导的《道德经》治国梦也只能成为明日黄花，朝花无法夕拾了。

一个帝王的杀戮与梦想最后以意想不到的方式暴力收场，正所谓成也杀戮、败也杀戮，而梦想在不经意间，偷偷换了人间。

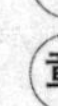

第二章

建文帝

一个王朝的风骨

帝王的天真

很多年后，那个名叫朱允炆并最终不知下落的人，会不会在世界的某一个地方静静思考这样一个问题：他的个人理想与其一度掌控的王朝之间，究竟存在怎样的因果关系？

1398年，朱允炆21岁。这个明太祖朱元璋的孙子，懿文皇太子朱标的次子，此时走到了人生拐点。他获得一个机会，以他的理想去点燃帝国的梦想。在此之前，他只是一个内向和忧郁的思考者；在此之后，这个21岁的年轻人迫不及待地想成为行动者，为其接手的王朝涂上一层温情的色彩，规定一种温文尔雅的气质。

当然，朱允炆不是一个人在战斗，他的身后还站着三个人：黄子澄、齐泰和方孝孺。这一年，太常寺卿黄子澄39岁，兵部尚书齐泰年龄不详，翰林院侍讲方孝孺41岁，所谓年富力强。这些人共同组成一个团队——儒家治国团队。从这一年出发，到1402年止，在差不多四年的时间里，朱允炆和他的团队尝试进行了儒家治国的实践。其实没有多少人知道，这竟然是一次生死实践——四年后，朱允炆和他的建文王朝就被其叔叔朱棣从历史的花名册中悄然抹去了，几乎没有留下任何印记。建文帝朱允炆生死成谜。黄子澄、齐泰和方孝孺不仅身死，还祸连亲族，一个王朝的信仰或者说理想以人文主义色彩高调开场，最终却以暴力美学的方式血腥收场，此后长达22年的永乐王朝加强了朱棣式的暴力美学风格，并且与朱元璋铁血般的洪武之治遥相呼应，温文尔雅的建文帝朱允炆夹在两个强悍男人中间最终成为失败皇帝，似乎没有多少值得记录的必要——唉，历史总是令人惆怅……

但是，历史不仅仅是一部权谋史和政治史，也不仅仅是暴力美学的大舞台。闪耀在血腥背后的那一丝黯淡而微弱的人性之光，那一些对文化、文人、文明的最初尊重，却恰恰构成了历史最值得说道的亮点与节点。当朱棣“靖难之役”功成大开杀戒时，建文王朝正面迎击的悲壮姿态以及姿态背后的文化、文人与文明的力量令人肃然起敬。这是当时已然不在现场的朱允炆遗留下来的最重要的精神遗产，在此之前和之后，这样一种对抗或者说文人的尊严几乎不可能有。所以在这个意义上来回溯建文帝和他的王朝，那是“颇有深意存焉”。

因为它展示了一个帝王天真般的青春洋溢，他的生涩、决绝、自以为是和大悲悯、大感动。与朱元璋的老辣和朱棣的狠毒相比，青春皇帝朱允炆在转瞬即逝的四年时间里呈现了他的纯粹和理想主义情怀。这样的皇帝或者说男人，毫无疑问是令人印象深刻、过目难忘的。

改革直指藩王们痛处

1398年是生死相依的年头。这一年明太祖朱元璋死了，明宣宗朱瞻基出生。越南陈朝顺帝死了，少帝即位。当然对朱允炆来说，他也面临着即位的问题。但世间事继承与背叛相反相成。朱允炆继承了朱元璋的皇位，却在某种程度上背叛了其执政理念，尤其是朱元璋念兹在兹的暴力美学。这样的一种背叛似乎和朱允炆团队的教育背景密切相关。

我们来看一下黄子澄、齐泰和方孝孺三人的学历背景和素质养成。黄子澄，洪武十八年进士及第，授翰林院编修，后升修撰，伴读东宫，精通四书五经；齐泰，洪武十七年举应天乡试第一，第二年举进士，授礼部主事。曾因为官九年而无过失被朱元璋赐名泰。洪武三十一年提为兵部尚书。《剑桥中国明代史》评价他"是一位对经书学有大成的学者，特别精于礼和兵法"；方孝孺，师从著名学者、有"开国文臣之首"称号的翰林学士宋濂，系建文帝的老师，倡导按照《周礼》更定官制，被明成祖手下的第一谋士姚广孝称之为"天下读书的种子"——这样的三个人组合在一起，便顺理成章地构成建文帝朱允炆以儒治国、以礼治国的梦幻团队。

于是，对朱元璋暴力治国美学的反动或者说纠偏开始了。我们仿佛看到，那个忧伤的年轻人从1398年开始，情不自禁地以一个书生的眼光去打量他眼中的帝国，并试图有所作为。《明史·刑法二》记载说："元年刑部报囚，减太祖时十三矣。"——建文帝将其治下的囚犯人数一举减至朱元璋时期的三成左右，很有"构建和谐社会，从牢笼开始"的意思。

不过最重要的改变还在于制度设计上。建文帝的制度设计相对于朱元璋的制度杀戮，实际是一种执政理念上的颠覆或者说修正。此时的方孝孺大展宏图。他言必称《周礼》，醉心于复古，醉心于以《周礼》制度重新界定大小诸司的品级和阶勋。在他提议下，建文帝重新规定官制：升六部尚书为正一品，设左右侍中，位列侍郎以上。这是自朱元璋废除丞相制度后，建文帝第一次把六部尚书提到了与都司同级的地位。毫无疑问这个地位比任何文官的品级都高。从某种意义上说，这是建文帝加强文官之治的开始，他尝试着把权力重新交还给六部尚书，而不是像朱元璋那样大权独揽。另外建文帝还扩大国子监和翰林院的职责和人员编制，从教育和训练太子及诸年幼王子方面入手，普及儒家文化，希望以“修齐治平”理论来治国和治民。建文帝规定：亲王对自己的老师要以礼相待，谈话时，老师不必称臣，可以只称姓名。应该说这是对儒家文化的尊重和率先垂范。

建文二年正月，建文帝做了另外一项尝试：诏减苏、松、嘉、湖重赋，每亩不得过一斗。他的宽政在更大范围内得到了体现，这也使建文朝成了一个令人怀念和惆怅的黄金朝代。因为危机在此时已经起来了——建文新政的实施是在藩王林立的背景下展开的，朱元璋生前分封的 25 个藩王在全国各地虎视眈眈着建文帝的所作所为。这 25 个藩王中，有 24 个是朱元璋的儿子，只有一个是其从孙。也就是说这些藩王绝大部分是建文帝的叔叔辈。位高权重，拥有自己的武装力量（少则三千，多则数万）。在这样的背景下看建文新政，像极了一只羊在一群狼当中孤独舞蹈。建文帝可以孤芳自赏，但是狼们各怀心思。

最要命的是建文帝的改革直指藩王们的痛处。朱元璋的洪武朝时，左右都督是正一品，六部尚书只是正二品。建文帝将后者拔高至与前者同一品级，同时重用方孝孺等文人，与朱元璋当年仅封刘基为“诚意伯”的做法大相径庭。藩王们隐隐感到，这个年轻的皇帝正在构筑属于他一个人的帝国。他们是利益共同体吗？否，他们甚至不是利益相关者，一些微妙的信息越来越清晰地显示：一场与执政理念与切身利害相关联的冲突正在呼之欲出。它将不可遏止地到来。

燕王朱棣第一个感受到了这层寒意的降临。

正面交锋

在朱棣20到35岁的时间节点，一些与权谋有关的腥风血雨事件在他身边残酷地发生：朱棣20岁时，右丞相汪广洋被谪贬到广南，朱元璋追敕杀之；21岁时，左丞相胡惟庸以谋反罪被杀，御史大夫陈宁、御史中丞涂节也被杀，另有15000人被株连。大将朱亮祖则被廷杖而毙；26岁时，徐达屈死。郭桓案发，株连万人；31岁时，胡惟庸案再兴，李善长、陆亨等被杀。谭王畏罪自杀；34岁时，蓝玉案发，除蓝玉因谋反被杀外，另有15000人被诛杀……于血流成河中，朱棣逐渐明白什么叫政治，什么叫翻手为云覆手为雨。而这样的人生体验，是小他17岁的朱允炆不具备的。朱允炆似乎也不喜欢厚黑学，这个抑郁的少年除了在洪武二十五年（1392年）以皇太孙的身份闪亮登场时与朱棣曾经惊鸿一瞥外，更多的时间是沉迷在自己的幻想世界中。洪武二十五年时，朱棣33岁，已然明白世事的个中三昧。

1398年是以闰五月为分界线的。闰五月前，朱元璋令朱棣备边方略，同时节制北平都司、行都司及燕、宁、谷王府兵。闰五月后，一场针对他的军事行动迅速而秘密地展开。原因是在这个闰五月，朱元璋死了。帝国新的领导人是朱允炆。

朱允炆五月十六日即皇帝位，六月任命兵部左侍郎齐泰为兵部尚书，太常寺卿、曾经伴读东宫的黄子澄兼翰林院学士，同参军国大事。七月，建文帝朱允炆征汉中府教授方孝孺为翰林院侍讲。随后，朱棣就不安地观察到，时局出现了异动：周王被捕，罪名是谋反。八月，这个可怜的人被废为庶人。当然在八月，还有一些人也被逮捕。他们是齐王朱榑、代王朱桂、岷王朱楩，燕王朱棣明白，朱允炆和他的团队已经动手了，最后的目标很可能是他。不过他此时的反应是疑惧——又怀疑又惧怕，不知如何是好。

两个月后，朱棣的高参，一个叫道衍的和尚密劝其起兵。朱棣做出的反应是称病，暗地里开始练兵。这是朱允炆和朱棣二人过招的开始，虽然还是暗自发力，却已经针锋相对，一触即发。十一月，建文帝朱允炆采取了一个新动作，任命工部侍郎张昺为北平布政使、都指挥史，谢贵、张信掌北平都指挥使司，不过此二人真正的工作是秘密监视燕王朱棣。

这一年快要过去的时候，建文帝还获得了一个机会，以加强他对朱棣行动时的反应力——燕府长史葛诚奉燕王之命到京师来汇报工作。建文帝召见后成功策反了他，令其在抓捕燕王的行动中做内应。由此建文帝在 1398 年完成了全部的布网工作，他要向大他 17 岁的叔叔朱棣采取行动了。

世上事其来有自。一切的因缘或许来自于朱棣当年对还是皇太孙的朱允炆含义暧昧的一拍。当时的场合只有朱棣和朱允炆两人在，朱棣以手拍侄子的后背，用半开玩笑的口气对朱允炆说：“不意儿乃有今日！”——想不到你小子也有今天啊！“拍背门”事件发生后，有两个人心里产生了隐忧。一个是朱元璋。因为他碰巧看见了这一幕：一个藩王对储君动手动脚，言辞无礼，这怎么得了？！这还是他朱元璋在世的情况下发生的，他要去世了，文弱书生朱允炆怎么应对呢？另一个人便是朱允炆。或许从那时开始，他便有了削藩的打算。

关于朱允炆的削藩计划，黄子澄大概可以站出来做一个历史的见证人。“拍背门”事件后，朱允炆在东角门对其伴读老师黄子澄说：我的皇叔们身为藩王，个个手握重兵，多行不法之事，如此发展下去，我该怎么办呢？黄子澄给出的回答是：“临以六师，即可歼灭。”在黄子澄看来，藩王们只有护卫兵，仅可自守。况且历史上也有经验教训——汉代的七国之乱，就是以造反的藩王自取灭亡而告终的。黄子澄总结——之所以出现这种结局是“大小、强弱、逆顺不同的缘故”。毫无疑问，黄子澄的回答直接促成了建文帝朱允炆在 1398 年的所作所为，因为他相信藩王一旦造反的话，“临以六师，即可歼灭”。

当然在具体策略上，黄子澄和齐泰是持不同观点的。齐泰建议，擒贼先擒王，应该用霹雳手段率先解除对帝国威胁最大的燕王朱棣的权力。但黄子澄主张曲径通幽、循序渐进，先扫清外围，从势力较弱的周王入手，一个一个解除燕王朱棣身边的屏障，最后再拿他开刀。建文帝同意了黄子澄的建议，由此，历史只走向一种可能性：朱允炆和朱棣秘密 PK，朱允炆打草惊蛇却自以为着意深远，朱棣未雨绸缪、徐徐布阵却不露声色。两人的处事方式和行动手段高下立判。

历史就这样排除了其他的可能性，只给建文帝朱允炆留下一条通道，选择和朱棣正面交锋，一决雌雄。事实上这是一场基本上没有悬念的战斗，尽管朱允炆开局很好，几乎要将朱棣请入瓮中，实施其关门打狗的策略，但形势比人强，朱棣也比朱允炆强悍得多。接下来，年轻人朱允炆几乎在每一个环节上都做得不好，顾此失彼，漏洞百出，留下他致命的败笔——朱允炆最终败于青春，败于他的生涩和盲目乐观，这不能不说是他的宿命。

完败

还是来仔细看一看历史是怎样演绎的吧，看一看这两个人之间的推手如何让建文王朝在短短的四年时间走向湮灭，看一看在每个历史节点上，他们都做了怎样不同的处理，以至于最后造成建文帝不可挽回的败局。

燕王朱棣在反叛之前，实际上是心存顾虑的。因为他有三个儿子（世子朱高炽、二子朱高煦、三子朱高燧）留在京师，变相地成为建文帝手中的人质。所以朱棣要举事，第一个要做的事情便是设法让他的儿子们脱离建文帝的控制。由此，他和朱允炆的过招开始了。也就是从这一刻开始，朱允炆的稚嫩之处展露无遗，他的首鼠两端最终使其在这一回合输给了对手——朱允炆先是接到朱棣上书，朱棣以病重为由，乞子归藩，乞求建文帝准许他的三个儿子回来看一眼。朱允炆问计于齐泰、黄子澄二人。齐泰的意见是不放人，把燕王朱棣的三个儿子扣为人质，以阻止朱棣接下来可能的反叛。黄子澄的意见恰恰相反。他认为把朱棣的儿子扣为人质是授人以柄，将会成为朱棣起兵反叛的绝佳借口，因此放比不放好，另外放了还可以麻痹朱棣，朝廷方面可以攻其不备。建文帝同意了黄子澄的意见，准备放人，从而在与朱棣较量的第一个节点上先输一招，身陷险境而不自知。

但世事总有起伏，建文帝在对待朱棣乞子归藩的问题上可谓一波三折，令世人对其性格上的软弱印象深刻，怒其不敏，哀其不决。在朱棣三子将放未放之际，魏国公徐辉祖向建文帝进言，说如果放此三人北归，无异于放虎归山，日后必为大患。于是建文帝问计徐增寿和怀庆公主驸马王宁，该怎么办？此二人的态度是坚决主张放朱棣三子北还，并摆出一系列貌似有理的理由。终于，建文帝做出放还燕王三子归藩北平的决策，由此真正做到了放虎归山——较量的第一回合，他完败了。

建文帝完败第一回合，朱棣则在接下来的较量中取得胜利：1398 年年底，建文帝完成布网工作后，朱棣的第一个反应便是发疯。他一会儿在大街上狂奔，见人手里拿东西就夺；一会儿躺在地上做无赖状，怎么叫也不肯起来。甚至大夏天的，燕王朱棣在北平左布政使张昺、都指挥使谢贵面前一边抱着火炉，一边上下牙齿打颤地反复念叨“寒甚”，完全是一副疯子行径，以此打消他们的顾虑。1399 年 7 月，历史的拐点时刻终于来临。作为标志，首先是两个轻信的人——张昺、谢贵死在了朱棣手里。随后朱棣夺得北平九门，成立所谓的“靖难”之师。由此朱棣和建文帝的较量走向公开化和白热化，在同一个平台上，此二人智商和情商的较量成为影响建文王朝生死存亡的主要因素。所以接下来，穿过历史的弥漫硝烟，厘清两个男人过招的细节，看他们功败垂成，看他们力挽狂澜，看他们釜底抽薪，看他们高潮迭起，便成为一件值得做和有意义的事情。

先看朱棣。朱棣 1399 年起兵时刚好 40 岁。但是没想到，老天爷一上来就给了他一个凶信。那是七月初七，朱棣夺得北平九门，开始发表誓师讲话，以鼓舞士气。朱棣在说完“奉行天讨”后，为了进一步表达他所追求的事业是正义的事业，还专门祈求老天爷庇护道：“天地神明，照鉴予心！”可话音未落，老天爷就翻脸了，一下子乌云密布，狂风大作，暴雨倾盆，打得燕王府的瓦片纷纷掉落在地，令在场的人全都目瞪口呆。毫无疑问这是凶兆，朱棣的誓师讲话被蒙上了重重阴影，他手下的将士们也一个个对前途充满疑虑。该怎样处理这一突发事件呢？朱棣的老到与成熟开始起作用了。他首先进行了危机公关，暗示道衍和尚站出来对此怪异天象进行“合理”解释——道衍和尚果然站出来解释说：“这实在是祥瑞之兆啊！飞龙在天，从以风雨，殿瓦坠地，预示着大王将易黄瓦覆殿！”所谓“易黄瓦覆殿”是暗示朱棣要做皇帝的意思，因为明制规定只有皇帝的宫殿才能用黄瓦覆盖。随后朱棣站出来慷慨激昂地宣布，齐泰、黄子澄二人为奸臣，他依祖训起兵，是“奉天靖难”，这一点毋庸置疑。朱棣手下的将士们信服了，纷纷表示要跟着他干。由此，朱棣依靠他的智慧和经验圆满完成了危机处理。

朱棣的下一个精彩看点在于设计陷害吴高上。镇守辽东的吴高和杨文是朱棣前进路上的拦路虎。前者有谋，后者有勇。为了除掉谋事周密的吴高，使杨文无计可施，成为一只脚走路的跛子，朱棣开始设计了。他令手下向此二人送信，在一封信中称赞吴高足智多谋，另一封信中嘲笑杨文窝囊无能，并且故意交换信函而送，给对方造成误送的印象。吴、杨二人得此奇怪信件，不敢擅自处理，上奏朝廷请求圣裁。由此建文帝落入朱棣的圈套，怀疑吴高有反心，下令将他贬官。辽东只剩有勇无谋的杨文独守，很快就被朱棣夺了去。

朱棣的第三个看点是计袭沧州。建文二年（1400 年）十月十五日，朱棣宣称要出征辽东，大部队开出通州北上，另一方面他又派人在直沽架设浮桥准备袭取沧州。随后他的部队突然改道南行，日夜兼程直抵沧州城下，打了毫无防备的沧州守军一个措手不及。此役朱棣共俘获沧州守军数万人，一举摧毁建文帝布下的犄角之势。“靖难之役”的战局由此走到一个拐点上。

朱棣成事的第四个精彩看点体现在对自己儿子的利用或者说厚此薄彼上。建文四年（1402 年）六月初一日，朱棣的部队与守卫浦子口的盛庸部发生战斗，结果吃了大亏，双方准备谈判，划江而治。这个时候朱棣的次子朱高煦率兵赶来，发誓要有所作为。朱棣为鼓其斗志，拍着他的背做托付状说：“吾儿勉之，世子高炽多疾，如争得天下，就让你取而代嗣。”这个高煦与他的大哥高炽一直不对付，朱棣此时的阵前许诺毫无疑问给了高煦为自己前程赌一把的信心和勇气，结果大功告成，长江天堑被燕军突破，燕军自瓜洲（今江苏境内）渡江，盛庸狼狈逃窜，燕军随后由镇江西进，目标直指南京，朱棣的人生很快抵达高点。这个集阴谋和阳谋、情感和理性、投资和投机于一身的人最终取代建文帝称王剩下的只是时间问题了。

回过头来看建文帝，看看他又败在哪里呢？历史同样给了我们清晰而冷酷的答案。从建文帝将燕王三子放虎归山那一刻开始，这个人身上的性格弱点便开始不断发挥作用，直到将自己送上不归路。建文元年（1399 年）十二月，兵败归来的李景隆被建文帝加封为太子太师，并获得金币貂裘等赏赐。之所以出现这样荒唐的一幕，只因为书生建文帝高高在上，从不调查研究，以至于李景隆兵败加官晋爵成为建文元年最大的新闻或者说丑闻，而新闻制造者建文帝有意无意间成为彀中人而不自知，说起来也是悲剧了。或许从这一刻开始，他为自己启动了终极悲剧的倒计时。

当然建文帝也懂计谋的，只是他的计谋总是功败垂成。建文三年（1401 年）闰三月二十四日，建文帝朱允炆以夹河之败为由宣布罢谪齐泰、黄子澄的官职。不过建文帝此举的目的不是要惩罚齐、黄二人，而是想以这样一种亲者痛、仇者快的举动期盼朱棣良心发现，带领燕兵北归。但燕兵没有北归，燕王朱棣将计就计，一方面视建文帝此举为“诛奸除恶”，如此他的“清君侧”之举便是光明正大，出师有名了，另一方面朱棣以吴杰、平安、盛庸等部队“犹聚境上”为由，明确表示不肯奉诏休兵，建文帝的计谋流产了。

但事实上建文帝还玩过“一计不成，再生一计”的。他采纳方孝孺的建议，命令辽东部队入关攻击永平、真定，直捣朱棣的老巢北平，以为这样的话燕师一定会归救北平，然后他再玩一把前后夹击的兵家游戏，就可大功告成。但是很遗憾，这样的游戏没有玩成，因为在朱棣眼里，这个游戏很小儿科，他没有上当。至此，建文帝的败局已经隐约可见。

最后时刻，建文帝试图力挽狂澜。建文四年（1402 年）五月二十日，在燕军相继拿下高邮、通州、泰州、仪真等地后，南京已是岌岌可危。建文帝朱允炆只得下“罪己诏”，以征兵勤王。同时他派人到朱棣处，表示可以割地请和，试图以此等待东南的勤王之师。但朱棣没有上当，如此，建文帝大势已去。发生在两个男人之间的不对等较量终于以朱棣的完胜而告终——唉，建文理想，只能是昙花一现罢了。

人文之死

或许我们应该承认，跟之前存在了31年的洪武王朝和之后存在了22年的永乐王朝相比，只有四年寿命的建文王朝似乎还来不及成长，稍纵即逝。但在遭遇暴力摧毁时它所表现出来的精神内核却是坚硬无比，令人印象深刻。我们不妨来看一看，1402年之后，作为这个王朝精神内核的具体承载者，那些建文帝“人文之治”的忠实追随者是如何演奏王朝晚唱时最后的颤音的？

方孝孺。这位建文朝制度的设计者一直梦想再行西周时的井田制，希望建文王朝像上古时代那样人人安居乐业，不行暴政。但是很遗憾，朱棣需要的只是他的声名而非执政理念。方孝孺显然不屑于屈身朱棣的永乐王朝下面讨生活。他的人生，最终和建文王朝一起戛然而止。所谓玉石俱焚，代价不是一般的惨痛。史料记载，方孝孺最后被朱棣下令诛了十族（九族及方孝孺学生），人数不可考。而他自己则被“磔死”，死时年仅46岁，绝后。

楼琏。侍读楼琏是宋濂的学生，算是方孝孺的同门师弟。方孝孺因为拒绝为朱棣起草即位诏书被处死后，这个活落在了楼琏身上。但楼琏也拒绝完成，连夜上吊身亡，步方孝孺后尘而去。

黄子澄。黄子澄对建文朝是念兹在兹，建文帝在宫廷大火中不知所终之后，这位弃臣便一个人跑到了海上，在茫茫大海中谋求起兵复国，后被他人告发，被捕。黄子澄最后选择为建文朝殉葬，被朱棣下令凌迟处死，株连九族。

卓敬。言官卓敬曾在建文初上疏，建议将燕王徙封南昌，但建文帝终未采纳，以至于最后失国、失位。朱棣上位后惜卓敬之才，希望他改换门庭，为新朝效力。卓敬拒绝。最后他也被处死，诛五族。

景清。建文初为北平参议，后升任御史大夫。在齐泰、方孝孺等人死难后，景清做了永乐朝的御史大夫，一时间被时人讥笑为“言不顾行，贪生怕死”，但他却在暗地里等待机会，图谋刺杀朱棣，事败之后被以“磔刑”处死。朱棣下令“诛灭九族”，景姓族人几乎被斩尽杀绝。

胡闰。大理寺少卿胡闰亲见方孝孺死难并被灭十族，他起而怒斥朱棣，同时公开为建文帝披麻戴孝，后被朱棣下令诛杀。家族死难者达二百一十七人。

……

唉，历史真是不忍细看。很难想象一个只有四年寿命的短暂王朝竟有如此多的不屈风骨。事实上以上所述不是个例——建文朝的追随者大多是以这样一种决绝的方式宣布和朱棣新朝的势不两立。这与其说是他们的个人行为倒不如说是建文王朝共同的精神遗产。文人之死，在腥风血雨中凤凰涅槃般地转化成了人文之死。虽然建文朝初露曙光的制度设计和人性关怀以及它的缔造者建文帝已然湮没在人世间，诚为憾事，但看整个大明帝国的历史，一个王朝曾经最柔弱的人群在另一个王朝中出人意料地呈现了最坚硬、最不屈的景观，也只有建文时代能够做到，此后的大明“万马齐喑究可哀”，王朝与王朝之间的异质构成几乎为零，到底没有多少看点值得浏览和留恋。在这样的背景比较之下，稍纵即逝的建文朝倒是弥足珍贵了。

但是人间再无建文帝。他的生死成谜。他的故事和他的王朝，以深情开头，却只能以凄情结局。历史大规律，到底杀伐决断，仁慈者不存，说起来这也是令人感伤之处了。

第三章

朱棣

梦想与疼痛

打扫永乐权力场

1403 年，44 岁的中年男人朱棣在这一年成了明帝国的领导人。此前一年，朱棣将忠于建文朝廷的文臣武将纳入“奸臣”榜，从诛五族到诛十族，狠狠地“辞旧迎新”了一把。建文朝的太常寺卿黄子澄、兵部尚书齐泰、礼部尚书陈迪、文学博士方孝孺、御史大夫练子宁、右侍中黄观以及大理寺少卿胡闰等被他人间蒸发了，新年钟声敲过，朱棣便取尧、舜之道，要“好生”治国。

首先感受到朱棣善意的是他的兄弟们。这个正月，一度被建文帝朱允炆削废的周王朱橚、齐王朱榑、代王朱桂、岷王朱楩等人在华盖殿见到了慈眉善目的朱棣皇帝，他们把酒言欢，共叙劫波过后的兄弟情深。随后朱棣宣布他的藩王兄弟全都复归王爵，并各归封地。另外周王朱橚、谷王朱橞还有更大的收获：前者“增岁粟二万石”——被追加了年薪，原因是他和朱棣为同母兄弟，应特殊照顾；后者“赐乐七奏，卫士三百，改封长沙，增岁禄二千石”。原因是谷王朱橞在去年朱棣率燕军攻打京师时，开门迎降有功，朱棣感其恩，予以厚赏。

所以 1403 年便显得“分田分地真忙”了，朱棣和他的兄弟们其乐融融，共享胜利喜悦，朱棣在这一年建立建州卫，封胡查为安南国王，制定军功袭职例，派遣司礼监少监侯显出使西域乌斯藏，开浚吴淞江……只有建设，没有破坏；只有封赏，没有索取，很是新朝新气象。

只是没有人知道，一条线索在隐秘生长。朱棣笑容可掬的善意背后，一股杀戮之气如影随形。因为他也遭遇了建文帝式的困惑——如何对待数目庞大的藩王们？建文帝削藩以激情始，以惆怅终，他朱棣又该如何处置呢？

事实上在1403年朱棣就曲径通幽了。这一年宁王朱权乞请改封地为苏州或钱塘，被朱棣拒绝。宁王朱权是朱元璋的第十七子，洪武二十四年（1391年）封藩大宁。在他的人生道路上，曾经面临一个重大抉择：帮四哥朱棣还是帮建文帝去坐天下？那是建文元年（1399年）十月，朱棣和建文帝开始生死较量。这是路线之争，当然也是生死之争，对宁王朱权来说同样如此。他最后做出的决定是倒向四哥朱棣，而朱棣也许诺事成后和他中分天下。四年之后，谜底揭晓，朱棣问鼎天下，但天下却没有曾经出过苦力的宁王朱权的份。尽管朱棣对周王朱橚、齐王朱榑、代王朱桂、岷王朱楩等人厚待有加，但对宁王朱权却是区别对待。这似乎也是厚黑之术——越是有功之臣就越危险，朱棣最后将宁王朱权徙封南昌。正统十三年（1448年），宁王朱权在封地南昌抑郁而亡。从1403年到1448年，长达45年的岁月里，宁王朱权这个曾经有着雄心壮志的藩王变身为一个游手好闲、找不到人生目标的文字工作者，著有杂剧十二种，另著有《通鉴博论》《汉唐秘史》《太和正音谱》等。他曾经的中分天下理想最终幻化成一行行文字，以及一个个消极虚无的名号。朱权在南昌自号臞仙，又称涵虚子、丹丘先生，端的是一副无所作为的心态。可以说朱棣不仅在肉体上同时也在精神上完全战胜了他。这是朱棣削藩的一个重大成果。

当然朱棣削藩玩得最好的一招是恩威并施。所谓成熟男人的游刃有余——先恩后威或者先威后恩，朱棣总是将人心拿捏得收放自如，令人望而生畏。这大约就是传说中的帝王之术吧。和当年建文帝轰轰烈烈、剑拔弩张的削藩行动相比，朱棣的动作老辣低调、打草而不惊蛇，其拿捏适中的政治手腕毫无疑问是一流的。

朱棣削藩表面看是政治行动，实际上却是一场人心的战斗。如果说削藩是针对兄弟间的人心战的话，朱棣与此同时也展开了另一场战争——与他儿子们的心理战。在太子立废问题上，在与亲生儿子过招的过程当中，朱棣让我们再一次认识到，他的确是个可以掌控全局的人，这个帝国，没有谁会是他的对手。

永乐二年（1404年）四月初四日，朱棣立世子高炽为皇太子，封高煦为汉王。这是个可堪玩味的举动。虽然立世子为皇太子符合帝王时代中国人的政治习惯和道德准则，但具体到朱棣身上，他却有意无意间玩了一把良心游戏。因为在建文四年（1402年）发生的浦子口战斗中，朱棣曾经拍着率兵赶来的次子高煦后背做托付状说："吾儿勉之，世子高炽多疾，如争得天下，就让你取而代嗣。"现如今天下到手，朱棣却誓言成空，高煦真是情何以堪。由此他对父亲的幽怨乃至争斗之旅开始徐徐展开。父子间的过招以一种隐秘的形式秘密进行。

朱棣却是不动声色。四月初四日，朱棣在立世子朱高炽为皇太子后，即对其进行养成教育。与此同时，朱棣将高煦封国云南，远离帝国的权力半径，使其无法有所作为。高煦拒绝远行，一副与父亲、兄弟对着干的态势，帝国隐隐地便有危机存焉。

但对朱棣来说，高煦的姿态却是苍白无力的。因为这是老鼠和猫的较量。自古以来能成事的人首先必须学会韬光养晦。高煦如果真能低调去云南默默耕耘，朱棣倒觉得孺子可教，现在这样一副梗着脖子较劲的样子，明显不成熟。永乐十三年（1415年）五月二十一日，朱棣改封高煦于青州。但是高煦还是拒绝就封，由此朱棣开始警惕这个儿子是否有谋反之心。父子间的过招进入新阶段——高煦自以为得计，朱棣则冷眼旁观，一切尽在他的掌握中。

高调的人永远高调。事后回想起来，汉王高煦的人生败局就缘自于"高调"二字。在朱棣去北京视察新都建设期间，高煦在南京蠢蠢欲动。他私自招兵三千，精选自己的卫队，不把兵部放在眼里。甚至高煦还放纵他的护卫队在京城大肆抢劫，当兵马指挥徐野驴准备依法处置这一突发事件时，高煦出手了，用铁瓜锤猛击徐野驴致死，从而酿成惊天血案。那么朱棣回来后是怎么处置高煦狂妄之举的呢？他做了这样一件事：废高煦为庶人，关在西华门内，并将其三千私兵调往居庸关北，全部充公——毫无疑问，此一回合的过招，朱棣彻底掌握了主动权。高煦也从此一蹶不振，败在父亲手下，不再有翻身机会。

至此，朱棣将永乐权力场打扫得干干净净，场地周围不再有觊觎者和蠢蠢欲动者。但与此同时朱棣也成了帝国最孤独的人，身边不再有兄弟和儿子靠近。他离权力很近，离亲情很远。在权力和情感这样的对比和间隔中，朱棣才能获得一丝安全感。但这是一个帝王必须付出的代价，关于这一点，王者朱棣很明白。

一个人的舞台

有了安全感才能有所作为。当永乐权力场成为朱棣一个人的舞台之后，他开始倾情出演，演绎一出属于他的帝王戏。

毫无疑问，朱棣的演出充满立体感。因为他总能从A面不动声色地跳跃到B面，两手抓，两手都能硬起来。朱棣似乎是儒家文化的衣钵传人，却更是法家治术的强硬实践者。在术与道之间，朱棣跳得出来，又能钻得进去。表面上看，他比建文帝还要深入骨髓地信奉“仁者爱人”，但在杀伐决断之间，朱棣并不亚于父亲朱元璋。这个精通方圆、软硬、真伪、善恶两极变化的人，比以往任何帝王都懂得治理他的国家和民众。他应该是一个辩证法大师，只是欠缺了边界或者说底线而已。

现在，就让我们透过永乐年间的层层迷雾，看一看朱棣是怎样一个形象——第一印象显然很好，这个人侃侃而谈，似乎是一个智者，也是一个仁者。

朱棣不仅敏于言，也敏于行。他会试天下贡士，择优录取德智体美全面发展的进士为翰林院庶吉士，诏修《四书五经大全》《性理大全》，诏修曲阜孔子庙，裁汰诸司冗员，令朝觐官体察民生疾苦。

以上这些可以说都是朱棣的A面，但是，翻开B面呢？我们又能看到怎样一个真实的他？他似乎不再仁者爱人了。关于这一点，永乐三年的庶吉士章朴可以作证。因为这一年他死了，被朱棣诛杀。朱棣之所以要杀这么一个文弱书生原因很简单——章朴家藏有方孝孺的诗文。而这个是朱棣绝对不能容许的。

在政权的稳定性和儒家文化之间，庶吉士章朴以他的死证明了朱棣内心的一个真实选择。所谓历史的破绽处往往从细节显露出来，章朴之死便是这样一个细节。

永乐十八年，朱棣开设东厂。此前他恢复了原本已被朱元璋废除了的锦衣卫，由此恐怖政治在永乐朝盛行。永乐官员们惊惶地发现，白天皇帝手持《四书五经大全》《性理大全》高呼“以仁治国”，夜里厂卫的特务可以一脚揣进门来直接将他们逮捕以及审讯，并且这样的野蛮执法行为刑部和大理寺无权干涉。这可以说是永乐朝皇权政治的最大特色。当然和永乐初年朱棣的政治大清洗相比，永乐官员们的惊惶其实是小巫见大巫。南京城破后，朱棣清宫三日，很多人死了，据不完全统计，建文旧臣除自杀者外被朱棣处死者竟达万人，建文帝所立的太子以及三个兄弟都被诛杀，只有一个人还活着。他就是建文帝两岁的幼子——这个可怜的人在朱元璋的故乡凤阳被幽禁了55年时间，直到对最高权力不再有任何威胁时才被放出来，史载他恢复自由时“不辨牛马”，真正的老小孩了。朱棣在永乐初年的政治大清洗毫无疑问呈现了这个世间人心黑暗的最大可能，而他对于杀戮无穷无尽的想象力与创造力也在某种程度上挑战了人性的极限。朱棣发明的“瓜蔓抄”以及“株连十族”死法残酷地完成了人性的兽变过程，而恰恰是这样一个发明创造性死法，在死亡残忍度上一度超越父亲朱元璋的人在永乐朝摇身一变成为儒家文化的代言人，其伪善之至也算是人类奇观了。

当然，单纯地在道德层面上对朱棣加以臧否毫无意义。而朱棣注定是要青史留名的。因为接下来他折腾大了，比他父亲朱元璋闹腾的动静要大，甚至比以往任何帝王闹腾的动静都要大，那么，他究竟都做了些什么呢？

欲望半径

一个人的欲望半径究竟有多大？穷其一生，又能达成多少目标呢？朱棣给出了一个答案，答案很是骇人听闻。

在时间长度为22年的永乐王朝中，朱棣支持编撰了全世界最厚的书——《永乐大典》。这部历时五年才得以编成的书共22937卷，装订了11095册。毫无疑问它是中国历史上规模最大的一部类书，也是迄今世界所公认的一部大型百科全书。永乐朝建了全世界最大的宫殿——北京新宫。朱棣还下令修建大报恩寺、铸“永乐大钟”，并且这“永乐大钟”也是世界上最大的钟，高6.75米，直径3.3米，重量达九万三千斤！毫无疑问，近十万斤的重量承载了朱棣对这个世界的野心和梦想。一如他对帝国的占有那样，要么没有，要有就必须是最大、最好的。

而迁都之举从一个侧面曲折地表达了朱棣对世界的强烈占有欲。从南京到北京，帝国的都城虽然只是在地理方位上产生了变动，但落到疆域上，却是无与伦比的廓大。因为朱棣的战略视野发生了改变。他不愿像父亲朱元璋那样，以蜗居南京、打造小农社会为人生快事，也不仅仅是以亲率大军五征漠北为能事。北京曾经作为朱棣的藩王府，在永乐朝构成了他重新观察和占有世界的新视点。而北京此前又是元朝的首都，是忽必烈经营天下的一个基点。只有从这里而不是南京辐射出去，才能拥有或者说建立一个横跨欧亚的大国情怀与动力。所以从永乐四年开始，朱棣就诏建北京宫殿，开始其经营天下的准备和努力，直到十五年后的永乐十九年（1421年）正月初一，朱棣正式迁都北京，为其永乐王朝的版图定下雄心勃勃的中心点。而永乐王朝的版图，从太监郑和的视角看过去，“殊方异域，鸟言侏离之使，辐辏阙廷，盖兼汉、唐之盛而有之，百王所莫并也”。这样的盛况并不夸张。永乐三年（1405年）六月十五日，郑和奉命第一次出使西洋。毫无疑问这是一次恩威之旅，这支有着二万七千八百多名船员的船队总共由二百零八艘船组成，浩浩荡荡地在大洋上漂荡，第一次在中国历史上荡漾出帝国的野心与自信，也荡漾出朱棣“威德远被”的治世企图。因为每到一地，郑和都会宣读一封敕书。这封敕书的宣读对象是“四方海外诸番王及头目”，主要内容是永乐大帝朱棣良好的自我感觉。朱棣在这封敕书里恩威并施，既体现了“威”也体现了“恩”。在“威”的方面朱棣使用了警告性或者威胁性的语言——“毋得违越，不可欺寡，不可凌弱”，并且只有这样做了才能“共享太平之福”。在“恩”的方面朱棣表示“四方海外诸番王及头目”如果带着一颗诚心来朝拜永乐帝国，则全都有赏。事实上朱棣的恩赏不是随口说说的，他是真给。当然“威德远被”重要的是一个“远”字。朱棣的“威德远被”被郑和以立碑的方式具化在天涯海角，成为朱棣试图变身“古今一人”的努力标签——如此作为，他的秉性不可谓不鲜明矣。

除了令郑和六次出使西洋，一再强化帝国对世界秩序的维护权和主导权外，朱棣的另一重大事功体现在五次北征上。朱棣想象自己是忽必烈或者成吉思汗，一次次地带领他的军队朝着北方的敌人攻击。这样的攻击在朱棣的想象中应该算建功立业，虽然最后收效甚微甚至毫无必要，但对朱皇帝来说，建立一个伟大的帝国，做一个伟大的君王，必须时刻在路上。不过，与其说朱棣是跟敌人在战斗，倒不如说他在跟自己心中的欲念战斗。朱棣不是一个人在战斗，但又的的确确是一个人在战斗，就像那些万邦来朝的盛世幻象一样，朱棣得到了虚拟的尊重或者说统治权，可付出的却是真金白银。

虽然在今天看起来，朱棣对弱小之敌兴师动众却劳而无功的北征不过是个性鲜明的行为艺术罢了，他突出的是自己，淡化的是敌手。事实上在伟大盛世的背景下，所谓的敌人也只是个背景，是可以模糊处理的，敌人们即便对自己避而不见，但只要有这个符号存在就好，因为这是朱棣演出行为艺术的需要——

他玩了一把史上成本最高、持续时间最长、出场演员最多却收效甚微的行为艺术秀。仅此而已。

不过对当事人朱棣来说，成本不重要，重要的是成果，政治成果。所谓政治经济学，政治永远排在经济前面。他要开创盛世，永乐盛世，就不能鼠目寸光，锱铢必较。然而户部尚书夏原吉却为此痛苦不堪。因为他不可能不锱铢必较——郑和船队七下西洋，皇帝率大军五征漠北，征安南，修长城，造北京城，建大报恩寺，编《永乐大典》，铸永乐大钟，每一样都需要钱，大把的钱。钱从哪里来？他这个永乐管家怎么当？所谓的“盛世”还能盛多久？没有谁可以告诉他。

户部尚书夏原吉感觉自己度日如年。

苦不堪言的夏原吉

永乐王朝的账是不能算的，因为越算越心惊。很多年后，历史学家黄仁宇绞尽脑汁，也只能做一个大致的推测：他认为永乐年间诸多好大喜功行为所产生的费用很可能超过国家正常收入的两倍或三倍（见《剑桥中国史·明卷》）。而郑和船队七下西洋更是耗银达六百万两之巨，《广志绎》卷一记载："国初，府库充溢，三宝郑太监下西洋，赍银七百余万，费十载，尚剩百余万归。"拿出去七百余万两银子，过了十年，只剩百余万了。帝国的财政危机是怎么产生的？就是在这样众多的国家级甚至国际级形象工程中不断产生的——荣耀背后，隐藏的是一个盛世的巨大阴影和难言惆怅。

1420年是永乐十八年，这一年耗银无数的北京新宫建成了。北京新宫不是一座宫殿，而是由86座殿、48座宫、23座楼阁、22座馆组成，另外还有斋、室、堂、轩等建筑。为了这些数目庞大的宫殿群得以落成，超过十万的技术工匠和上百万的劳工付出了十四年的艰辛劳作，所有这些投入和劳动力要是折成银两来计算无疑是个天文数字。朱棣当然无意于计算这些数字，他只是在懊恼——因为刚刚过完新年不久，也就是在永乐十九年（1421年）四月初八，紫禁城起火，奉天、华盖、谨身三殿同时被烧。营建多年的北京新宫，在落成不到四个月的时候就被烧，朱棣第一次体会到作为盛世之君的挫败感。他可以纵横捭阖、建功立业，几乎无往而不胜，却无法抵抗来自上苍的预警（此次火灾在他看来是这个意思）。但挫败感接踵而至，并很快由天灾转为人事——火灾过后，礼部主事萧仪上奏，认为皇帝迁都是个错误的决策，不仅诸事不便，而且耗费巨大。不说建都、迁都过程中所产生的费用或者说浪费，单是每年要将四百万石从南方各省征集来的税粮漕运到北方，便是劳民伤财之举。毫无疑问，萧仪的上奏彻底打掉了朱棣作为盛世之君的良好感觉，当然也附带打掉了他自己的性命——朱棣以“谤君之罪”将萧仪处以极刑，总算是让他那张乌鸦嘴再也发不出声音来。

不过朱棣的挫败感并没有到此为止，因为又有不要命的人接着上疏了。他们是翰林院侍读李时勉和侍讲邹辑。此二人在上疏中说：“连年四方蛮夷朝贡之使相望于道，实罢（疲）中国。宜明诏海外诸国，近者三年，远者五年一来朝贡，庶几官民两便。”（见《明太宗实录》卷一百二十）什么意思呢？意思是说由于郑和下西洋不断带回各国使节进京朝贡，搞得我国都有“接待疲劳”了。翰林院侍读李时勉和侍讲邹辑的上疏不说朱棣迁都的是非，而是委婉地对朱棣好大喜功式大搞国家形象工程提出非议——这个叫朱棣真是情何以堪？！事实上朱棣自己也知道国库快撑不住了，早在郑和第一次出发下西洋的第二年，也就是1406年，朱棣便无奈地宣布：从今往后，农民在农闲季节服徭役三十天、工匠服徭役三个月一律延长至六个月，以贴补国用。可这个世界上有些事是可以做不可以说的，因为一说就错。翰林院侍读李时勉和侍讲邹辑二人硬要把它说出来，帝国的脸面往哪里搁？朱棣几乎又要恼羞成怒了。只是这一次他稍微克制了一下自己，没有拿此二人开刀，而是孤身走我路，将国家级和国际级形象工程进行到底。

真正苦不堪言的人是夏原吉。他一直没有轻松的感觉。郑和第一次下西洋时，朝廷搞了个轰轰烈烈的出征仪式，他却不在现场，而是一个人“布衣徒步”到了江浙，因为那儿正遭遇饥荒，夏原吉是赈灾去了。作为户部尚书，夏原吉很清楚帝国岁入的一大半给了驻扎在安南的军队、给了郑和下西洋的船队，也有一部分给予周边各国作为对他们进贡的回馈。当然迁都、戍边以及远征漠北也耗去了国库里不少银子。所以永乐朝这个管家，难当啊。总而言之，对于郑和多次下西洋，夏原吉是持反对意见的。

直到很多年后，当朱棣终于壮志未酬地死在五征漠北的途中之时，夏原吉才如释重负。他后来给新上台的仁宗皇帝上疏，要求立刻罢下西洋事，以节约国用。如此，长达数十年时间的国家级形象工程才戛然而止。但朱棣在位之时，夏原吉还是委曲求全的。国用再艰难，管家再难当，他也要想办法当下去。可就是这样一个人，后来还是在朱棣征北问题上与其发生冲突了。朱棣五次征北，每次出兵都在30万到50万之间。这不比郑和下西洋仅仅是一个船队，即便有两万多人吧，那也只是北征大军的一个零头而已。史料记载，朱棣第一次北征运粮共二十万石，第三次北征运粮三十七万石，耗资巨大。并且第三次北征除运粮三十七万石外，还征用驴三十四万头，车177573辆，民夫235146人，以至于搞得民怨沸腾。吴中、吕震以及方宾等高级官员纷纷上疏，称因为连年北征，"粮饷不足""戎马资储十丧八九"，反对朱棣继续搞这种大规模的行为艺术。夏原吉就是在这个当口火上加油，说出令朱棣勃然大怒的话语来的，他说："毕年师出无功，军马储蓄十丧其八九，灾费迭作，内外俱疲。"朱棣当然不堪忍受夏原吉如是评价他的壮举，由此一场悲剧变得不可避免：夏原吉、吴中被罢职下狱，方宾畏惧自杀。夏原吉本来也是要论罪处死的，后来因为内阁大学士、工部尚书杨荣等人出面劝说才幸免于难。直到几年之后，朱棣死，仁宗朱高炽即位，夏原吉才官复原职。而那场关于盛世本质的质疑或者说拷问，却没有多少人能够记得。因为那不是质疑的年代，它只需要行动和想象力；需要政治，不需要经济，搞经济的人是可耻的，搞政治的人却喧嚣尘上，风光一时。

也只能是一时。1424年，朱棣在大型行为艺术秀当中死去，这个盛世的第一男主演终于谢幕人间。由此他的盛世遗产便面临着继承的问题。但是，他真的有盛世遗产吗？在那份貌似庞大的遗产清单背后，究竟有多少真实的含金量呢？历史很快就做出了残酷的回答。

下西洋。事实上在郑和六下西洋之后，在朝中舆论压力下，明成祖朱棣就已萌生退意了。前财务大臣、户部尚书夏原吉被他投入监牢聊度余生去了，再也没人为他的伟业提供资金支持，所以朱棣黯然宣布"往诸番国宝船"等项，"暂行停止"。这个所谓的"暂行停止"当然是给自己脸上贴金的说法，此后继位的仁宗更是深明事理，不干这赔本赚吆喝的买卖。郑和终于"下岗"了。尽管到了1447年，一时心血来潮的明宪宗想再下西洋，但兵部刘大夏一针见血地指出："三保下西洋，费钱粮十万，军民死且万计，纵得奇宝而回，于国家何益？此特一时弊政。"从此，下西洋的"壮举"成为这个帝国的绝响，再无余音产生。

征安南。安南古称交趾，自汉唐以来，一直是中国的属地，五代以后，才独立成国。1406年，朱棣命令他的部队护送安南的流亡王子回国就位，由此展开了对它三次用兵、长达二十年的征伐史。最终安南（交趾）虽被征服，但却使永乐王朝陷入巨大的财政泥潭。朱棣死后第三年，明军就撤出安南，设置了二十年之久的交趾布政司也被撤销，这从一个侧面反映出永乐盛世的虚假繁荣和不可持续性。

迁都。朱棣迁都北京，耗时十多年，耗资巨大，而这样的伟业也是不可效仿和延续的。朱棣死后，46岁的朱高炽登基，他似乎不喜欢北京这个燕王的发祥地，决定将都城迁回南京，却是未遂。因为他绝望地发现，没有财力回迁了，钱都被朱棣透支完了。作为一个可以证明的统计数字是，从1405年（永乐三年）到1421年（永乐十九年），仅仅16年时间，帝国物价就飞涨了三百多倍。这样高的通货膨胀率是需要后来者埋单的，而朱高炽以及随后的接任者都是这样的埋单人。

历史就是这样的恩怨相报、悲欣交集。每一个盛世都可疑，每一次虚假繁荣得到的都是伪高潮。朱棣一生最大的悲剧其实是将这样的伪高潮视作真高潮了。他一个人意淫，一个人高潮迭起，后来人却是苦不堪言。可以说这个好大喜功的皇帝用22年时间透支了大明朝的国力，使得后来的皇帝只能做一些缝缝补补、望梅止渴的活。这无疑是寅吃卯粮带来的必然结果。

现在，朱棣走了，虽然壮志未酬，但总算惊天动地。什么都干了，过把瘾就死。不过郑和还有话说。作为永乐时代的弃儿，这个可怜的人此刻正在南京城做一个闲散的守备，那些曾经浩浩荡荡下西洋的海船则被搁置在南京港口，无所事事。他和它们，其实可以有更大作为的。而这一切都因为朱棣的好大喜功和视野狭窄落得如此下场。盛世之毁，究其实还有更深层次的原因可以挖掘。

海面上有什么

在人类的远洋航海史上，继郑和下西洋 87 年后，哥伦布启航了；92 年后，达·伽马启航了；116 年后，麦哲伦启航了。郑和船队拥有的船只数量超过两百艘，哥伦布船队则只拥有帆船 3 艘，达伽马的 4 艘，麦哲伦的 5 艘。郑和船队中最大的船叫“宝船”，史载，这艘船长四十四丈四尺，阔十八丈，换算成现在的度量单位，约相当于 138 米长，56 米宽，绝对是当时海上世界的巨无霸。

但是收获的成果呢？永乐十三年（1415 年），郑和船队“大有斩获”，他们在非洲东岸第一次发现了长颈鹿。当然这样的斩获准确地说是属于朱棣的，若干日子之后，朱棣在京城获得了来自非洲东岸的那只长颈鹿，只是没人敢叫它长颈鹿——它被视作神兽“麒麟”，作为永乐王朝威德远播、万邦臣服的明证而存在。朱棣在奉天门举行仪式亲迎这只祥瑞的到来，这样的权力确认游戏毫无疑问他是乐此不疲的，一如其在近二十年时间里一再放逐郑和和他的船队出游、巡弋这个世界一样，以满足他对权力传播和权力增值的渴望，那是一种快感。

与此相反，在 15 世纪的海面上，哥伦布们也在出游，只是他们发现的东西与朱棣所渴望的东西大相径庭。哥伦布意外“发现”美洲大陆，欧洲文明第一次碰撞了美洲文明，从而世界历史的走向和洲际文明间融合与洗礼的进程大大提速；麦哲伦环行地球为西方人提供了视野学上的贡献，使得资本主义这一人类历史上全新的制度在全球开始传播和发展，在地理空间和市场空间的拓展上居功至伟；达·伽马的贡献则突出在市场意义上，由于他发现了绕过好望角到达印度的航路，所以葡萄牙开始控制印度洋，为这个国家在新世纪的上位抢占先机，并且达·伽马在航行中运回的香料等货物在欧洲的获利经折算竟然达到他整个远征费用的60倍！这样的远航实在是具有可持续发展路径的，同时也开拓了全球海洋贸易的市场空间。尽管郑和下西洋也带回了世界各地各种各样的土特产，比如他第六次出使西洋时，船队所采购的物品有：重二钱左右的大块猫眼石，各色雅姑等异宝，大颗珍珠，高二尺的珊瑚树数株，珊瑚枝五柜，金珀、蔷薇露、麒麟、狮子、花福鹿（即斑马）、金钱豹、驼鸡、白鸠等，但这些物品的价值只在于满足朱棣臣服万邦的虚荣心而已，一如非洲东岸的那只长颈鹿，象征意义多于经济价值。

因此在这个意义上说，郑和下西洋虽然行至天涯海角，一路风景看遍，却并未看透世界大势。表面上浩浩荡荡，呈现的却只是皇恩浩荡而已。郑和的船队与其说是一支大型船队，倒不如说是永乐帝国的微观世界，近三万人的小社会在几十年的时间里以移动的方式免费向沿途各国表演一出出活报剧，以输出永乐王朝的价值观和世界观为已任。这样的浩浩荡荡貌似不朽，可以传之后世，却很快偃旗息鼓，悄无声息，说起来真是朱棣的悲剧了——历史曾经如此意味深长地给他提供了一个可能，让他睁眼看世界，让他有足够的时间适应正在变化的世界，以便突破墨守成规的帝国和他自己，但朱棣却只从政治和权谋出发，对世界做了一次自上而下的俯瞰，而后匆匆归去——东西方文明的发展路径终于走向南辕北辙。

就这样，一度扬帆远行的华夏海洋文明在朱棣的狭窄视野里悄然搁浅了。西方各国在地理大发现后很快走向工业革命，他们的远洋船上开始使用蒸汽动力，但是明帝国在海禁国策的限制下，舰船的制式越来越小，并限制使用双桅，载重不得超过500石。“只能就地巡查，不能放洋远出。”毫无疑问，这是华夏海洋文明在遗传基因上的一种萎缩和自戕，帝国海洋意识上的自我封闭以永乐朝为起点，在郑和之后再无远行。150年后，明帝国已经想不起来“地球是圆的”了，想不起来曾经远航时的那份勇气与激情，而此时欧洲传教士利玛窦来到中国，他带来的一张世界地图含义鲜明地拉开了东西方在海洋文明和观世视野上的巨大区别。这样的时刻，曾经威德远播的永乐帝朱棣又在哪里呢？

他被贡奉在庙堂之上，仪态威严地成为一个牌位和传说。

第四章

朱高炽

胖子的突围

出局的危险

明仁宗朱高炽，明成祖朱棣的长子、徐达的外孙，他给人的第一印象是个行动迟缓的胖子、闷骚男，表情呆板、三棍子打不出一个闷屁来。而附着在他身上的所有历史关系其实可以用减法来计算，那些惊心动魄、满布刀光剑影的父子关系和兄弟关系决定了本文主人公朱高炽的生死存亡，他的命运随着这两个关系的展开和深入变得跌宕起伏。究其短暂的一生，大部分时间竟然都是在这两种关系中搏生存——一个弱者的生存之道由此浮出水面，令人印象深刻。也正因为如此，明仁宗朱高炽的帝王之路才独具一格，成为大明帝王成长史上的一个鲜明案例，值得细说。

洪武二十八年，两个人的身份得以确认——17 岁的朱高炽在这一年闰九月壬午二十一（1395 年 11 月 4 日）被册封为燕世子，小他两岁的弟弟、15 岁的朱高煦则被封高阳王。这样的身份确认在洪武二十八年完成无疑是意味深长的：朱高炽被册封为燕世子意味着他将是朱棣百年之后燕藩王的合法继承人，而朱高煦却没有这种可能。所以少年胖子朱高炽的洪武二十八年毫无疑问是阳光灿烂的，另外明太祖朱元璋也在公开场合表达了他对这个胖孙子的喜爱，这为朱高炽的人生加分不少。

如此看来，朱高炽的人生似乎一眼可以看得到底——接班，成为燕王，然后老去，死去。当然这一切的规定情境是建立在帝国礼仪被不折不扣执行，同时朱高炽的身体状况能支撑他活得足够长的基础上才能发生的。只是这一点谁都无法保证。

因为朱棣首先向命运说“不”了。这个朱元璋儿子当中的老四相貌堂堂，不甘心一辈子老死在北平。他和尚未成年的二儿子朱高煦一样，眼看着要成为帝国礼仪制度的牺牲品——礼仪真是什么都管，嫡长子的人生天生就与众不同，哪怕是草包一个。这是帝国维稳的需要，稳定是要付出代价的，比如公平、民主甚至包括能力。朱棣相信自己的能力远胜于朱允炆，可嫡长子胜出制，你这个当叔叔的又能怎样呢？所以朱棣面临的选择其实是二选一：要么做礼仪制度的顺民，要么推翻它，做自己的主人——1399 年，十四世纪的最后一年，燕王朱棣终于在北平起兵，以“清君侧”为名，发动“靖难之役”。由此他和他儿子们的命运都进入不确定期——每一个人都面临变局：或者成功或者成仁。具体到朱高炽身上，这个燕世子的前景或者美好得令人怦然心动——朱棣闹“革命”一旦成功，坐上皇位，那他便顺理成章地成为皇太子；或者糟糕得无以复加：简单地说“革命”一旦失败，他和老爸都要一命呜呼。

所以考验就此开始。1399 年朱高炽 21 岁，胖得令人肃然起敬。在朱棣略带厌恶的眼光斜视下，他领着差不多一万老弱病残的预备役部队留守北平，开始其平庸得无人看好的军旅生涯。这里需要交代一下朱棣为什么要用略带厌恶的眼光看自己的这个嫡长子——没别的，只因为他胖，而且平庸。和二儿子朱高煦相比，朱高炽几乎在各方面都呈现了一个弱势男人的所有缺点——他不仅胖，还天生行走困难，走路一跛一跛的，是个胖子兼跛子。朱棣很难想象，万一“革命”成功，他坐上了龙椅，朱高炽怎么办？他也跛着爬上龙椅，将一摊横肉堆在上面，然后露出一个捡漏之后无比灿烂自得的平庸的笑脸？那简直是无耻！令人难以想象，也让朱棣难以接受。所以在建文四年（1402 年）的浦子口之战中，因为朱高煦率骑兵赶来表现突出，朱棣才会拍着他的背说出那样一番话来：“吾儿勉之，世子高炽多疾，如争得天下，就让你取而代嗣。”这似乎是一种战术许诺，却未必不是朱棣在 1402 年真实心态的流露。不错，朱元璋是立下嫡长子嗣位的规矩，但人定胜天，多少规矩立下来就是拿来废除的，这叫改朝换代，一代新人胜旧人。更何况朱棣最后坐上龙椅恰恰是对这个规矩的蔑视和反动。老子如此，儿子何尝不能破旧立新呢？

因此 1402 年的朱高炽便面临着出局的危险。这位燕世子没有建功立业，而是留守后方，对新朝的贡献远不如生龙活虎的二弟朱高煦，那么，当永乐王朝的大钟敲响之时，他的命运又会呈现怎样的走向呢？

如履薄冰

从1402年朱棣即帝位开始，到1404年永乐二年止，朱高炽的人生进入了悬置期。他的世子位置没有被废，但也并没被立为皇太子。换句话说，朱棣没有对他的命运进行评判，而是搁置起来，悬而不决。

搁置的原因是因为出现了胶着。在朱高炽和朱高煦的能力拔河赛中，后者表现突出，令裁判员朱棣迟迟无法吹哨，以决胜负。

首先朱高煦能力超强，性格外向，有王者之气。

其次朱高煦相貌堂堂，一如朱棣，有王者之相。

再次，朱棣自己不是嫡长子继位，急需朱高煦上位以补充说明情况。

最后，也是最重要的一点，是朱棣在战时对朱高煦有过承诺，得天下后将传位于他，而朱高煦也的确表现突出，适合接棒。所谓君无戏言，朱棣骑虎难下。

以上四点原因构成了对朱高炽上位的致命威胁。的确，威胁是致命的，因为朱高煦一旦上位，以其杀伐决断的个性，朱高炽很可能命将不保——一个弱者的生存困境，就此变得严重起来。

当然问题的严重性还在于——朱棣在立储问题上的暧昧或者说沉默给了百官们很多的想象空间。淇国公丘福和驸马王宁等人开始上书力挺朱高煦为太子，给出的理由是“靖难有功”，这样的理由毫无疑问是胜过朱高炽守土之功的。舆论的力量打破了朱高炽和朱高煦能力拔河赛中的平衡关系，迫使朱棣在长时间的沉默之后给出答案——弱者朱高炽还是强者朱高煦胜出？

终于，大明朝第四任皇帝的候选人名单在永乐二年四月甲戌初四（1404 年 5 月 12 日）揭晓。朱高炽被立为皇太子，朱高煦则被晋封汉王。朱棣给出了一个出人意料的答案，这个答案让朱高炽的命运似乎变得有惊无险了。

但一切却不是结束而是开始。朱高炽从一个世子变身皇太子，迎来的却是父亲朱棣狐疑而审慎的目光，以及朱高煦不屑和仇视的眼神，甚至还包括三弟朱高燧蠢蠢欲动的挑战。因为这一天朱高燧也被封为赵王，要命的是他竟然也产生了怀才不遇的感觉——由此朱高炽四面受敌。这一切其实都是父亲朱棣设的局。在反复权衡之后，朱棣虽然勉强立嫡长子朱高炽为太子，但是对他的考验却刚刚开始，接下来我们将会看到，在太子监国期间，朱棣是如何怀疑一切乃至于打击一切的，而朱高煦和朱高燧兄弟俩也联起手来，千方百计地打击他们共同的目标——朱高炽。朱高炽事实上是被推到了祭坛之上，从一个隐形目标变成非常明确和具体的公共打击对象。帝王之家，扭曲的父子、兄弟关系和权力蛋糕的切割纠结在一起，朱高炽真是如履薄冰、无法应招了。

而他的忠实支持者、内阁学士解缙的非正常死亡则暗示朱高炽的皇权之路必定充满阴谋和血腥——他立在悬崖边上，虽然面对天堂，脚下却是深渊，是地狱。

解缙的努力

解缙是朱高炽的忠实支持者。这位洪武二十一年（1388年）的进士在他四十七年的人生道路中做的最有价值的一件事是将朱高炽从世子的位置推到皇太子的位置上，从而两人的荣辱前程被自然而然地绑定，一荣俱荣一损俱损。而朱棣对其先宠后弃以及敲山震虎的特殊关照则从一个侧面曲折地表达了他和朱高炽恩怨交集的父子关系。这对朱高炽来说，既是考验，又是警醒。坐上龙椅事更多，哪怕还没正式坐上去，仅仅是以一个太子的身份存在着，炼狱便已是无法逃避的选择。

永乐五年之前的解缙是朱棣的宠臣。当方孝孺被诛十族之后，解缙成了永乐朝的新一代天下文宗。这是政治的需要，是朱棣对其恩遇的开始，当然也是解缙个人才华的体现。他擢侍读，值文渊阁，又进翰林学士兼右春坊大学士——和胡广、杨士奇、杨荣等六人一起成为文渊阁大学士。这是大明朝第一批内阁成员，而解缙尤得圣心。朱棣经常在半夜将其召入宫中密商政务，甚至还说过这样一句话："国家不可一日无朕，而朕不可一日无解缙。"恩宠可谓一时无两。

其实，作为朱棣对解缙恩宠的一个具体表现是在立嗣问题上对后者的尊重。他在自己难以取舍的时候最终听取了解缙的意见，立朱高炽为皇太子。解缙对犹豫不决的朱棣如是说："世子高敬仁孝，天下共知。夺长为乱道之行径。"或许这样的时刻解缙看出了朱棣有立朱高煦为太子的想法，他直接表明态度——"夺长为乱道之行径"，希望朱棣以国事为重。显然，解缙的劝告或者说警告对朱棣起了很大的作用，他不敢立朱高煦为太子了，只是实在不看好朱高炽，朱棣找不到立其为皇太子的充分理由。

几天之后，解缙就给了他这样一个充分的理由。他在一张《虎彪图》上挥笔写道："虎为百兽尊，谁敢触其怒？惟有父子情，一步一回顾。"而这张《虎彪图》也确实画出了作为百兽之尊的老虎父子相亲的动人情状，再配以解缙的题词，朱棣看了果然感同身受，最终做出立朱高炽为皇太子的决定。

只是解缙没有想到，圣心最是难测。他极力将朱高炽从世子推到皇太子位置上的这一举动，随后就为其带来太子党党魁的隐身份。不仅朱高煦对其恨之入骨，朱棣也有意无意间对他刮目相看了：这个人，为什么和朱高炽走得这么近呢——感动之后是猜疑，朱棣将为君之道演绎得入木三分。永乐五年（1407年），解缙的人生走到了拐点上。从宠儿到弃儿，这一年是实实在在的分水岭——他突然被朱棣贬为广西布政司右参议，给出的理由是"泄禁中语""廷试读卷不公"，当然这些所谓的理由都仅仅是表面上的说辞，真正的原因是——朱棣的猜疑心起来了。当朱高炽被立为皇太子之后，朱棣出于平衡的考虑，又给了朱高煦有别于寻常藩王的待遇，"礼秩逾嫡"。朱棣将朱高煦封国云南，却对其拒不就封听之任之，任其留在京城，甚至同意让朱高煦的儿子去朱高炽监国所在地南京，对其实施秘密监视。朱棣如此作为，解缙当然忧心忡忡，他忍不住进谏道："是启争也，不可。"——皇上这样做，是开启争端啊，万万不可。但此时的朱棣却以为解缙离间其父子关系，是代表太子朱高炽的利益在说话，他当然要狠狠打击。朱棣在将其贬为广西布政司右参议后不久，又追贬为交趾（今越南北部）右参议，让解缙到越南待着凉快去。

三年之后，已过不惑之年的解缙做了一件令人疑惑的事情，从而直接将自己逼上绝路。那是永乐八年，解缙从广西入京（南京）奏事，需要面见永乐帝朱棣，可当时朱棣因为北征不在京师，解缙眼看要失望而归，便擅自决定去谒见皇太子朱高炽。这样的行为毫无疑问是欠妥的，因为容易授人以柄。事实上朱高煦在得知这一情况后也确实加以利用了。他向父亲朱棣告状说："（解缙）伺上外出，私觐太子，径归，无人臣礼。"（见《明史》卷一四七《解缙传》）

这么一件小事经过朱高煦的渲染和演绎很快就发酵成立储之争中的大案。朱棣震怒之余颁旨：将解缙下狱。一批亲近太子的官员受到牵连。而解缙的命运更加令人感慨。他在永乐九年下狱后，朱棣对其一直不闻不问，直到五年后的永乐十三年正月，锦衣卫纪纲上报囚犯名录，朱棣恍如隔世地看见解缙名字赫然在列，才意味深长地问一声：解缙还活着？几天之后，心领神会的纪纲便找机会将解缙灌醉，然后拉到冰天雪地的郊外埋于积雪中活活冻死。这位《永乐大典》的总编纂至此走完了跌宕起伏的一生，是年，他 47 岁。随后，解缙家被抄，妻子、宗族都被流放辽东。

看一代才子解缙的生命简史，朱高炽当然会明白那些个中滋味——监国二十来年，一直在父亲朱棣狐疑的眼光下讨生活，处处如履薄冰，随时面临出局的可能——唉，那么漫长、尴尬充满危机的配角生涯，要怎么熬过去呢？

忍

武官李谅没想到，自己在早朝后与皇太子朱高炽的一次无心晋见，竟然会影响到他的仕途安危。他被言官弹劾了，称其私见太子，居心不良。更严重的是远在蒙古北征的朱棣大皇帝也在百忙中亲自写信，警告他不可与太子走得太近。

武官李谅事件发生在太子监国时期。永乐七年之后，朱棣在外面建功立业，忙于营造国家级形象工程，太子朱高炽奉命监国，负责处理帝国的日常政务——也的确是日常政务，因为朱棣给他的授权里不包括以下三项内容：文武除拜；四裔朝贡；边境调发。这三项内容中第一项是人事任免权，第二项是外交接待权，第三项是军事指挥权。可以说每一项内容都是要害，关乎国柄，关乎最高权力的归属。特别是第一项人事任免权，更是朱棣难以放心的所在。他常年在外，万一太子私启权柄，将帝国权力操纵在他一人手里，那太子和皇帝又有什么区别呢？所以朱棣在离京前严格规定："凡百官朝谒东宫，偕进偕退，不许独留私见。"这里的"东宫"是对太子的别称。朱棣不允许太子独留私见帝国官员，目的很明显，防止结党营私，图谋不轨。

这当然是政治的需要，所谓权谋之道，未雨绸缪。永乐七年（1409 年）四月十八日，朱棣在北京直接写信批评皇太子说："我命你监国，凡事务必宽大，严戒躁急。大臣有小过，不要遽加折辱；亦不可偏听以为好恶……"九天后，朱棣再次写信批评朱高炽说："优容群臣，勿任好恶。凡功臣犯罪、调发将士，必须奏决。”这一次的口气不可谓不严厉，用了“必须奏决”四个字，明确取消朱高炽的人事处置权。那么，到底发生了什么事情，使得朱棣如此动怒呢？起因其实很简单，缘于不久前朱高炽在朝会上批评了刑部尚书刘观。刘观是雄县人，深得朱棣赏识。永乐元年，朱棣做皇帝后，就升刘观为云南按察使，还没赴任呢，又马上官拜户部右侍郎。第二年，刘观调任左副都御史。永乐六年，升礼部尚书。同年十二月，任刑部尚书。从刘观的这份仕途履历表上我们不难看出，他是一个火箭式的干部，如果没有朱棣对他的赏识，根本不可能仅用六年时间就从一个地方干部爬到公安部部长（刑部尚书）这样重要的岗位上。而朱高炽之所以在朝会上批评刘观只是因为后者犯有过失，他还并未做出进一步的行政处罚包括开除等决定，但朱棣显然认为太子越界了。在权力的蛋糕上染指了属于他的部分，由此，朱高炽受到严重警告。此后，朱高炽终于明白自已的权力边界在哪里，他开始变得小心翼翼，不敢越雷池半步。

但推手游戏并不因为朱高炽的一味退让就可以顺利进行下去。因为很多非主观因素会影响到这个游戏的运行轨迹。比如流言和谗言。朱高炽监国小心翼翼，不敢越雷池半步，但流言和谗言却颠覆和扭曲了事情的真相，从而使得朱棣疑心大起，频频朝假想敌发动攻击。朱高炽监国期间所采取的许多措施在朱棣回京后被一一否决，哪怕这其中无关权力的争夺，但在流言和谗言的催化下，朱棣也会在狐疑之后化掌为刀，猛击朱高炽子虚乌有的夺权企图。至此，另一个牺牲品开始浮出水面，他便是大理寺右丞耿通——继解缙之后，耿通作为朱棣新的假想敌，成为其不可不除的太子党主要人物之一。

永乐十年的秋天，午门。帝国都察院奉朱棣之命召集全体文武大臣在此目击一个人的死亡。这个人便是大理寺右丞耿通。此前耿通三番五次地谏阻朱棣，称“太子事无大过误，可无更也”。意思是您老人家回京后老是否决太子的所作所为是不对的，搞得朱棣为此龙颜大怒，发誓非将耿通这个唠唠叨叨的家伙杀掉不可。朱棣给出的杀戮理由是“（耿）通为东宫关说，坏祖法，离间我父子，不可恕，其置之极刑”。这个极刑便是凌迟处死。史载朱棣说完这话之后，“廷臣不敢争，竟论奸党，磔死”。他是被寸磔而死的，死状惨烈之极。那个朱高炽站在历史的现场，看在眼里，真是寒在心头。他的寒意细说起来有这么三层：一是朱棣杀鸡给猴看，其目的不在除掉耿通，而是警告他不要蠢蠢欲动；二是廷臣们的表情是噤若寒蝉，不敢争，“竟论奸党”。在他和父亲的矛盾冲突中不敢站在自己这一边。很明显，自己被孤立了；三是耿通最后“寸磔而死”，朱棣的“诛心之治”是不到极限不罢休，他朱高炽的处境真是岌岌可危了。

朱棣也的的确确加强了对朱高炽的管控。在征北期间，朱棣下令六科将太子日常行政事务逐条上报，并写明其赏罚的详细理由，以揣摩其背后动机。由此朱高炽监国，朱棣监子，权力的传导过程完全置于朱棣的秘密管控之下，朱高炽真是动辄得咎，举步维艰。永乐十二年（1414年）八月，新的打击不期而至。这一年朱棣结束北征回到北京，很不幸朱高炽派人迎接圣驾晚了一步，同时他在上呈的奏书中有些措辞也欠妥，朱棣由此认为太子怠慢自己，太子党必须狠狠打击。几天之后，朱棣眼中的太子党成员、东宫官属——尚书蹇义、学士黄淮、谕德杨士奇、洗马杨溥、正字金忠等人被关押了。虽然蹇义和杨士奇二人在做了自我检讨后释放，官复原职（天知道这检讨该怎么做，但杨士奇明显是心向太子的，因为他把迎驾迟缓之罪都揽到自己身上，以使太子顺利过关），可杨溥、黄淮等人却长时间失去了自由，在狱中一关就是十年，直到朱高炽做了皇帝才被释放，东山再起。

永乐十六年（1418年），又一场新的考验降临到朱高炽身上。这一年，朱高炽因为宽恕了一个曾经立有军功的陈姓犯人而引起朱棣的猜忌——这个犯人是他定罪的，太子却为了表示仁义擅自减刑，居心何在？于是礼部侍郎胡濙被派往南京，奉旨秘密调查皇太子的德行。好在胡濙这个人善于审时度势，不敢得罪日后要当皇帝的朱高炽，只以“皇太子诚敬孝谨七事”密奏成祖朱棣，才使得朱高炽的境况转危为安。由此可见，朱高炽监国二十年，每一天都是如履薄冰，随时面临生死抉择。但是，他毕竟熬过来了，目送朱棣最后离世，并让自己成功坐上龙椅——这其中靠的是什么？当然不仅仅是他东宫官属的回护，也不仅仅是礼部侍郎胡濙式官员审时度势后的庇护。他靠的其实还是自己，他的智慧，一个弱者的生存智慧。很难想象，朱高炽要是没有这样的本钱的话，他就不可能成功屏蔽父亲的猜疑，化解兄弟间的算计，然后坐上龙椅，君临天下。

不错，到这个时候，我们是可以沉下心来细致地分析一下，在朱高炽身上体现出来的弱者生存术究竟有哪些？他的那些生存术又是如何让他转弱为强，笑到最后的？

仁者无敌

通常，胖子朱高炽会眼神迷离而略带颓废地混迹于一帮文人当中舞文弄墨、吟诗作赋，似乎是个胸无大志的主。但有一次，他与状元曾子棨下棋时写的一首诗却不经意间泄露了其胸中沟壑。诗曰：

二国争雄各用兵，摆成队伍定输赢。

马行曲路当先道，将守深宫戒远征。

乘险出车收败卒，隔河飞炮下重城。

等闲识得军情重，一着功成见太平。

这首诗文采虽不怎么样，却字里行间透出重重杀气。表面上写下棋，实质却落脚于攻城略地、建国安邦的治国策。这个貌似平庸的胖书呆子、帝国权力场上的弱者虽然在其强父悍弟的反衬下随时面临出局的可能，可偏偏世事如棋，韬光养晦者笑到最后。

朱高炽就是那个韬光养晦者，他的生存之道是先示人以弱，再以弱胜强。当然真正要做到以弱胜强，还必须有不一样的思维，在细节处呈现远见卓识——恰恰在这些方面，朱高炽不仅做到了，而且做得相当完美。所谓细节决定成败，朱高炽之所以胜出，实在是他的人生一路行来，早已伏笔处处，最后只需连缀一体，便可水到渠成或者说大功告成。

朱元璋最早发现了朱高炽身上异于常人之处，那就是思维，朱高炽式的思维。朱元璋有一次考察藩王嫡子的行政能力，让他们分别批阅大臣们的奏章。其他几位藩王嫡子事无巨细，对奏章的内容眉毛胡子一把抓，给人印象平平，但朱高炽却只关注那些军政大事，对奏章中出现的错字从不订正。朱元璋问他个中原因，朱高炽给出的回答是——这些都是小毛病，不足以劳烦天子知道。又一次，朱元璋检阅军队，众多藩王及其嫡子都早早率队参加，唯独朱高炽的军队姗姗来迟，原来当天天气非常冷，朱高炽不忍让士兵们饿肚子参加检阅，便等他们都吃完了饭才开始出发。由此，朱元璋对他刮目相看，说了以下这样一句话："小子异日不可量也。"——你小子日后前程不可限量啊……

这实在是一个阅人无数的政治老人对一个未来新兴王者的大胆判断或者说预言——和当时皇太孙身份的朱允炆一样，朱高炽几乎在每一个细节上都体现了仁者心态，对上仁，对下也仁。所谓仁者无敌，朱元璋透过朱高炽肥胖的皮囊预见到了他百年之后必有"王者兴"的一个趋势——后来的事实证明，他的确没看走眼。因为朱高炽的仁义或者说仁德在他长达二十多年的太子生涯中自始至终都呈现了出来，以至于以东宫官属为群体的保护伞在他头顶上一直灿烂打开，并且刀枪不入，助他安然无恙地成就"九五之尊"：解缙为了他能够上位在冰天雪地里活活冻死，家被抄，妻子、宗族流放辽东；大理寺右丞耿通为他仗义执言惨遭"寸磔而死"；杨溥、黄淮等人因为保他的缘故在狱中一关就是十年；甚至朱棣的心腹之臣，奉命调查太子德行的礼部侍郎胡濙也为他唱起了赞歌。所谓仁者无敌，这些活着或者已经死去的人都心甘情愿地为他证明，心甘情愿地成为一个王者蛰伏时期的坚强注脚。

最重要的是朱高炽将仁德做到了极致——以德报怨，对他的兄弟们以德报怨。我们先来看朱高煦是如何对待朱高炽的。那还是在"靖难之役"的时候，建文帝使离间计，向固守北平城的朱高炽写信，以燕王之位做诱饵，劝其暗度陈仓。朱高煦得知此事后，马上落井下石，对父亲朱棣说世子（朱高炽）与朝廷暗地相通，肯定要反。但朱高炽是怎么处理这件棘手之事的呢？他连信都没拆，立刻派人星夜快马飞报朱棣，听凭父亲处理此信，事后也未对朱高煦有任何怨望。这是朱高炽以德报怨的第一回合。

第二回合发生在永乐十四年。这一年朱高煦趁父亲朱棣去北京视察新都建设期间，在南京私自招兵三千，精选自己的卫队，甚至他还私自使用皇帝的乘舆器物，操练水战，放纵护卫队在京城大肆抢劫，试图阴谋叛乱。朱棣回来后大怒，当面夺去他的衣冠，并将其关在西华门内，准备废为庶人。这个时候朱高炽再一次站出来以德报怨——他苦苦哀求父亲保留朱高煦的亲王名分，以观后效，并且亲自给朱高煦写信，劝其悬崖勒马，从善如流。这样的胸怀，毫无疑问是宽广之极的。

朱高炽以德报怨的第三个回合发生在他登基之后。尽管朱高煦败局已定，可他还是试图蠢蠢欲动，派自己的儿子朱瞻圻及心腹潜到北京，伺机作乱。仁宗朱高炽知道这一切后，不但没有责怪他，反而增加其每年的俸禄，赏赐宝物数以万计；甚至还封其长子朱瞻坦为世子，其余儿子均为郡王。这样的以德报怨，可谓亘古未有。而处处咄咄逼人的朱高煦终其一生，也未能成事。他的强悍无比最终沦为无力的虚张声势，多年的怨望无可奈何地败于朱高炽一以贯之的仁德。这可以说是人世间以弱胜强的绝佳个案。

三弟朱高燧也败于朱高炽以德报怨的人生态度。这位朱棣嫡三子虽然和朱高煦相比能力稍逊，但也在夺嫡问题上蠢蠢欲动，屡次和朱高煦合谋，诬陷太子朱高炽。永乐七年（1409 年），朱棣出于权力平衡的需要，诛杀了诬陷太子朱高炽的顾晟，这个顾晟是朱高燧的长史。同时朱棣还要褫夺朱高燧的冠服，废其为庶民。这个时候朱高炽是怎么表现的呢？他为其求情，并最终保住了朱高燧的王位。但十四年后，朱高燧选择了恩将仇报，继续向朱高炽发难，甚至参与毒死父皇的阴谋行动。那是永乐二十一年（1423 年）五月，明成祖朱棣病重，护卫指挥孟贤等人在朱高燧的策划下伪造遗诏，准备毒死明成祖，同时废太子朱高炽，立朱高燧为帝。不久，孟贤的阴谋败露，被杀。朱棣震怒不已，他逼问朱高燧："是你做的吗？"朱高燧哑口无言，吓得说不出话。而朱高炽大胆站出来，极力为这个三弟辩解说："这是下人的所为，弟弟一定不知道的。"其宅心仁厚，由此可见一斑。而说到底这样的宅心仁厚是厚重和锋利的，极具道德感召力，他使朱高燧败得心服口服，在接下来的岁月里甘愿为其驱使——朱棣去世后，皇太子朱高炽在正式登基称帝前，朱高煦选择了负隅顽抗，试图一较高低，但几年前还和朱高煦一同联合起来打击陷害朱高炽的朱高燧，这时候也来到了北京，他第一个上疏请求兄长朱高炽即位称帝，甚至在后来册立皇后和皇太子时，朱高燧也差不多是第一个提议的人。说到底，朱高燧之所以会有如此巨大的转变，功在朱高炽。后者在人格力量上完败了朱高燧。

当然和两个兄弟相比，朱高炽最重量级的对手还是父亲朱棣。朱棣是不容易被感动的成熟男人。他更注重权谋之道，警惕的是权力侵蚀。朱棣既想把权杖交给一个有能力的人，同时他对这个人还有一个要求，那就是忠诚、任劳任怨。正是在后一点上，朱高炽做得非常到位，他靠一个“忍”字，赢到了最后。朱高炽的“忍”字功夫是一流的。永乐十八年，北京城建好后，朱高炽应父亲之召从南京到北京。因为不喜欢北方的饮食，他就从典膳局带了二十个厨师以备饮食。但朱棣闻讯后勃然大怒，认为太子自作主张。他给朱高炽下手谕说：“你带了典膳局厨子二十人，为什么不向我汇报？”为了惩罚太子的自作主张，朱棣下令，每天只供应其两顿饭，此外连茶都不给，而朱高炽所带的典膳局厨子全被调拨到负责皇宫饮食的光禄寺以为朱棣服务。面对父亲如此苛刻的举动，朱高炽选择了忍耐。

当然朱高炽要忍的地方几乎是时时处处的。他因为批评刘观受到朱棣的训斥，要忍；面对朱高煦和朱高燧的谗言诬陷，要忍；杨溥等忠臣被一关就是十年，他也要忍；甚至安插在他身边的宦官经常向朱棣密报其过失，更要忍，并且还要强颜欢笑，不能有半点不满，这叫什么？这大约就叫忍常人所不能忍吧。这样的“忍”字功，毫无疑问是朱高煦和朱高燧兄弟俩做不到的，所以到最后，胜出的那个人只能是朱高炽。永乐二十二年（1424 年）七月，朱棣终于完成了对朱高炽长达二十年的人品和能力考察，在北征回京途中对侍臣说了这样一句话：“东宫历涉年久，政务已熟，还京后军国事悉付之。朕惟优游暮年，享安和之福矣。”这或许可以看作他最后的政治交代吧，因为不久之后这位多疑的雄主就病死在榆木川，朱高炽顺利接位。

对兄弟仁，对父亲忍；对心中的理想不抛弃、不放弃。这或许就是政坛“弱者”朱高炽的生存术。1424 年，中秋节，北京紫禁城，在礼部的安排下，文武百官入殿行过五拜三叩头大礼后前往承天门外，静候隆重的登基仪式开始。47 岁的中年胖子朱高炽身着金黄灿烂的皇帝服饰，一身赘肉、步履蹒跚地爬上奉天殿宝座。此时，四周鸦雀无声，紫禁城成了他一个人的舞台。

毫无疑问，他的时代开始了。

第五章

宣德

左手宦权 右手相权

只是当时已惘然

1426年是宣德元年。此前一年的五月，洪熙帝朱高炽病逝于北京，结束了其九月之治。这个做了二十年监国太子的人存在的价值似乎只是为了证明自己有能力爬上龙椅，然后与世长辞。这实在是一种宿命了。相比之下，宣德皇帝朱瞻基的命要好得多。从1426年开始计算的话，他在大明帝国的龙椅上坐了整整十年，直至1435年去世。宣德十年之治，起点便是1426年。如果站在大历史观的背景下看1426年，那更是意味深长得紧。此前21年，太监郑和开始下西洋的航程，祖父朱棣的欲望弥漫在东西洋的上空，经久不息；此前46年，朱元璋罢中书省，废丞相制度，为这个帝国立下权力的规则与潜规则；再往前追溯至1368年，便是明王朝开国之年，它与宣德元年的时间间隔为58年，差不多是一个甲子。世事甲子一轮回，朱元璋、朱棣的高蹈、严厉到了仁宗、宣宗这里开始走向宽仁与平和。就像长江流水，在险滩与险滩之间，大多是短暂的水流平缓之地。

但历史毕竟意味深长，险滩与险滩之间注定遥相呼应。它们相望于江湖，互为因果。在历史的长河中，宣德十年的时间虽然水流平缓，却到底短暂。埋下的众多伏笔吉凶相间，有些虽然温和，有些却是锋利无比，必然的要在接下来的年代绽放出恶之花。16年之后，大太监王振毁掉朱元璋当年立于宫门前面，上书“内臣不得干预政事”的铁碑，开始蠢蠢欲动、有所作为；23年后，“土木之变”爆发，英宗在王振的蛊惑下率军亲征，结果在土木堡被俘，近五十万明军全军覆没，明朝的中衰自此开始；31 年后，于谦被杀，帝国的良心或者说理想惨遭屠戮；80 年后，刘瑾掌司礼监；118 年后，严嵩为首辅，开始其专权生涯。而这长达百年的世事因果，其实都能在宣德元年找到一丝因缘。这年七月，宣德皇帝设立内书堂，教宦官学文化，在制度层面上打破了朱元璋当年定下的“内臣不得干预政事”的清规戒律。而王振 16 年之后的毁牌之举，毫无疑问坐实了宣德皇帝向太监们放权的政治企图。千不怕，万不怕，就怕太监有文化。或许宣德皇帝设立内书堂和司礼监是出于削弱相权的需要，以内臣代为批红的方式来限制内阁大臣们票拟的操作空间，是一种政治策略或者说权力平衡，但世事利弊相间，宣德皇帝抓在手里的武器既可能伤人也可能伤己，一个王朝的内耗程序不经意间由朱瞻基这个貌似不可能惹祸的青年皇帝启动，并且一发不可收拾，历史的吊诡实在是令人目瞪口呆：一方面，宣德皇帝以宽仁与平和带领大明人民走进新时代，另一方面，他又打开了一个盛世王朝由此中衰的魔盒，一切身不由己，再回头是百年身。

只是当时已惘然罢了。

恩威并施

似乎没有谁比朱瞻基更了解“永乐盛世”的真相了。虽然在他之前，父亲朱高炽也曾经直接置身于那个“伟大”的盛世，并且亲历亲为，监国日久。但毕竟在当时朱棣还活着，许多盖子还不能揭开。到了朱棣与世长辞之后，朱高炽揭开帝国沉重的盖子，准备有所作为时，没想到天不假年，仅仅执政九个月便匆匆离世。所以“永乐盛世”后遗症的真正承受者和改变者其实是他的儿子朱瞻基。

那么“永乐盛世”后期的真相究竟如何呢？永乐、宣德两朝的翰林官员邹缉在一份奏疏中是这样描述永乐末年社会状况的：“贪官污吏遍布内外，剥削及于骨髓。……今山东、河南、山西、陕西水旱相仍，民至剥树皮掘草根以食。”甚至在富庶的苏、常、嘉、湖一带，也出现了民众逃亡现象，其内在原因“皆云重赋所至。”就是在这样的背景下，朱瞻基和朱高煦的眼神宿命般地对上了。前者忧伤而茫然，后者凶悍而炽热。一场与清君侧有关的古老故事再一次在新朝上演。抚摩历史的细枝末节，那个叫朱瞻基的年轻人究竟是如何解决这个历史遗留下来的老大难问题的？现在，该是到了复盘那些往事的时刻。

1425 年，仁宗皇帝朱高炽病重，作为太子的朱瞻基还在南京主事。朱高炽要召还太子回京，以便传位于他。可要命的是以朝廷之大，当时竟然没有一位礼官敢赴南京迎驾。不为别的，只因为朱高煦彼时正在封地乐安州磨刀霍霍准备有所作为。礼官们谁都不想以身试刀，这也从一个侧面反映了朱瞻基即位时政治形势的严峻。好在到最后，仪制司主事况钟主动请缨去迎还朱瞻基，这才使得朝廷的脸面得以保存。

朱瞻基有惊无险地上位了，但真正的较量却才刚刚开始。这是1425年的6月，27岁的皇帝在其叔父怨毒目光的遥视下开始君临天下。一个底气不足的新时代就这样匆匆忙忙地开张了。很多人开始首鼠两端，他们将人生的赌注游离在朱瞻基和朱高煦之间，不敢轻易押定。这一年，汉王朱高煦45岁，作为明成祖朱棣的第二个儿子，他在“靖难”时屡立战功，多次营救父亲于危难之中。虽然在随后的夺嫡行动中败给了朱高炽，但与其较量的那些人都是跟他一起从战火中滚过来的，所以朱高煦败亦无憾。另外，从经验累积上来看，45岁的朱高煦毫无疑问远胜于27岁的朱瞻基。他们是叔侄之间的战斗，这样的战斗其实从建文元年就开始了：靖难，一次次的靖难在亲人之间展开，结局已然不重要，重要的是杀戮本身。1425年，这样的考验降临到朱瞻基身上，他将如何出招呢？

朱瞻基选择了以柔克刚。他给予朱高煦的封赏很高，甚至远高于父亲在时定下的二万石禄米，这无疑在道义层面上将朱高煦置于不利地位——我已经厚赏于你，你如果再起兵谋反，舆论的力量肯定不会站在你那边的。朱高煦当然也老到，见招拆招。他没有贸然起兵，而是小心翼翼地试探。在朱瞻基登基后的第二个月，他上疏陈奏“利国安民四事”，以试探朱瞻基的反应。换句话说，他是想看看自己在新天子心目中的地位——朱瞻基对自己是真心还是假意，如何处置奏疏见分晓。

客观地说，朱高煦奏“利国安民四事”并无多少新意，甚至某些条款可行性甚差，但朱瞻基还是一一照准了，所谓“曲徇其意”。但朱高煦的试探还在继续。宣德元年（1426年）正月，朱高煦提出要派人入京进献元宵灯，以为新年祝福。朱瞻基当然知道叔叔祝福是假，借机窥瞰朝廷之事是真，但他并不点破朱高煦的“良苦用心”，只是回信淡淡致谢，玩的就是静观其变。由此朱高煦的试探进入第三个回合：索要财物。他向朱瞻基伸手要马匹和骆驼，朱瞻基见招拆招，不仅派人送上40匹骆驼和120匹马，甚至还额外赐他袍服，将君臣间面子上的恩宠做得极其到位，以使朱高煦进一步陷入可能的道德困境不能自拔——我朱瞻基什么都满足你了，也就消解了你谋反的动机。如是，朱高煦谋反的道德成本和机会成本将变得无穷大。

朱高煦却没有按常规出牌。事实上他在乎的不是道德，而是实力。经过三次试探，汉王朱高煦在宣德元年的八月觉得自己已经摸清了朱瞻基的底牌，那就是新天子软弱可欺。宣德元年（1426 年）的八月是不寻常的八月，因为北京地震了。天象似乎以一种暧昧的方式提醒朱高煦要抓住时机，完成巨变。八月初，朱高煦让手下一个叫枚青的亲信秘密进京，联络英国公张辅以为内应，准备举事。但是很遗憾，政治立场坚定的张辅站在了朱瞻基一边，并且将枚青贡献了出去，献给新天子。这是朱高煦的第一个失败。他的第二个失败接踵而至——朱高煦策反山东都指挥使靳荣未遂，而当地御史李浚在得知朱高煦欲反时，第一时间入京告变。由此，朱高煦的反叛开始变得颇为悲壮，这其中的原因或许部分可以归结为朱瞻基先前的恩宠功夫做得好，将其置于道德困境不能自拔，以至于朱高煦举事时追随者寥寥无几。

寥寥无几也要揭竿而起，这是朱高煦一个重要的性格特征，否则他也不会一反再反了。朱高煦匆匆忙忙建立五军，在乐安开誓师大会，一如朱棣当年在燕府起兵时的情境，将一切形式玩得正儿八经；同时朱高煦还致信朝廷，指斥户部尚书夏原吉等几位朝臣为奸臣，要求把这些人交出来杀掉。此举进一步明确了朱高煦“清君侧”的靖难企图——朱瞻基由此被逼到历史的死角处，非要解决这个问题不可了。

那么，他又是如何解决的？首先，朱瞻基将朱高煦的反信张榜公布，在政治底气上先胜一筹。因为朱高煦的信里不仅列出了他所谓的奸臣名单，还威胁说已在京城各个重要路口派兵把守，防止他们潜逃。朱瞻基有胆量将这样一封信公之于众，这是他底气十足的表现。

其次，朱瞻基在敌情不明、己方将领惶恐的背景下决定御驾亲征，显示了他极为豪迈的军事底气。朱高煦高举反旗之后，宣德帝朱瞻基原本令阳武侯薛禄带领部队去平叛。但薛禄却胆战心惊，畏惧于朱高煦此前在建文“靖难”时的声名。在那场“靖难”战斗中，他们其实是战友。对于朱高煦的斤两，阳武侯薛禄还是心中有数的。正是在这个背景下，宣德帝朱瞻基决定御驾亲征——与其让一个心存畏惧的将领去平叛，还不如靠自己的勇气和号召力来扭转战局。这是朱瞻基一个具有超前意识的战争观。

最后，在具体平叛过程中，朱瞻基冷静观察，坚持已见，体现了良好的心理底气和卓越的谋略观。朱高煦反叛，必然有一个战略进攻的方向，或济南或南京，众人七嘴八舌，作军师诸葛亮状。但朱瞻基认为这些说法都高估了朱高煦。原因有二，一是跟随朱高煦反叛的那些人他们的家属都在乐安，没有什么远大的目标，不可能弃近图远，去攻打南京等地；二是朱瞻基即位不久，突然御驾亲征，是此前建文帝所不敢为之事，毫无疑问在舆论向背和道德勇气上给了朱高煦极大的心理压力，令他首鼠两端，无所适从，只能乖乖束手就擒。

事实证明朱瞻基的判断是正确的。他八月八日率军出征，十二天后就到达朱高煦的老巢乐安城北，随后朱瞻基只做了一个动作——送诏书给朱高煦，以进一步摧垮后者的心理防线。就这样，战争几乎没有打响就结束了。朱高煦选择了举手投降，后被软禁在西安门内的逍遥楼。与此同时，参与谋反的王斌、朱恒及天津、山东各地的640多人全部被处死，另外发配边关者达1500人。朱瞻基获得完胜。和打了四年时间的“靖难之役”最后不知所终的建文帝相比，朱瞻基优雅地完成了他上台后的一个精彩亮相，甚至在后续动作上，朱瞻基也做得稳、准、狠，不留隐患。朱高煦最后的下场是被铜缸燃炭烧死的，他的儿子们也全部被杀。朱高煦之后是朱高燧。和朱高煦的咄咄逼人相比，朱高燧早已低调许多。但这个先前曾经蠢蠢欲动的三叔是留是除，毫无疑问考验着朱瞻基的政治智慧与伦理底线。而朱高燧也的确会做人，朱高炽即位之后，他就主动削解府中的两支护卫，使自己的护卫队仅存一支；及至朱瞻基即位，他又将自己的八百余石王府禄米交纳给朝廷，以示忠心。对于这样的一个“忠心耿耿”的亲王，朱瞻基的确下不去手。因为他发现朱高燧的所作所为已然将自己置于道德困境上，一如他自己先前对朱高煦所做的那样，恩到极处，便不好意思翻脸了。那么，困境中的朱瞻基又该如何应对呢？他玩了一把敲山震虎或者说曲径通幽的把戏：审讯朱高煦一案终结后，朱瞻基把朱高煦的供词和大臣们弹劾他的那些奏疏都拿给朱高燧看，个中意味请他自己感悟。朱高燧很快就感悟了出来——他马上向新天子写信，请求撤掉自己府中仅剩的那一支护卫队，以此来赎买余生的人身安全。

交易就此完成。朱瞻基不着一字，尽得风流，体现了他游刃有余的政治洞察力和把握力：一方面不对朱高燧赶尽杀绝，为新朝留下仁慈的口碑，另一方面也确保了帝国的安全，因为自此之后，朱高燧既无抵抗之力，也无抵抗之心。宣德六年（1431 年）八月二十六日，朱高燧这个惴惴不安的老者终于不再惴惴不安了。他死了，是老死的，也算是得一善终吧。可以说在那个时代，作为藩王，这样的老死是一种奢侈的归去，不是人人都能享受得到的。

更多的藩王却还在惴惴不安，因为朱瞻基将眼光投向了他们。朱元璋开国之后，藩王问题始终尾大不掉，没有一个很好的解决方案，这一回，朱瞻基决定提供一个终极解决方案。在以不同手段顺利解决二叔和三叔问题之后，朱瞻基的试点工作宣告完成，接下来他要大面积推广了。当然朱瞻基要在帝国全境推广的主要是三叔经验，因为朱高煦反叛未遂之后，其他藩王再无能力站出来叫板，所以朱瞻基要做的工作主要是怀柔，哪怕这怀柔的风格是软中带硬，令人不那么舒服的。

随后，包括赵王朱高燧在内，共有赵、秦、楚、蜀、肃五位亲王主动要求解除自己的护卫部队。朱瞻基敲山震虎，恩威并施，就这样将朱元璋时代遗留下来的藩王扰主问题基本上解决干净了。而宣德一朝也终于由乱转治，一个时代的勃兴看起来已是指日可待。

梦幻团队

历史的经验证明，一个治世的到来不可能只是帝王治国欲念的简单表达，在其背后一定存在着一个治国团队。只不过对宣德皇帝朱瞻基来说，他刚一上位就很幸运地拥有了这样一支成熟得几乎无懈可击的梦幻团队，从而在他短短十年君临天下的时间段中，帝国的面貌或者说气质有了天壤之别。

夏原吉、蹇义加上三杨（杨士奇、杨荣、杨溥），这样行政经验丰富、治世能力老到而成熟的五人治国团队，在经过永乐甚至洪武朝腥风血雨的历练之后，简直就是历史佬儿慷慨赐给宣德皇帝的无价之宝。因为在此之前和之后，虽然也不乏名臣治国的个案，但要形成一个行政理念颇为一致的团队，并且团队成员之间能够做到声气相投甚至以德报怨，却是绝无仅有之事。关于这一点，以下的例子足以说明。"三杨"之中，杨荣虽然在谋划边防方面屡见成效，却失之于检点，生活作风比较奢侈，经常接受边疆将官给他的贿赂。朱瞻基就此事请教杨士奇，咨询处理意见。杨士奇以边防事务为重，认为杨荣人才难得，希望皇帝能够不拘小节，继续任用此人。朱瞻基感慨于杨士奇的宽容，向后者指出杨荣曾经对他有过非议一事，杨士奇马上道："愿陛下以曲容臣者容荣。"事后杨荣得知此事，被杨士奇的以德报怨之举感动，也开始检讨自己的问题，三杨治国团队变得更加团结了。

这是一个例子。但这个例子不是孤立，也不是静止的——《明史》对夏原吉的评价是"性宽和，有雅量，为诸臣第一"，这是治国团队能够走向团结的一个重要基础；而以“三杨”为主体的阁臣治国团队在接下来的时间考验中将这种互相支撑的理念一直延续到英宗朝，直到他们身后，以“土木之变”的突然爆发为标志，宣宗朝宝贵的治国财富才以一种触目惊心的方式反证了出来——“三杨”之后无能臣。这样的反面例证说明了“仁宣治世”是有其内在逻辑性和必然性的。它首先是有一个人才集体在支持、在发挥着无可替代的作用。

所以，在这样经验成熟的治国团队直接操刀下，宣宗朝解决了以下四大问题：藩王问题、文官治国问题、财政负担过重问题和交趾问题。这四大问题的解决完成了帝国拨乱反正以及由猛转宽的历史性难题。以不治求治，轻松地拓宽了一个帝国原本梗阻得无法前行的瓶颈——而这些功臣们也开始庆贺了。他们说到底都是些怀有浪漫情怀的文人，是文人政治家。功臣们常以诗唱和，他们的诗被后世称为“台阁体”。台阁体旖丽，台阁体自得，或许这样的诗作是几个宦海沉浮的老文人在那个短暂治世中的对影自怜和悠然自得而已，他们并不知道帝国的中衰已然不远。而皇帝也实在待他们不薄。宣德三年三月，朱瞻基召蹇义、夏原吉、杨士奇、杨荣等18位大臣同游万岁山。朱瞻基的用意是模仿唐太宗时恩宠房玄龄等18位大臣的旧事，以为治世之庆。蹇义、夏原吉、杨士奇、杨荣等人坐皇帝龙舟，唱盛世歌谣，游玩了整整一天，真是不亦快哉。但是，谁也没想到，朱瞻基有意无意间构筑的制度藩篱禁锢了一个治世更大的发展空间。宦官势力在朱瞻基的制度设计里开始活泼泼地成长起来，并很快成为与内阁全面抗衡的重要力量。也许在朱瞻基的心目中，他要阻击的只是阁权过于膨胀的可能，但是以扶持宦权为代价来行权力平衡之实，很多因果已不是他这个皇帝所能控制的。因为若干年后，那个影响大明时局或者说发展方向的宦官王振将要坐大他的势力，并与日渐式微的阁臣治国团队展开生死对决——而所有这一切因果关系的形成，其实就滥觞在“三杨”们旖丽的台阁体诗中，滥觞在宣德三年三月，皇帝朱瞻基与群臣同游的万岁山里。

一个王朝的宦气

宣德元年（1426 年）七月，帝国刑部主事刘翀突然发现自己的职位起了变化——他从原先相当于公安部处级干部的身份改任翰林修撰，专门教习内书堂那些十岁左右的小宦官们读书识字。内书堂是新成立的一个无足轻重的机构，其主要职能是教习数百名小宦官们读书识字，重要性自然无法与堂堂刑部相提并论。新翰林修撰刘翀的情绪一下子就低落了许多。

这其实是皇帝朱瞻基在宣德元年于百忙之中做出的一个意味深长的举动，只是当时的刘翀还看不出其中深意——直到过后不久，他惊讶地发现，内阁大学士陈山也被调至内书堂与他做伴了。与他一起来的还有翰林修撰朱祚等四名翰林院官员。一个小小的内书堂，数百个十岁左右的小宦官，竟然动用了正一品的内阁大学士前来坐镇，刘翀感觉皇帝可能要搞搞新意思。

很快，新意思出来了。这些掌握了文化知识的宦官得到了重用，他们中间的佼佼者成为秉笔太监，开始替皇帝给内阁的票拟批红，而宣德皇帝朱瞻基每日只御笔亲批几本，其他的都让宦官们代劳了。

这个时候，明朝历史上第一个专权的太监王振在哪里呢？此时他刚进宫，作为一个极有挫败感的前教书先生，略通经书却又自命不凡的他一狠心阉割了自己，准备以此去搏一个金灿灿的前程。事实上王振来得恰到好处，在制度缝隙处，王振成功变身或者说转型，成为服侍皇太子也就是后来英宗皇帝朱祁镇的东宫局郎，在宦权逐渐生根发芽的过程中他潜伏了下来，等待有所作为的日子到来。因为若干日子以后，当宣德皇帝朱瞻基去世，已然占据司礼掌印太监职位的宦官王振，终于可以断然出手了。

但在此时，一切都还山清水秀，“三杨”们的治国团队还可以吟吟台阁体诗，游游万岁山。不过，“三杨”们的治国团队要是足够细心或者警惕的话，或许可以察觉在皇帝的关照下，宦官的势力开始悄悄走强了。正所谓不怕宦官人数多，就怕宦官有文化。宦官有文化之后就能为其干政提供必要的基础。正是基于这个认识，洪武年间，明太祖朱元璋严禁太监识字，并立铁牌严禁内官干政。这个内官指的便是宦官。但很显然，宣德皇帝朱瞻基没有这样的政治自觉和权力敏感。他一方面重用“三杨”们的治国团队去打理国事，另一方面开始培植宦官势力对前者加以抗衡。两手抓，试图两手都硬——一个帝国的气质在朱瞻基如此执政观的打造下终于变得暧昧与诡异，不再是纯粹的治世情境了。

那么帝国的情境或者说权力图谱究竟如何呢？金英和范弘是司礼监太监，虽然地位不如内阁大学士杨士奇等人崇高，但后者却对这些司礼监太监极为尊敬。因为金英和范弘是天子近侍，他们的身上播洒着朱瞻基的光辉与恩宠。宣德七年（1432 年）正月，金英和范弘甚至收到了朱瞻基专门向他们两位颁发的免死诏书，从而获得了此生可以免除死罪的法律特权——在此之前，只有洪武时期的开国功臣徐达等人才能获此殊荣，应该说这是宣德朝宦官势力走强的一个标志。

宦官王瑾和杨庆也受皇恩深厚。前者不仅参与决策重大的军事政务，还获颁朱瞻基专赐给他的四枚银章，上书“忠肝义胆”“金貂贵客”“忠诚自励”“心跻双清”等褒奖词。另外王瑾还获得了皇帝赏赐给他的两个宫女做老婆，他的养子王椿也成为国家公务员序列的在编官员，一时恩宠直追金英和范弘。

宦官杨庆则获得了很大的军权。在宣德朝，皇帝派了大批宦官前往辽东、大同、甘肃、广西、云南、贵州、宣府等地做镇守太监，以制衡边镇将官的势力。宣德四年（1429 年）八月，朱瞻基将杨庆派往蓟州、永平、山海关等处，同时令其率领神机营铳手加以节制。这里所说的神机营是当时明军中的精锐部队。杨庆受此恩宠，地位当然不下于蓟州、永平、山海关等处的镇守军官陈景先了。

甚至在当时，身为工部尚书的吴中，为了拉拢与杨庆的关系，竟以公谋私，用朝廷修建皇宫的建筑材料帮助后者盖了一座超标准的豪宅。事发后，吴中被皇帝下狱治罪，耐人寻味的是杨庆却平安无事。两相比较，这也可以看作宣德朝宦官势力走强的一个标志。

当然宣德朝的宦官势力走强不仅仅是以上这些例子足以佐证的。皇帝在达到治世情境后，一时间雄姿英发，派宦官郑和再次率船队下西洋，派宦官侯显率武装使团不远万里去西藏等地访问，将一个王朝的宦气挥发到极致，由此宦权与相权的较量便进入了启动程序。宣德朝注定要往一个不可逆的方向上狂奔，直至大错铸成，治世不再。宣德十年（1435 年），朱瞻基去世，朱祁镇即位，是为明英宗。与此同时王振开始上位，宦权与相权在宣德朝的胶着状态被强行打破，“三杨”等治国团队在朱瞻基生前启动的权力剥夺程序面前无可奈何花落去，纷纷以谢世人间来昭示某种趋势的不可遏止。而在此之前，夏原吉已经在宣德五年去世，蹇义在宣德十年去世，那支曾经激情洋溢、经验丰富、宛若天成的治国团队就此烟消云散。

一个时代终于结束了。

雄心不再

宣德五年，60 岁的南京守备郑和已经不做船长七年时间了。此前，在明成祖朱棣第五次远征漠北之时，因帝国财力不继，第六次下西洋归来的郑和在南京休整了两年。这是他人生的盘整期，也是帝国未来政策的盘整期。明成祖朱棣很快撒手西去，留下不知所之的郑和成为时代的弃儿。虽然南京守备职位崇高，远胜于非正规编制的远洋船队船长一职，但对郑和来说，他做的其实不是守备，而是寂寞——直到宣德五年（1430 年）六月初九日，宣德皇帝突然命令郑和重下西洋。

如果以宣德十年治世的时间长度来衡量的话，宣德五年恰逢一个治世的中点，各方面经过拨乱反正后都开始呈现欣欣向荣的局面，宣德皇帝似乎也在治世中找到了兴奋点，决定向祖父朱棣学习他的文治武功。他以为自己当天子那么久了，那些占城、暹罗、爪哇、满剌加、锡兰、榜葛剌等小国不朝贡怎么可以呢？这个是很不像话的，没有大帝国气象，所以宣德皇帝令郑和重下西洋一个最重要的出发点就是重拾帝国的“尊严”。宣德五年闰十二月初六，郑和第七次远航的船队出发了，船队规模依旧庞大得可以，共有大型船只六十一艘，组团人数达二万七千五百五十人。出访时间也长达三年之久，从宣德五年一直延续到宣德八年，沿途访问了占城、爪哇、旧港、满剌加、苏门答剌、木骨都束、不剌哇、竹步、祖法儿、剌撒、阿丹、麦加等国。如此壮举，真是很有向永乐朝致敬的意思。

但郑和却没有回来。宣德八年二月，他在归国途中病逝于古里国（今印度西南海岸科泽科德一带），为中国式的下西洋运动画上句号。当然真正的句号还是由皇帝来画的。终宣德一朝，以其治世的财力物力，也只能支撑这样一次大规模远航罢了。郑和去世之后，那些随他入贡的古里、锡兰、祖法儿、忽鲁谟斯、天方等各国使节甚至回不了国而不得不在中国度过三年时间。直到1436年（正统元年）闰六月，他们才搭乘爪哇国使节进贡回国的便船回去——因为郑和之后，中国再无船长。建立在文治武功基础上的中国式远航，毕竟是不可以复制和轮回。据统计，在宣宗之后，印度，西亚、非洲诸国已不再向明帝国入贡，而当若干年后，明英宗想要派遣马云等人下"西洋"时，朝臣提出了这样的反对意见："安内救人，实国家之急务。慕外和番，实朝廷之末节。"当然，"朝廷末节"云云只是冠冕堂皇的说辞罢了，归根到底中国式远航的谢幕还是源自于国力的不济。因为明英宗一朝，乱象已显，英宗皇帝本人也做过蒙古人的俘虏，"土木之变"过后，帝国的雄心或者说文治武功到底成了南柯一梦，不可以拿来再战江湖的。

回到宣德朝。后郑和时代，不仅大远航的雄心已然不再，一个治世也开始进入天灾人祸此起彼伏的时期。宣德九年，两京（北京、南京）惊现大蝗。巨大的蝗虫覆盖地表达一尺多高，景象不可谓不恐怖。无奈之下，朝廷派出御史、给事中、锦衣卫官等分赴各地督捕蝗虫。与此同时，江西因为连年水旱，当地官府无力抚恤，乐安一个叫曾子良的农民以大盘山（在今江西乐安县西北）为根据地起事，自号永顺王，追随者一时多达三万余人，朝廷屡次招抚竟然都未能摆平。就是在这样的天灾人祸下，宣德十年（1435年）正月初三日，年仅38岁的宣德皇帝朱瞻基与世长辞，从而匆匆地结束了他的时代。宣德的治世，有一个光明的开始，到底只迎来一个晦暗的结局。众多人的命运，也不由自主地进入了不确定期……

英宗

命运节点种种

宦官王振

宣德十年（1435 年）正月初三，明宣宗朱瞻基在他执政的第十个年头突然去世，大学士杨士奇、杨荣等拥立朱祁镇为帝，即为英宗，年号正统。

正统元年，朱祁镇刚刚十岁，而“三杨”当中的杨士奇 72 岁，杨荣 66 岁，杨溥 65 岁。老的老，小的小，风景一时诡异。那么，他们当中，谁会是正统年间的线索人物，从而深刻地影响后宣德时代的朝局与人事呢？历史总是出人意料——不是朱祁镇，也不是“三杨”，却是司礼监太监王振。因为朱祁镇上位后不久，王振就对“三杨”们语带双关地说道：“朝廷事久劳公等，公等皆高年，倦矣。”——你们倦矣，可以休矣！一个强势人物的姿态透过这句话已是呼之欲出。

的确，正统元年，皇帝还没进入青春期，只能用儿童的眼光来看世界，一度主事的阁臣们却垂垂老矣，权力的窗口相当脆弱，一击就破。很显然，司礼监太监王振看到了这样的脆弱，这个已经潜伏太久的人物终于跃跃欲试，准备浮出水面。不过，太皇太后张氏也看到了这一点。她不仅看到了权力窗口的脆弱，也看到了王振那颗驿动的心。正统元年，发生在王振和杨士奇身上的一件事情，令太皇太后张氏决定必须采取断然措施，以绝后患。

事情起因很简单，性质却很严重，那就是王振避开内阁的票拟，擅自代英宗做出决策。杨士奇为抗议王振对阁权的不尊重与胆大妄为，三日居家不出——他罢工了。正统二年（1437 年）正月末，太皇太后张氏因为此事决意诛杀王振。地点选在便殿，行刑人是她手下的女官。女官奉命将刀架在王振脖子上，准备结束后者的性命。事实上这是一个影响历史进程的举动，因为最简单的一点，王振如果在正统二年正月死去，十三年后的“土木之变”很可能不会发生，更遑论随后的北京保卫战及夺门之变了。当然这些都还是表面现象，是历史进程中被激流碰撞出来的若干浪花。重要的一点是阁权与宦权的较量将因此进入力量倒置阶段，王振之后，再无与“三杨”抗衡者。毫无疑问，接下来发生的是真正能够影响明帝国权力格局的大事件，只要女官把刀砍下去，一切将会泾渭分明、尘埃落定。

但是正统二年正月末，奇迹没有发生。历史没有提供足够的逻辑力与推动力来演绎这场可能展开的精彩杀戮。不是太皇太后心软了，而是小皇帝心软了。十岁的他到底是用儿童的眼光来看世界，一看到陪伴自己多年的大伴王振命悬一线，小皇帝立刻跪下为之请罪。太皇太后当然是不会为此心动的。作为一个已历三朝、见惯风雨的政治女人，这位仁宗的皇后很清楚权力的游戏规则与节点之所在。王振不除，阁权难保，一个王朝的气质将会从此阉化或者说矮化，而她现在能做的就是趁自己影响力还在，为正统一朝未来的发展矫正方向。

只可惜，历史经常是吊诡的，它的吊诡之处就在于出人意料。见到皇帝下跪请罪了，在场的英国公张辅、阁臣杨士奇、杨荣、杨溥、尚书胡濙等五人也跪了下来，希望能免王振死罪。王振就这样死里逃生了，女官的刀到底没有砍下去，已经垂垂老矣的太皇太后仿佛看到帝国宿命的狰狞与锋利，当然还有它的无奈。她在决定不杀王振之后略带沧桑地说了这样一句话：皇帝年幼，怎知这种人自古祸人家国！皇上和诸臣为你求请，姑且免你一死。而从今以后，不得再干预国家大事。

到了正统七年（1442 年）十月，那个一直压着王振的人——太皇太后张氏去世了。张氏去世之前到底放心不下朝局，立遗诏勉励诸位大臣辅佐英宗笃行仁政。不过对王振来说，太皇太后张氏去世只意味着一件事：他的七年之痒结束了。正统七年这个冬天，太皇太后张氏不在的冬天，太监王振做了一件惊世骇俗的事情——他把朱元璋当年立在宫门内告诫“内臣不得干预政事”的三尺铁碑给盗毁了，从而为宦官干政的程序合法性扫清障碍。这个冬天不太冷，起码对王振而言是这样。

春江水暖鸭先知。其实在早前一年，英宗皇帝就为王振势力的走强暗度春风了。正统六年（1441年）十一月初一日，为庆祝北京新宫的建成，皇帝在奉天殿宴请文武百官。王振没有赴宴。倒不是英宗冷落他，实在是洪武、永乐以来的成例，宦官不参与外臣的宴会。这是朱元璋当年在世时的定制，为的就是在人格或者说官秩上体现出内外臣的区别。王振发怒了，他对英宗派来抚慰他的使臣说了这样一句话："周公辅成王，我惟独不可一坐！"——老子像当年周公辅成王一样功不可没，怎么今天连一个坐的位置都没有呢？！毫无疑问这样的话是颇具打击力的，它竟然让英宗皇帝做出了破除成例的举动：大开东华中门恭迎宦官王振，并令百官候拜于门外。正统六年皇帝15岁，正是一处于青春期的孩子，叛逆，凡事爱走极端。他开中门迎宦官并让文武百官跪拜之举在礼制层面上绝对是石破天惊之举。天下万事，礼制为大，小皇帝不知道，他已经比父亲当年让太监们读书走得更远了——对王振的言听计从或者另眼相看注定让他的命运被绑架在这个已被去势的男人身上，变得毫无雄壮可言。八年后，皇帝在"土木之变"的凄惨遭遇充分说明了这一点。

王振的势力就这样走强了——在太皇太后张氏去世后，在英宗皇帝的另眼相看下，他首先干掉了一个人，刘球。刘球是翰林院侍讲。这位永乐十九年（1421年）的进士人生最大的乐趣就是与王振对着干。正统六年，英宗皇帝听取王振的建言，准备大举征战麓川。刘球上疏反对南征。当然最后的结果是反对无效，"帝不用球言"。不过王振却对这个人极其感冒了。

两年之后，刘球的所作所为再次触恼了王振，并为其带来杀身之祸。正统八年（1443年）五月二十五日，北京紫禁城奉天殿的鸱吻（中国古代建筑屋脊正脊两端的一种饰物，形制折而向上似张口吞脊，因名鸱吻）突然被雷击，英宗皇帝惶恐不已，以为是不祥之兆，他连忙下诏辍朝三日，祭告天地求上苍护佑，并令廷臣上疏直言，以正身修德。就是在这样的背景下，刘球上了一篇奏疏，名《修省十事疏》。刘球在奏疏中甚至直接称："愿皇上恪守二圣成规，使权归于一人。"如此，刘球性命之不保已呈板上钉钉之势。因为王振生气了。六月初三，他将刘球关入监狱，九天之后王振便指使亲信锦衣卫指挥马顺杀死了刘球。这是宦官王振开始我行我素的一个标志性事件。

刘球之后，先后受到王振迫害的政府官员有大理寺少卿薛瑄、国子监祭酒李时勉以及锦衣卫狱卒王永等。虽然受迫害的人原因各异，但归纳起来只有一条，那就是“顺我者昌，逆我者亡”——凡是不听王振指挥甚至与其作对的，下场一定很惨。关于这一点，锦衣卫狱卒王永深有体会。因为他上书历数王振罪恶，结果被处斩。值得关注的倒不是王振对这些人的态度，而是英宗皇帝对他们的态度。皇帝的态度究竟如何呢？以王永案为例。当刑部慑于王振威势以妖言惑众之罪对王永做出论斩的判决后，英宗下令立即处以磔刑，且“不必覆奏”。一个锦衣卫狱卒，仅仅因为上书说了宦官王振几句不是，皇帝就要立即将他凌迟处死（磔刑），且“不必覆奏”。这个“不必覆奏”用现代语意转译的话，大致相当于“判处死刑，立即执行，不许上诉”的意思，毫无疑问带着皇帝很明显的个人情绪。如此，历史的寒意或者说杀气便在典籍背后恶狠狠地渗透出来，触之可寒，而一个王朝的戾气在宦官王振的搅动下已经将皇帝裹挟其中，令其不能自拔了。

但是宦官王振却深爱僧道，这也许是世事的辩证法了。有大恶，必以大善伪饰；有大恨，才有伪装的大爱粉墨登场。正是因为太监王振媚佛，英宗皇帝才投其所好，重修紫禁城西的庆寿寺，并赐名“大兴隆寺”。但皇帝不光光是修一个寺了事，他要给足王振面子。大兴隆寺开光之日，王振请了崇国寺的僧人做佛事。英宗亲自来到寺中接受传法，并且称自己为弟子，而随他而来的朝廷公候们则“趋走如行童”。一个王朝的妖风孽气至此已是不忍目睹。

正统十四年，宦权的张扬到了登峰造极的地步。五月十四日，太监金英会同三法司高官共同审案，当时金英打黄盖伞居中而坐，尚书以下官员分左右列坐，直将朝廷九卿的地位置于内官之下，从此以后如此的内外官阶排序成为明帝国定制。宦官干政到了如此赤裸裸的地步，王振振兴宦权的努力算是功德圆满了。

那么“三杨”们呢？在宦权一路张扬的时候，那些曾经建立过“仁宣之治”的阁臣们究竟有何反击的行动？一个王朝阳盛阴衰局面的形成为何缺席了他们的身影？事实上这里面的故事多多，也情感多多。正是那些故事与情感铺陈了正统一朝难与人言的中衰历程……

此消彼长

在"三杨"与王振的角力路径上，前者的节节败退很大原因不仅仅在于权力格局的失衡，而在于年龄上的颓势。正统年间，杨士奇们已显老迈，正当年的王振毫无疑问拥有年龄优势，所以他才会对"三杨"们说那样一句话："朝廷事久劳公等，公等皆高年，倦矣。"话锋如刀，背后的潜台词是逼他们退位。那么，"三杨"们是如何接招的呢？

"老臣当尽瘁报国。"这是杨士奇的回答。"不然，当荐几个后生报主耳。"这是杨荣的回答。"三杨"当中的杨溥因为为人儒雅淳厚，谨慎小心，所以未置可否。最后"三杨"推举了曹鼎、陈循、马愉等人入阁，算是采纳了杨荣的建议。只是这样的应着显得后劲无力：曹鼎、陈循、马愉等人入阁后，由于"三杨"们老成持重或者说德高望重，并未让他们参与多少机务。这些压抑的年轻人在"三杨"的阴影下默不作声地存在着，最终未能成长为与王振独立抗衡的力量。特别是在"三杨"故去后，双方力量的失衡已是必然趋势，王振终于一枝独大了。

但当其时也，王振的眼光就已经掠过曹鼎们直视"三杨"。他要对他们各个击破。首先受到王振攻击的是杨荣。杨荣有才而不廉洁，经常接受一些贿赂，而靖江王佐敬乘杨荣不在家时，向其贿赂金银财宝的行为则成为王振发起进攻的突破口。虽然事发之后，杨士奇向皇帝求情，以保持"三杨"队伍的整体性，但是正统五年（1440年），杨荣还是在杭州去世了。

随后，杨士奇自己也受到攻击，原因是他的儿子杨稷犯了杀人之罪，这个软肋被王振抓住后，成为其接下来继续有所作为的阻碍。三年后，在太皇太后已经去世的背景下，杨士奇也寂寞辞世。“三杨”只剩下了最年轻也最谨慎小心的一杨——杨溥。事实上到这时，杨溥的存在与否已经构不成对王振的威胁，宦权的胜利终于成为活生生的现实。

作为现实境况之一种，司礼监太监王振从百官对他的称呼上明白世易时移的消息已经到来：有文武大臣对他自称“孝孙”的，也有公侯勋戚尊呼他为“翁父”的，甚至英宗皇帝也尊其为“先生”。这是权力增值的一个曲折表示。细节决定一切，称呼里头见细节。应该说这样的细节与若干年后百官们称魏忠贤为九千岁同出一辙——历史总是惊人的相似。

总之正统一朝，特别是在正统九年之后，随着“三杨”团队的支离破碎，宦权终于全面压倒阁权。正统十一年（1446 年），吏部尚书王直、右侍郎赵新、光禄寺卿奈亨等被下狱。这是王振诬陷他们的结果。虽然英宗皇帝也感觉这里头有冤情存在，但“惑于王振，终不能改”——“党纪国法”在人情面子前土崩瓦解了，这也说明一个王朝气质的诡异：阉风盛行，终于正不压邪。

感受到阉风盛行的人还有英国公张辅。张辅是老资格的官员了。太皇太后在日，他与“三杨”一起被视为治国栋梁，王振得势后，却连太监喜宁也想着法子欺负他。喜宁想侵占张辅的田宅，张辅不从。随后喜宁的弟弟喜胜就率一群小太监殴打张辅家已有身孕的女眷，致后者流产而亡。正统十二年（1447 年），喜宁唆使青县知县诬告张辅侵占民田二十顷，试图搞臭他。一个堂堂的一品大员，就这样被太监玩弄于股掌间，阉风盛行已然到了无法无天的地步。

也的确是无法无天。因为作为当时的“法”和“天”——英宗皇帝并没有站在公正、客观的立场上处理此事。当张辅家的女眷被打得流产而亡后，皇帝给出的处置仅仅是“戍奄奴于边”，将肇事的小太监流放了事；而张辅被诬告侵占民田二十顷后，皇帝竟然煞有介事地令其还田与民。这应该是对宦权赤裸裸的保护吧。另外正统十一年发生的一件事更能说明皇帝心迹。这一年正月十三日，英宗皇帝心情很好地赏赐了司礼监太监王振等，并授予王振之侄王林锦衣卫指挥佥事，授太监钱僧保之侄钱亮、高让之侄高玉、曹吉祥之弟曹整、蔡忠之侄蔡革副千户。皇帝特别宣布，这些职位都是可以世袭的。由此，明英宗皇帝打开了宦官世袭官职的方便之门，很多偶然或必然的宿命从此开始生生不息的繁衍历程。

世事其实都是现世报。从正统九年三月杨士奇病故开始，正统一朝的崩溃之旅就已悄然启动。这一年，“三杨”已失二杨，剩下的杨溥被边缘化。王振日益坐大，百官自都宪以下，见他都要下跪。正统十年，也先叩边，瓦剌举兵入侵哈密，破三卫，并且进一步威胁朝鲜，已成大患之势。边将屡屡飞书报警，一个朝廷的危局可以说正在铸就，但英宗皇帝却茫茫然不知以；正统十一年（1446年），广西瑶民起义，入化州，执知州茅自得，杀千户汪义，声势一时大盛。同年，浙江矿工叶宗留聚逃民数千，自称“大王”，发动起义。他们活动于福建、浙江及广东、江西一带，多次与官军发生冲突。同年七月，杨溥去世。“三杨”治国团队的传奇谢幕。这一年英国公张辅 72 岁，正饱受太监欺凌；正统十三年，瓦剌也先开始伺机大举进犯明帝国。同年，皇帝重修庆寿寺，共投入劳役军民万余人，费物料无数。十月寺成，壮丽甲京师，英宗皇帝临幸，并赐名“大兴隆寺”。同年，邓茂七起义爆发，争相投奔义军的农民达数万人；正统十四年（1449 年）七月十一日，也先率部进犯大同，随后发生“土木之变”，明军约有五十万精锐部队死伤，文武大臣包括英国公张辅等死难。王振在乱阵中被打死，正统一朝结束，大明朝由强变弱的节点就此诞生。

很多年前，当王振还意气风发的时候，英宗皇帝在给他的一封敕书中这样写道：“朕自在春宫，至登大位，凡二十年。尔夙夜在侧，寝食弗违，保护赞辅，克尽乃心，正言忠告，裨益实多。”只是皇帝没有料到，“裨益实多”的结局是自己沦为阶下囚，也先的阶下囚，其命运多舛实在是咎由自取。

预警

“土木之变”的悲剧其实值得一一细说。

早在七年之前，那场悲剧已能窥见线头隐隐。正统七年（1442 年）冬十月二十八日，巡抚大同、宣府右佥都御史罗亨信向皇帝上奏说，近来，有瓦剌贡使到京，存在着“以弓易马”现象，动辄以千数计。这些贡使将弓“潜藏于内衣箧中，过境乃拿出”。罗亨信在奏疏中指出，这样的交易会助长其（瓦剌）威力，必须严加盘问检查。英宗皇帝随后命令都察院会同有司办理此事。查办的结果是令人震惊的，原来这些瓦剌贡使的弓箭不是从境外带进来的，而是镇守边关的太监每年造好后卖给他们以从中牟利。这桩隐秘交易的背后，隐隐晃动着大太监王振的身影。史书上记载“恃王振庇护，从中获利”。面对这样的结果，皇帝不敢或者说不想查下去，他选择了沉默。

这个冬天，礼部尚书胡濙也上了一封奏疏，主题是有关“严禁胡俗”的。英宗皇帝恩准了，下令严禁。但事实上这样的细节透露出来的却是舍本逐末的非理性选择，毕竟以中国之大，全面“胡化”云云那是杞人忧天之谈，对当前情势而言，军事上的防控才是首选。明明瓦剌“以弓易马”意在进击是个危险的信号，特别是王振放任手下助纣为虐必须严肃查处才能确保帝国安全，但皇帝却以个人脸面为重置若罔闻，“土木之变”最初的那根线头很遗憾地未被掐断，它开始疯狂地生长或延伸了。

瓦剌也先侵略哈密发生在三年之后，这也是“土木之变”前夕对明帝国来说含义最为鲜明的预警。也先先是掳掠哈密忠顺王的母亲及妻子北还，然后胁迫忠顺王前去谒见，以图谋不轨。忠顺王害怕，不敢前去，几次遣使入朝向英宗皇帝告急，皇帝怎么做的呢？只是“敕令诸部修好，毋相侵”而已。这样一种和稀泥的做法边将看得最清楚，也深为忧惧，但朝廷终未有进击之策，只能徒呼奈何。这是正统十年西北边患的现实，预警意味强烈。英宗皇帝置番王安危而不顾，甘做鸵鸟，一个帝国的底气真是虚弱得可以了。

随后大同参将都督佥事石亨、兵部尚书邝埜、大同总兵官武进伯朱冕、侍郎沈固等纷纷上疏建言御虏之策，皇帝才不得不开始各边练军，以防也先的军事攻击。这个时间段是从正统十二年到正统十四年，约两年时间。犹如一个人命运的起承转合，英宗皇帝在强烈的预警过后，特别是在有识之士的建言下，对也先犯边的企图有了一定的认识和警惕。虽然准备时间稍有些短促，但以大明的国力和数十万主力部队的战斗力而言，遏止也先犯边应该不是一件难事。当然前提条件是战略部署得当。

应该说到此时为止，英宗皇帝命运的起承转合还属于“承”的阶段，虽然起头时间过长，承接得有些晚，可毕竟还是承了。皇帝选将练兵，保持士气；加强兵器，备战车炮弩，看上去很有英明之君的意思。但是厄运突如其来。发生在正统十四年（1449 年）的一次瓦剌进贡事件随后酿成巨变，“土木之变”终于进入倒计时。那么，这个瓦剌进贡事件的真相究竟如何，它与“土木之变”又有怎样的内在关联呢？

历史需要进一步深究。

亲征问题

正统十四年（1449年），太监王振突然怒了，他愤怒于瓦剌贡使的欺人太甚。

在此之前，瓦剌每年都派二千余人入贡，以图明廷的赏赉。从朱棣开始，明廷像个爱面子的大家族一样，喜欢给前来进贡的番国一些恩赏，且赏赉之物远胜于进贡之物。当然万事万物都有个度，为防止某些贪婪的番国靠赏赉过日子，明廷规定每次入贡人数不得超过五十人。但瓦剌每年都派二千余人入贡，明廷所费赏赉达三十余万，这的确是个不小的负担。所以在正统七年（1442年）春，英宗对入贡人数做了修改，规定今后贡使只限三百人入关。这个修改规定毫无疑问是针对瓦剌贡使做出的，目的只在于限制其入贡人数，但在正统十四年，瓦剌依旧派出二千余人入贡，号称三千，以求领得更多的赏赉。王振的爱国热情就是在此时突然高涨的，他愤怒于瓦剌贡使的欺人太甚，令礼部去核实真实人数，在这个基础上只认同其五分之一的贡使身份，约四百人。由此，一场巨大的冲突横空出世：也先以此为借口，开始发兵进攻明大同、猫儿庄、辽东、宣府、赤城以及甘州等地。英宗皇帝的命运进入了"转"的阶段，正统一朝的宿命也进入倒计时。

事实上汉语的"转"字含义丰富，是转变，也是转机。有可能转危为安，也可能转安为危。我们接下来可以看到，在英宗皇帝的命运节点中，随后几步是极为关键的，它们构成了一个人命运最为惊心动魄的转变过程——机会稍纵即逝，厄运却如影随形，太监王振在此时成为皇帝的灾星步步紧跟，挥之不去，并最终让英宗走下龙椅，去国离乡，成为也先的阶下囚。

第一个节点：要不要亲征？皇帝亲征是大事，危机与转机都在一线间。它可能是激励将士的利器，也有可能成为被敌所乘的工具或目标。当然最关键的是判断需不需要御驾亲征。该征不征不对，不该征瞎征更是国之大忌。正统十四年，对英宗皇帝来说，选择尤为关键。当明军在瓦剌的进攻下纷纷败退时，王振劝英宗亲征，以鼓舞士气。这个时候有三个人站出来反对皇帝亲征。他们是兵部尚书邝埜、侍郎于谦以及吏部尚书王直，邝埜和于谦反复强调“六师不宜轻出”的观点，但皇帝不听。这个23岁的年轻人很显然被建功立业的帝王理想鼓噪得热血沸腾，以为变成千古一帝就在眼前时刻。七月十四日，吏部尚书王直率百官泣血力谏，并对“要不要亲征”一事做理性分析。但要命的是英宗已经热血沸腾了，所谓百毒不侵。他在第二天就悍然宣布御驾亲征，终究踏上了履险之地。

第二个节点：杀不杀王振？皇帝御驾亲征后，随行的翰林院学士曹鼐跟诸御史商量说：“不杀王振，则驾不可回也。”他认为今日之事，天子是惑于王振一时不能自拔。如果派一武士杀王振，“天意犹可挽回”。这就构成了正统十四年历史宿命中的第二个节点：杀了王振，皇帝的命运或许可以改写。但是很遗憾——“诸御史惴惴无敢应者，又谋于英国公张辅而不得机会，遂行”。这应该是文官们敏于言、讷于行的一个案例吧。道理大家都懂，谁去落到实处呢？四顾茫然，只好“遂行”——继续出发，踏上命运安排的那个困局无法突围。

第三个节点：回头的机会。第三个节点是承接第一个节点的，或者说是对第一个节点的深化和最后一次落实努力。当时的背景是明军五十万部队还没到大同，粮草就跟不上了，很多士兵开始饿肚子。也先为了诱敌深入，趁机做出战略撤退的部署。就是在这样的关键时刻，兵部尚书邝埜再次劝皇帝停止亲征，即刻回銮。邝埜甚至说出“陛下为宗庙社稷之主，奈何不自重？”这样的重话，希望皇帝回心转意。皇帝没有回心转意，相反邝埜和户部尚书王佐因为多次劝皇帝不要御驾亲征而受到王振的惩罚。这两个一品大员被罚跪在草地中整整一天，直到太阳下山还不得起身。英宗皇帝最后回头的机会终究没有把握住。

第四个节点：入不入关？现在来看那场战争的细节之所在，我们或许有这样一个发现，那就是王振是灾星，而兵部尚书邝埜则是救星，不折不扣的救星。他多次谏阻皇帝亲征未遂后，又在命运最后的收口处大声疾呼，以图挽狂澜于既倒，可惜英宗未能听进去，最终酿成大错。正统十四年（1449年）八月十四日，英宗率领亲征大军慌慌地退至土木堡（今河北怀来东），此处离怀来只有二十里地。怀来城易守难攻，生活条件比较方便，虽然天快黑了，但皇帝御驾疾驱入关，后有大军殿后的话，当不会有什么意外发生。可历史的吊诡之处却在这里出现了。英宗不理会兵部尚书邝埜的一再进言，率大军在没有水源供应的土木堡驻扎下来。他给出的理由是王振千余辆辎重车辆未到，自己不忍心弃之不顾——王振这个灾星也真是阴狠到底，在最后时刻都不忘拖累英宗一把，是夜，瓦剌大军从四面包抄过来，对明军形成合围之势，“土木之变”至此再无人可解。

这场战斗是以少胜多的典型。明朝官军死伤数十万，王振被护卫将军樊忠一锤打死，英宗无奈被俘，正统朝一时间群龙无首，颜面扫地。也先俘虏英宗后，以为奇货可居，向明廷进行要挟。历史的变局演绎至此，不由分说地形成一个巨大悬念：明帝国还有未来吗？英宗之后，谁会是这个帝国的新任领导人？

历史真是比小说更好看，更惊心动魄……

皇帝成了人质

从英宗被俘到后来的景泰皇帝上位，明帝国处于权力真空期。这个时期当然还属于正统一朝，虽然皇帝在也先手中失去了人身自由。也先这个时候的身份更像一个绑匪，而英宗则成了他手中的人质，需要一个王朝花巨资去赎取。更重要的一点还在于，这个貌似强大的王朝要赎取的不仅是皇帝的人身自由，还包括他的尊严、他巨大的权力甚至还包括帝国曾经的无上荣光。这些需要花多少钱呢？

八月十六日，英宗皇帝被俘后的第二天，他在敌营中令一同被俘的锦衣卫校尉袁彬写信，告知自己已被俘，同时希望朝廷送金帛前来赎取。信传到京师之后，百官全都伏阙痛哭。这个曾经宦气弥漫的王朝终于尝到了因果轮回的苦涩滋味。

赎金是送出去了，皇帝回不回来却没个准信。八月十八日，皇太后召集群臣开会，主题就两个字：战守。是战？是守？关系国之安危。翰林院侍讲徐珵（徐有贞）主张南迁。礼部尚书胡濙持反对意见。反对的理由很简单，只有一条，那就是明成祖朱棣安葬在这里，所谓定陵寝于此，后世子孙怎么能弃之不顾？！兵部侍郎于谦也是态度坚决。他严厉地说："言南迁者可斩！京师为天下根本之地，一动则大事去。独不见宋南渡事？请速召勤王兵，誓以死守。"

历史在这里陷入了僵局。虽然于谦言之凿凿，但当时五十万明军主力已被消灭，留在北京的明军残余部队不足十万，且都是"疲卒羸马"，没什么战斗力。

最后皇太后拿了主意，决定不予南迁。她是赞成尚书胡濙的——京师真要南迁，陵寝谁来守护？皇太后不敢想象也先进京后对陵寝的践踏情状，由此，历史不由自主地走向了北京保卫战。

接下来的桥段是郕王即皇帝位。郕王朱祁钰是明英宗朱祁镇的弟弟，正统十四年时他 21 岁。这个曾经被命运安排只能做亲王的年轻人在那场众所周知、不够慎重的战争之后被推上龙椅，成为明帝国的第七任领导人。这是阴差阳错，也是利弊相间之举。就当时的情状而言，郕王即皇帝位巧妙地化解了也先手中人质的价值，使英宗成为可有可无的弃子，从而在接下来的北京保卫战中，也先少了一个可以叫板的筹码。但之所以说郕王即皇帝位是利弊相间之举是因为朱祁钰以明英宗朱祁镇弟弟的身份上位，多少与帝王嗣位礼制不合。多年之后"夺门之变"的爆发便是对当初弟即兄位这一举措的因果性报复。世事泾渭分明，真是了无新意矣。

总之，正统十四年的人间现实是郕王即了皇帝位，以明年为景泰元年，并遥尊英宗为太上皇。这背后于谦居功至伟。因为正是他在朱祁钰故作姿态的时候恰到好处地率群臣再次恭请其即皇帝位。郕王终于半推半就地上位，而于谦也因此为自己埋下祸根。多年以后，当朱祁镇在夺门之变后重新取得帝国统治权时，他始终不能释然于谦当年的延请之举——我朱祁镇在沙漠里还没死呢，你们就那么迫不及待吗？！猜疑心一起来，杀心也就如影随形，朱祁镇和于谦这两个男人的宿命进入了预定轨道。

当然正统十四年的人间现实还包括也先的无可奈何。郕王即皇帝位后，英宗怎么办？这个人质成了鸡肋。已经投诚的太监喜宁向他献计，建议以送太上皇回归为名，到明帝国各边关去威胁众将打开城门，召各守城总兵官、镇守官出来见太上皇，如此则可以乘机有所作为。想法很美好，听上去也有一定的可行性。因为接下来的事实证明，明帝国各边关那些守城的总兵官、镇守官虽然没有如喜宁所料纷纷出来见太上皇朱祁镇，可也先裹挟人质而战确实在攻城略地方面方便了不少。先是紫荆关失陷，随后也先指挥大军攻打居庸关、易州等地，兵锋直逼京师。正统十四年（1449 年）十月初六日，京城告急。于谦主持北京保卫战。他令诸将率兵二十二万，列阵于京城九门之外。十二日，也先提出要金帛万万计才肯退兵。百官中有人想议和，只有于谦坚持战斗到底。最终也先溃退，裹挟英宗北逃，京师之围总算是解除了。

正统十四年在战火中开始，也在战火中结束。这一年很多人死了，包括王振，也包括他的追随者锦衣卫指挥同知马顺等。但是一度弥漫的宦风并没有就此将息，它注定还要在接下来的岁月中继续弥漫和扩张。众多的大宦官汪直、刘瑾、魏忠贤等都还要粉墨登场，倾情演绎他们的欲望戏。当然这不全是英宗皇帝的错。因为在此之前，他的父亲宣宗已经为太监势力的走强打开了方便之门。一代人只能做一代人的事，可一代代人的事累积起来，足以崩溃一个强大的王朝。现在，前英宗皇帝、现太上皇朱祁镇被也先裹挟于沙漠之中，前途未卜，生死未卜。他已经没有什么价值了，他的时代被强行结束。这是正统十四年的冬天，一切都已经结束，一切还将重新开始，充满悬念地开始。

那个叫朱祁镇的男人是否还有未来呢？历史拭目以待。

第七章

景泰

有些底气不足 有些朝不保夕

雁过留声 人过留名

1557年，当那个叫朱祁钰的30岁男人离开人世的时候，他几乎什么都没留下。儿子朱见济已经先他而去，他生前修建的皇陵自己也无福享受，最后躺进去的是泰昌皇帝朱常洛，名曰庆陵——但那却是一百多年后的事情了。明十三陵中除了开国皇帝朱元璋葬在南京明孝陵以及建文帝朱允炆未入葬外，未能挤进那象征帝王身份、以明朝列祖列宗的形象传之后世的便是朱祁钰。作为明朝实际上的第七任皇帝——明代宗朱祁钰，竟然未被葬入十三陵中，这本身就是件吊诡的事情。

更吊诡的是他的人生。朱祁钰的一生是未被肯定的一生，起码在他离世的最初，没有人给他做出积极的评价。他没有帝号。虽然一度被称为景帝或景泰帝，但复辟成功的英宗却在其死后立刻废其帝号，并赏给他一个谥号“戾”，称之为“郕戾王”。“戾”是暴戾的意思，“郕戾王”则是暴君的代名词。当然这是一个恶谥，表达了英宗皇帝对他的愤怒与不屑。若干年后，朱祁钰总算得到或者说恢复了“景帝”的帝号，并被宪宗皇帝定谥号为“恭仁康定景皇帝”。不过这谥号是不够规格的，因为明朝其他皇帝的谥号都是17个字，唯独朱祁钰所获谥号只有5个字，大约这是“小”皇帝或准皇帝才有的待遇吧。但即便到了此时，朱祁钰也不是一个可以盖棺论定的皇帝，因为他还没有庙号。他真正获得庙号成为一个可供后世子孙祭祀的先帝应在187年后。那时候明帝国已经到了风雨飘摇的南明时代，弘光帝朱由崧触景生情、感同身受、悲天悯人，终于在这个王朝的宿命即将结束之时整理先帝旧事，赐朱祁钰的庙号为代宗，并增谥号到17个字。这代宗的“代”字可谓传神矣：一个代替他人做皇帝的人，而弘光帝朱由崧在南明小朝廷中做的也是一个朝不保夕的可疑皇帝，两人到底都不是底气十足的。个中意味，或许只有他俩可以惺惺相惜了。

当然历史或者说《明史》对朱祁钰的“另眼相看”不止于此。在修史者眼里，1450年到1457年是暧昧的八年，是可以归到英宗名下的——明朝的国史修撰者就是这么干的。他们处理这八年的方式是给出一个附录完事：以《废帝郕戾王附录》的形式附录到《英宗实录》中去，从而取消了朱祁钰帝王身份的独立性。

明朝第七位统治者朱祁钰就是以这样含糊不清的方式在历史上留下模糊不堪的印记。雁过留声，人过留名。那么，这个叫朱祁钰的男人究竟做了哪些事情，令后人对他的评价如此不堪呢？

历史需要从头细说。

天位已定 宁复有他

景泰元年（1450 年）发生的一场战争让瓦刺首领也先觉得明帝国还是有将才的，这将才便是明大同总兵官郭登。闰正月初九日，也先发兵进攻宁夏，随后将目标瞄准大同。但是在大同附近的沙窝，也先遗憾地发现，他的数千铁骑被郭登所部打败了。郭登手下的八百将士以一当十，追击瓦剌军达四十里地，在栲栳山毙敌二百余名，另外俘获“人畜八百有奇”。这是土木之败后明军取得的最好战绩，重要的是它鼓舞了士气，稳住了景泰一朝惶惶不可终日的阵脚，朝廷因此役封郭登为定襄伯。

这年秋天，另一个收获不期而至。也先主动提出要让英宗还京，以共创和谐世界。秋七月，也先派参政完者脱欢等五人到北京请和，释放了可让英宗还京的消息。这是也先请和的一个附加条件，但在景帝朱祁钰看来，却是砝码无疑。大明已经有一个皇帝在位了，也先这时再放英宗回来，明显是让帝国内讧，自己好坐收渔翁之利。当然这是朱祁钰看待世事的眼光，带有若干功利和阴谋色彩——龙椅真是好东西呵，没坐之前不知它的好，坐上以后便舍不得下来了。所以当礼部尚书胡濙不知趣地上书要奉迎英宗回来时，景帝的脸便沉下来道：“朕本不欲登大位，当时见推，实出卿等。”——我本来不想当皇帝的，现在之所以坐在这个位置上，实在是你们推举的结果。话说到这里戛然而止，潜台词当然是不希望英宗回来——在权力的博弈场上，一侧是舞台，另一侧则是深渊。景帝明白其中利害，但有些话不能说得太透，他希望有聪明的臣子站出来，替自己说出想说但不便说的话。

这个人果然出现了。他便是大名鼎鼎的于谦。于谦在景帝最需要的时候说了这样一句话："天位已定，宁复有他，顾理当速奉迎耳。万一彼果怀诈，我有辞矣。"这句话最关键处在前八个字——"天位已定，宁复有他"。一个王朝的权力图谱已经确定，这样的时刻没有人可以修改或者推倒重来。有掌握重兵的于谦如是表态，景帝的态度才明确下来，他顺水推舟地说了四个字："从汝，从汝。"

但景帝对英宗真实的个人态度还是从后来发生的若干历史细节里流露了出来。他授意右都御史杨善只用"轿一乘，马二匹"的规格来迎请英宗归国。于是有深意藏焉的历史场景出现了：居庸关头，太上皇朱祁镇匹马只轿落寞而归。他归来在景帝狐疑的目光里，归来在现任皇帝明确的权力边界之外。景泰元年八月十五日，英宗还京，虽然有百官在安定门外盛大迎接，但很快他们就见不到这位惊鸿一瞥的太上皇了。景帝随后将其送至南宫，朱祁镇长达7年的软禁生活由此开始——他不仅再也见不到一个官员，甚至被迫过着饥寒交迫的生活，与一般囚犯没有两样。南宫的大门是上锁并灌铅的，并有锦衣卫专门负责看守，所以越狱不是不可能，是绝无可能。至于吃的东西则少之又少，由狱卒从一个小洞递入，并不能保证一个人正常的身体补给需要。更绝的一点是南宫的树木竟然被全部砍光，这是景帝为防止外界与英宗发生联系的未雨绸缪之举。总之，他要让这个同父异母的哥哥、前皇帝、现太上皇不再与人间发生任何联系，以确保自己的权力安全。这似乎是权力嬗变情形之一种：权力，让亲情走开，哪怕景帝获得的最高权力是英宗变相授予的，但在有可能受到威胁时，前者还是表现了过度的警惕。

于是一个新的轮回悄然展开了，从这一刻开始，到英宗复辟成功，时间长度是8年。景帝最在意的事情是易储。易储是保证权力安全的一个重要举措。土木之变后，郕王朱祁钰虽然成功上位为一个皇帝，但却留了一条令他不忍视之的尾巴：英宗的儿子朱见浚被皇太后封为皇太子，改名见深。这个叫朱见深的小孩简直成了他的噩梦。朱祁钰相信，若干年后，当他身死之时，朱见深会以权力清洗者的身份颠覆他的光荣史或者说权力史——历史是由谁书写的？当然是由继任者书写的，给自己盖棺论定或者挫骨扬灰的人总是后来者。所以，景帝朱祁钰为了权力安全计，也为了身后他那一脉家族的兴旺发达考虑，意欲易储。所谓“易储”就是换皇太子，以自己儿子朱见济取代朱见深为皇太子。如此，景帝朱祁钰的江山才能固若金汤。不仅是生前的，也是身后的，最重要的是权力安全获得了保证。

但却难以启口。因为易储需要理由，光明正大的理由，只是这样的理由到哪里去找呢？

景泰三年，理由从万里之外的广西不期而至。这年，刚刚退休的广西思明土知府黄堈全家因为家庭间的矛盾纠纷遭到他兄弟都指挥黄玹的杀戮，黄玹父子因此案被捕下狱。生死悬于一线之际，黄玹上了一封影响历史进程的奏疏。这封发出易储倡议的奏疏从万里之外历史的斜角处恰到好处地杀到，几乎挠中了景帝全部的痒痒。他阅后大悦说道：“万里之外，乃有如此忠臣！”毫无疑问，“忠臣”二字改变了黄玹的命运，他被无罪释放了。当然对景帝来说更重要的是要紧急行动起来，落实黄玹奏疏中提到的易储倡议。因为这件事情落实不好，后果是很严重的——“阶除之下，变为寇仇，肘腋之间，自相残杀”，如是血腥场面是景帝不愿意见到的。所以为了顺利易储，景帝令礼部尚书胡濙把百官召集起来开会，共商国是。

会议刚开始很不顺，史料记载“群臣相顾不敢言”，更有都给事中李侃、林聪、御史陈英持反对意见，认为这样做是不得人心之举。当然最后的结果是“易储之议乃定”——景帝终于完成了他在任及身后全部的权力切割，划清了属于他的权力边界。

这是景泰三年（1452 年）的五月初二日，景帝废皇太子朱见深为沂王，立皇子朱见济为皇太子，大赦天下。他的王朝，总算用三年时间站稳脚跟，可以放开手脚去建功立业了。至于功业究竟如何，自有后人评说。但必须肯定的一点是，景帝的确有所作为了，这一点，兵部尚书于谦可以作证。

两个男人的关系

一个人与一个朝代的关系，究竟可以纠结到什么程度？钱塘（今浙江杭州）人于谦以其令人感慨的一生展示了他和景泰一朝恩怨交集的关系，以及与景帝错综复杂的君臣际遇情怀。于谦一手托起了景泰一朝，最终却被这个气量狭小的王朝压倒在地，随后，重新上位的英宗再踩上一脚，一个文天祥式人物的最后结局便只能是被诬身亡。而他身边以及身后，那些宵小之徒依旧狂欢不已，充分显示了景泰朝后遗症：你创造了我，我便毁灭了你，所谓“以怨报德”是也。

于谦的宿命在他青少年时代便已种下因子。这个“慨然有天下己任之志”的人在23岁时考中进士，从而展开其刚直不阿的个性人生。这一年是永乐十九年（1421年），从永乐走到景泰，在不同的君臣际遇里，于谦一直是颇受好评的臣子。永乐朝时，他是江西道监察御史；宣德朝时，于谦被任命为兵部右侍郎，巡抚河南、山西二省，官居三品；正统朝时，于谦奉命入京，任兵部左侍郎。当英宗皇帝被王振裹挟而去亲征瓦剌后，于谦终于走上了帝国最后守护者的位置上。帝国是庞大的帝国，守门员却只有孤零零的他。因为主力部队都调拨走了，留下于谦守京师，代兵部尚书邝埜管理兵部事务。

王朝的危机在这个时候集中爆发。兵力不济是一方面，最主要的是人心涣散。侍讲徐珵（徐有贞）倡议南迁，南迁其实是南逃的代名词。英宗皇帝已经被绑票了，郕王朱祁钰还未上位，主事之人是一脸茫然的孙太后。很明显，帝国缺少主旋律，缺少一声振聋发聩的声响，以凝聚人心，凝聚主题。这样的时刻，于谦发声了，他醒目地成为后英宗时代帝国的中心人物，并在接下来的北京保卫战中展现了其杰出的军事才华，挽狂澜于既倒，在最关键的时刻打捞起即将沉没的帝国。在这一点上，于谦于景泰一朝居功至伟。因为正是他帮助景帝稳住了大明慌乱不堪的阵脚，徐徐打开了由乱转治的大门。景泰一朝虽然只有短短的 8 年时间，但这 8 年着实是于谦在托底的。景泰最后的匆匆谢幕原因在英宗复辟而非外敌入侵，在这一点上说，于谦托的底何止 8 年。当若干年后，于谦冤死，继任的兵部尚书陈汝言治军无能，面对西北有警无可奈何时，恭顺侯吴瑾长叹一声对英宗说了这样一句话：“使于谦在，当不令寇至此。”——假使于谦还活着，敌寇会这么猖狂吗？！那么英宗的态度又是如何呢？他听罢，默然无语，只能为历史的玄机而伤神与惆怅罢了。这无疑从一个侧面反映了于谦的特殊重要性。

回到景泰一朝，回到于谦和景帝的君臣关系里。北京保卫战后，景帝是如何对待于谦的？他加授于谦为少保，仍总督军务、兵部尚书。而于谦也是投桃报李。一方面派人修筑北边关塞要隘，以加强北边防务，另一方面令大同将领设计抓住太监兼汉奸喜宁，并且诛杀他，为帝国以及景帝排除了后顾之忧。当然于谦对于帝国的特殊重要性不仅于此。也先之所以从最初挟人质英宗一味进攻转而放人求和，于谦的军事才能在其中起了主要作用。对景帝而言，于谦给他的安全感不仅仅体现在平定外患方面，还体现在排除内忧上。在迎不迎请英宗归来的问题上，景帝因怕失去帝位，首鼠两端。是于谦给了他八个字的安全保证：“天位已定，宁复有他。”这是于谦对他的忠诚，当然也是对国事的忠诚。掌握重兵的于谦在政治上思于谁，谁便能君临天下——于谦对景帝，可谓忠心不二。

这是于谦和景帝二人关系的蜜月期，对帝国来说，它也迎来了自己的黄金时代——由于于谦治军有功，瓦剌军屡遭失败。不久，也先被其部下所杀，蒙古又陷入分崩离析的状态之中，对明帝国不再构成实质性的威胁。而景帝对于谦当然也是恩宠有加。于谦得了慢性支气管炎，景帝亲自跑到万岁山去，“伐竹取沥以赐”（见《中国通史》）。这种类似于现在“鲜竹沥”的药物毫无疑问可以缓解于谦支气管炎多痰的症状。景帝对于谦的皇恩浩荡，由此可见一斑。

世事多起承转合，不可能一帆风顺。两人关系的转折发生在景帝易储之后。景帝易储，于谦是投了赞成票的，这是其政治正确的一个表现，于谦做得中规中矩，没有问题。问题出在易储之后，于谦拒绝接受景帝给他的双份俸禄。事实上这是景帝对配合他完成易储工作官员的一个奖励。政治正确的官员人人有份，不光于谦一人。但于谦特立独行之处在于只有他一人拒绝了这份奖励。这便很有些不识抬举了，也让景帝从此对他敬而远之。君臣之间曾经惺惺相惜的关系出现裂缝，景帝最终放弃了对这个王朝最重要守护者的特殊照顾或者说保护，“鲜竹沥”也不帮他采制了。于谦的个人宿命由此走向凶险，因为宵小之徒开始蠢蠢欲动，欲置其于死地。

其实在于谦身边，一直有各种各样的人对他持有非议。御史顾曜弹劾于谦说："太专，请六部大事同内阁奏行。”意思是说于谦太专权，干预六部大事的奏请实行，好像他就是内阁一样。甚至连受他提拔、镇守居庸关的罗通也评价于谦："若今腰玉珥貂，皆苟全性命保爵禄之人，憎贤忌才，能言而不能行，未足与议也。”活脱脱将于谦视作小人了。只是这样的非议在于谦深受圣眷之时被景帝一一屏蔽，但景帝的猜疑心一起，宵小之徒的蠢蠢欲动便不再遭遇任何屏蔽。于谦拒绝接受景帝双份俸禄之后，他的被暗算便成为一种历史的必然。

在参与暗算于谦的团队中，有侍讲徐有贞、总兵官石亨、都督张軏、太监曹吉祥等人。前二者是骨干人物。徐有贞因为南迁之议受到于谦的痛斥，对其一直耿耿于怀，伺机报复；而石亨之所以暗算于谦理由很是荒诞。他上疏举荐于谦的儿子于冕，未料遭到大公无私的于谦一顿痛斥，石亨转而寻衅报复。景泰八年（1457 年）正月，“夺门之变”爆发，策划人正是石亨、徐有贞等人。这场政变既颠覆了景泰一朝，也终结了于谦的生命。这是石亨、徐有贞等人的一箭双雕。景泰一朝已经跟于谦死死绑定，虽然景帝对于谦恩宠不再，但掌握八十万禁军的于谦却不可能活着走进英宗的新时代了。于谦保卫了景泰一朝，但这个始乱终弃的朝代却不能对其投桃报李。一个人与一个朝代的纠结关系，真是令人无语……

一个值得记录的历史细节是，夺门之变发生后，病重的景泰帝朱祁钰在南郊的斋宫中听到有朝仪的礼乐之声，他的第一反应是惊呼："于谦耶？"——即便到了这个时刻，疑心重重的朱祁钰还以为是于谦发动了叛乱，君主之间的互信缺失在"于谦耶？"三个字背后暴露无遗。景泰一朝的被颠覆说起来也是题中应有之义。

另一个值得记录的历史细节是，于谦被杀后，英宗派人抄没其家产，发现家中除了景帝赐给他的莽衣、剑器外，没什么值钱的东西。于谦对景帝一直是忠心耿耿的，但皇恩不再浩荡之后，他的忠心便再无任何价值，无可奈何地沦为景泰一朝的弃物，或者说殉葬品，只赢得"悲壮"二字。这应该算是一个人与一个朝代的宿命，也是于谦和朱祁钰两个男人从谐和走向失和的悲剧性命运写照。

萎顿的气质

王振爱度僧道，太监兴安也爱度僧道。景泰二年，兴安以皇帝的名义下旨度僧道五万余人。一个王朝的妖风孽气就这样从上一个宦官轮回到下一个宦官身上，这使得景泰一朝注定走不长远。兵部尚书于谦上奏说："今四方多流徙之民，三边又缺战守之士，度僧道太多，恐本末倒置。"他从军事角度指出帝国僧道太多对国家恐非善事。但景帝却不以为然。在兴安和于谦之间，景帝的重心是偏向前者的。这就像英宗对王振的偏爱一样，总以宦权牵制阁权。尽管兵部尚书于谦居功至伟，但军事的归军事，政治的归政治，景帝的世界于谦永远不懂。景泰二年快结束的时候，有数万僧人和道士赶赴北京，为帝国第二年的度僧道仪式做好人才上的准备。一时间，京师重地成了出家人的天下，这让兵科给事中郑林忧心忡忡，他不管前车之鉴，在于谦上奏无效的情况下再次建议皇帝要慎度僧道，以免乾坤颠倒。

谁也没想到，郑林的建议这一回竟然被皇帝采纳了。那些兴冲冲来京搞"大串连"运动的僧人和道士被遣回原籍，偌大的北京城终于安静了下来。是景帝幡然醒悟了吗？其实不然。两年之后，一座寺庙的落成见证了皇帝的心迹，那便是"我心依旧"。景泰四年（1453 年）三月二十六日，费银数十万的大隆福寺在景帝的支持下得以建成。至此，北京城内外，大大小小的寺庙已有两百来座。这是王振、兴安佞佛以来每年坚持度僧的一个必然结果。所谓历史总是惊人的相似。王振重修庆寿寺，兴安建造大隆福寺，正统、景泰两朝，妖风孽气弥漫了帝国的每个角落，成为大明萎顿气质的一个原动力。

也不是没有阻击者。大隆福寺建成前一年，南京军匠余丁华敏上疏陈言宦官十害，希望皇帝“防微杜渐，总揽权纲，为子孙万世所效法”。不然的话，就会“祸起萧墙，曹节、候览之害将又在今日出现”。但是华敏的建言未被景帝采纳。随后山西都司令史贾斌，也上疏陈言宦官之害，并且引汉桓帝、唐文宗、宋徽宗、宋钦宗的惨痛教训以为戒，希望皇帝远离宦官和小人。景帝依然对他的建议置之不理。景泰六年，更有“不知趣”的言官监察御史倪敬联合盛昶、杜宥、黄让、罗俊、汪清等官员上奏，从经济角度劝景帝停止向佛；同时他们又从政治层面出发，希望皇帝清心寡欲，有所作为。

这是找死之论。因为景帝看到这样的奏疏，心里是很不痛快的。倪敬等十六位官员的仕途就此结束，另外南京大理寺少卿廖庄因此事被杖击，显示了皇帝“有法必依、执法必严”的坚强决心。

另外一方面，为了加强对官员特别是言官的管理，景帝重新启用锦衣卫的势力，让锦衣卫指挥同知毕旺专司侦访，暗察外事。如此，景帝左手操持太监，右手操持锦衣卫，很有朱元璋白色恐怖时期的遗风，帝国的气质开始走向慌乱和惶恐，人人噤若寒蝉。

似乎是为了配合这一“另类”气质，帝国流行起了各种各样的瘟疫。瘟疫朝朝有，景泰特别多，多到令人触目惊心的地步。而历史就是这样，常常以天灾人祸的方式醒目地昭示某个拐点时刻或拐点事件的临近：大瘟疫频发之后，“夺门之变”近在眼前。“夺门之变”事实上是个综合性的权力变革事件，它从一系列历史细节入手，水到渠成地完成了最高权力的归置与整合。这是一次轮回，也是景泰王朝唱晚的标志性事件。景帝在失去于谦的保驾护航之后，终于自食其果，走完一个帝王的权力耗散过程，事实上这也是他的生命耗散过程。两个过程叠加在一起，便是一次惆怅的轮回。所以——无论从哪一方面来说，这个被后世称作景帝的男人都是福薄、命薄，在30岁的壮年就匆匆离世，同时将“皇帝”两个字做得名不正言不顺，终究以“代”字结局。那么，“夺门之变”究竟是如何发生的，又为什么会发生？英宗“潜伏”南宫7年之后，又获得怎样的机缘重新发力？毫无疑问，历史的谜底等待一次清晰的揭晓。

帝国惊变

景泰四年（1453年）十一月，皇太子朱见济去世。四年之后，“夺门之变”爆发。这两件事情，虽然跨越了四年时间，却实在有着因承关系。它暗示了景帝的权力不再有血缘关系上的承继者来接盘，宿命无情地切割了这个26岁男人的权力缠绵。因为生于正统十三年的朱见济（怀献太子）是他的独子，到其夭折时不过5岁。部分史料证实有亲英宗的势力密谋策划了这次“夭折”行动，但景帝却始终查不出真正的幕后人是谁。半年之后，御史钟同与礼部郎中章纶相约上疏恳请皇帝复储，恢复沂王朱见深的太子位，这样的举动仿佛让景帝看到他的时代即将戛然而止。此二人在奏疏中劝景帝明白自己身份，将大明江山还给英宗一系。

很快，钟同、章纶自食其果。他们被锦衣卫下狱，失去了自由。这是来自景帝的命令或者说意志。当然即便到此时，钟同、章纶也还没有性命之忧。毕竟皇帝要顾全面子，不能给亲英宗的势力留下太自私的印象。但是一年后，监察御史倪敬等人的上书却令皇帝勃然大怒，非致钟同、章纶于死地不可了。那么，倪敬等人在上书中究竟说了些什么，以至于让皇帝如此恼羞成怒呢？事实上这份奏疏主题宏大，从景帝亲宦官、远贤臣说起，然后举例说明他把章纶、钟同两人投入狱中“幽锢逾年，非所以昭圣德也”。这份奏疏建议皇帝要“宽直臣之囚”，还钟同、章纶以自由。但是，钟同、章纶没有得到自由，而是受到了杖击。章纶命大，没有被打死，钟同却被活活打死在狱中，年仅32岁。由此，景帝和亲英宗的势力走向了水火不容的对立情境中，决绝事件的发生只是时间问题。这是一个人的死引发的血案，对英宗的追随者来说，他们找到了共同的反对理由。最起码，“夺门之变”的爆发有了“官”意基础。

景泰八年（1457 年）的正月是个有着凶险之兆的正月，因为景帝病了，病得很重，而要命的问题还在于储位一直未定。帝国接班人问题成了最敏感同时最不能说的问题。从十一日都御史萧维祯领百官问皇帝安到二十一日英宗宣告即位，帝国惊变只用了短短的十天时间。在这十天时间里，关于接班人问题上的人心向背一览无遗。景帝成了最孤独的孤家寡人，几乎被所有人抛弃。我们接下来细致梳理一下各色人等的微妙心态，看一看景泰朝的最后时光是如何无可奈何花落去的：

景泰八年正月十一日，因为皇帝没有上朝，都御史萧维祯领百官到左顺门去恭问皇帝安。皇帝不见，太监兴安出来对他们说：“你们都是朝廷大臣，不为社稷谋划，徒问安何用？”这话实在是说得意味深长。太监兴安是景帝的铁杆追随者，景帝一病不起，兴安的心态也开始苟且起来，话里话外颇有迎立新君的深意。百官们也聪明，马上回去开始商议要复立沂王朱见深为太子的议题。但是大学士王文、陈循此时的心态却很复杂，一方面景帝当年易储是他们领头干的，虽然被“贿赂”了一下，毕竟主观意愿在那里。现在出尔反尔复立沂王朱见深为太子的话，人品卑劣的问题还在其次，关键是新君会不会对自己另眼相看？所以他们没有同意百官们的建议，只同意在马上要上呈的奏疏中写上“早择元良”的字眼。

“早择元良”这几个字很暧昧，也很中性。奏疏递上去后，病中的皇帝仿佛看出官员们首鼠两端的心态。他发下话来，称：“朕偶有寒疾，十七日当早朝，所请不允。”这是给众官员一个虚幻的承诺。景帝病重，十七日早朝云云，实在是自欺欺人之谈。但景帝无后，又不愿意重立沂王朱见深为太子，便只能让自己和百官都活在虚幻当中不能自拔，过一天算一天了。

十三日，武清侯石亨密告被软禁在南宫的英宗帝，恳请他复位。这是石破天惊之举，也是武清侯石亨改变命运的一次尝试。当众人都首鼠两端、自欺欺人时，他主动出击，完成一次对生命或者说命运的策划行动。不管行动成与不成，毫无疑问都将改变很多人的命运。英宗答应只要走出南宫，他愿意复位。

十四日，石亨联络徐有贞、都督张軏、太监曹吉祥等人参与行动。徐有贞提出："必得审报乃可行事。"这是报备皇太后知晓的意思，但石亨、张軏与曹吉祥艺高人胆大，"矫称皇太后旨"——假造皇太后的旨意，直将生米做成熟饭，霸王硬上弓地促成夺门之变的发生。从这一刻开始，一场政变的发生已呈现赌徒心态——成败在此一举。

十六日夜，徐有贞让都督张軏以加强京城警备为名，统兵入大内南宫接出英宗，有守门者拦阻，英宗呵斥说："我乃太上皇。"守门者终不敢拦，英宗顺利出宫。这个历史的细节虽然微不足道，却也从一个侧面说明上至百官，下至守门者各色人等的人心向背都已经发生很大变化，人人识时务者为俊杰。景泰朝的崩溃已经近在眼前。

十七日晨，英宗大摇大摆地到奉天门升座上早朝，鸣钟鼓。有"模范生"徐有贞等着官服朝贺，呼万岁。其他官员纷纷效仿，山呼万岁。英宗复辟到此时算是完美收官。景帝在病榻上听到早朝的钟声，先是以为于谦兵变，待了解清楚是英宗复辟后，只得无奈地说了几个"好、好、好"字。这几个"好"字含义确实丰富，有惊愕，有苍凉，有愿赌服输。仿佛水银泻地，也仿佛否极泰来，景帝终于明白，自己这个代皇帝到底是要下岗的。

景泰一朝至此尘埃落定。

第八章

英宗皇帝

天顺年间的反攻倒算

天顺元年的春天

天顺元年（1457 年）的正月十七日，是个有人欢喜有人愁的日子。这一天，英宗朱祁镇在奉天殿举行即位典礼。有如重生，朱祁镇在 15 世纪中叶获得了第二次权力生命，从而成为中国历史上唯一举行过两次即位典礼的皇帝，堪称一绝。这表明他的人生轨道严格遵循了“起承转合”的世事运行规律，必将再次迎来巨变。此前，在“夺门之变”中立下汗马功劳的徐有贞以原官兼学士并加兵部尚书的殊荣入内阁参预机务，这是朱祁镇对其投桃报李之举。接下来，他要做的则是睚眦必报。所以在天顺元年正月十七这一天，有两个人的命运发生了改变。他们是兵部尚书于谦和内阁大学士王文。即位典礼刚刚结束，锦衣卫就冲上去逮捕了他们。这两人的政治生命毫无疑问结束了，接下来让人为之担忧的则是他们的身家性命。新朝机锋毕露地开张，究竟能有谁躲得过那些花开花败、潮起潮落呢？

更多的人被卷了进来。继于谦、王文下狱后，内阁大学士陈循、萧镃、商辂，刑部尚书俞士悦，工部尚书江渊，都督范广，当然还包括景帝的亲信宦官王诚、舒良、王勤、张永等人也获得了相同的命运。这是天顺元年的春天，这个春天不太暖，因为英宗朱祁镇准备杀伐决断了。他首先要问罪的两个人是于谦和王文。这一点其实不意外，于谦在景泰朝时跟景帝紧紧地绑在一起，在英宗南归前他说出“社稷为重君为轻”的话语，变相地拒绝其归来。而当朱祁镇被也先挟持到大同城下，后者令明军打开城门迎接时，于谦举荐的大同守将郭登竟然拒开城门，并说出以下一句话："赖天地祖宗之灵，国有君矣。"意思是现在的国君是景帝，他不能为太上皇洞开城门。这是英宗朱祁镇耿耿于怀之处；英宗另一个不能释怀的地方在于于谦附和景帝赞同易储，在法理程序上完成了对朱祁镇一系的权力清洗。由此，于谦在天顺年间继续生存下去的最后一丝理由消失殆尽。

王文的问题也是这样。这位已经65岁的老人为官一直谨慎。有城府，面目冷峻，并在景泰一朝受到重用。景泰三年（1452年），他加太子太保，后改吏部尚书、兼翰林院学士，值文渊阁，由此创造了二品大臣入阁的官场先例，景帝对其隆恩不可谓不深矣。王文也是知恩图报。当易储议起时，他第一个上疏请求"早选元良"，深得圣心，也深慰圣心。英宗朱祁镇之所以要先拿他和于谦二人开刀，实在"是可忍孰不可忍"——新朝自有新朝的铁律，忠诚某人也就意味着背叛另外一些人，世事难两全，忠心不可兼得。

英宗朱祁镇似乎在最后关头心慈手软了。当三法司报上来将于谦定为死罪时，英宗在一瞬间产生了门达式的想法——于谦是一个有历史重量感的人，他虽然贵为两届天子，却到底能否承载当世与后世的汹汹舆情呢？最重要的，他的江山，在后于谦时代，是否还会有一个有担当的人站出来力挽狂澜？这些顾虑让朱祁镇手中的朱笔分外沉重。但最终他还是批了下去，置于谦于死地——不为别的，只因为徐有贞在他耳边大声疾呼："不杀于谦，此举（指夺门之变）为无名。"的确，舆情汹汹，那也只是舆情罢了；江山的守卫者在于谦之后也自有人选。当下最主要的问题还在于执政的合法性。于谦是与景泰一朝死死绑定的人物，不杀于谦，就不能彻底否定前朝。他是景泰一朝的殉葬品，他的忠心，也早已经落花流水春去也，天上人间了。此时的英宗朱祁镇又联想起于谦的"社稷为重君为轻"这句话，便觉得此人不死都不行了。的确，既然社稷为重君为轻，君也便视你为轻了……

于谦和王文是在正月二十二日死去的，距其下狱只有短短五天时间。对天顺一朝来说，这五天时间已经足够漫长。因为新朝、新君亟须粉墨登场，所谓旧的不去，新的不来，帝国的万象更新总是需要祭奠与牺牲的。有于谦这样重量级的人物打底，天顺一朝当会一顺百顺。但英宗朱祁镇却烦恼地发现，影响力人物于谦阴魂不散，首先在人心向背上左右了帝国前行的方向。尽管朱祁镇对历史到底存了些许敬畏，不敢按三法司的罪拟将于谦凌迟处死，只改为弃市，但人心已是大失。史料记载，于谦被杀时，“阴霾翳天，京郊妇孺，无不洒泣”。人心与天心交织在一起，构成了天顺元年极不顺遂的历史情境：有不顾禁令提着酒浆、纸钱到刑场恸哭祭奠的；有弃官不做收养于谦儿子并且隐居起来以存养希望的；有感念于谦忠义，冒险收藏其遗骸的；也有借助童谣怀念于谦及其逝去那个年代的。更有孙太后嗟悼数日为于谦的被杀惆怅莫名——至此，帝国人心尽失已是不言自明，正所谓“行路嗟叹，天下冤之”。于谦的死在一瞬间构成了帝国的集体悲情，为天顺一朝行之不远添加了一个醒目的注脚。

英宗事后也颇有悔意。《明史·于谦传》记载英宗在处死于谦之前认为“于谦实有功”，只是主客观条件纠结在一起才完成了这一次谋杀行动。而于谦之死的报应也很快到来——于谦死后，继任的兵部尚书陈汝言是个大贪污犯，上任不到一年就贪污赃款多多。联想到于谦对景帝忠心耿耿且两袖清风，英宗只能感叹自己手下的兵部尚书在情操方面与于谦比差距何止千万里；而论军事能力也没有任何一个武官比得上于谦。景泰一朝，有于谦在，景帝过了几年安生日子。于谦死后，蒙古又开始对明帝国北方边境频频骚扰，蠢蠢欲动，令英宗寝食不安。恭顺侯吴瑾感慨万千地说：“使于谦在，当不令寇至此。”英宗听了，当然也是感慨万千，只是世上再无于尚书，谁能再当兵部这个家呢？这是于谦的宿命，也是英宗的宿命，说到底还是帝国的宿命。毫无疑问，于谦之死对天顺年间的英宗，构成了利弊相间的复合情境。帝国虽然继续前行，但脚步开始变得踉踉跄跄——在明帝国由盛转衰的节点上，一层沉郁的色彩就这样被涂抹上了，这是利弊相间的复合情境所导致的必然结果，只是很多历史的彀中人不自知罢了。

于谦之后，帝国再无托底人。

模糊的历史真相

于谦被杀，所用的罪名是“意欲迎立外藩为帝”。这个罪名比若干年前岳飞被杀时用的“莫须有”罪名要重，也要堂而皇之得多。在历史的现场，主审官包括英宗一脸庄重，认定“意欲迎立外藩为帝”的于谦罪有应得。但英宗真的相信于谦有那么一颗骚动的心吗？在其一脸庄重的背后，历史的谜底究竟呈现出怎样的狰狞与锋利？

他其实什么都知道，于谦长着一颗什么样的心。

当然说朱祁镇的叔叔襄王朱瞻墡或者其儿子有异图并非空穴来风。一个历史事实是，太皇太后张氏以及孙太后在“土木之变”前后都曾经流露过迎立襄王朱瞻墡为新天子的想法。孙太后甚至派人去取襄国金符，以试图改变历史的进程或走向。所以，当于谦被拉扯进这桩阴谋行动时，多少给了英宗顺理成章的想象空间。作为掌握军事大权的重臣，一个帝国的托底人，于谦毫无疑问具有颠倒乾坤的力量，如果他愿意的话。这也构成于谦意欲迎立外藩为帝的动机和逻辑基础——直到有一天，英宗在翻检朱祁钰时代遗留下来的陈年旧奏时，透过时光的尘埃与层层重压，这位经历沧桑的君主终于打捞起了襄王朱瞻墡那份一度被他误解的忠诚，以及附着其上的于谦的清白。

因为他看到了朱瞻墡上呈的两封奏疏。奏疏一写于“土木之变”爆发后，朱瞻墡上呈孙太后请立英宗的儿子朱见深为太子，并且建议帝国派人营救被绑架的英宗；奏疏二写于景帝朱祁钰上位后，朱瞻墡以叔叔的身份上疏劝其毋忘对太上皇朱祁镇的恭顺，要朝夕省问，念兹在兹。这两份奏疏的发现时间在于谦被杀之后，它从一个侧面反映了于谦“意欲迎立外藩为帝”罪名的不成立。那么，英宗在发现这两封奏疏后有错必改了吗？在臣子的清白与帝国的稳定之间，朱祁镇又会如何取舍？

英宗朱祁镇牺牲了前者，直将历史真相模糊到底，以为帝国的稳定托底。于谦一案在他看来不是不能翻，是不好翻。就像徐有贞所说：“不杀于谦，此举（指夺门之变）为无名。”“夺门之变”的逻辑基础或者说道德基础是于谦意欲迎立外藩为帝。事起仓促，景帝病重，英宗为江山社稷计不得不重新复出，再次披上龙袍以防止皇权旁落。在这样的逻辑基础上，于谦便成了替死鬼，成为帝国道德的集体批判对象，也成为新朝得以矗立的奠基石。这是不能为其翻案的根由所在。“于谦必死”在英宗有意无意的渲染下，成为帝国的集体意识，英宗不能自己掌自己的嘴巴，由他本人在集体意识上划下刀口，惊醒那些不明真相的群众。所以终英宗一朝，于谦只能被奠基于帝国的底部，对他的评判不可能有任何改变。

对于谦评价的改变来自于宪宗朱见深。这位继任皇帝评价于谦“当国家之多难，保社稷以无虞，惟公道之独持，为群奸所并嫉。在先帝已知其枉，而朕心实怜其忠”。这里宪宗皇帝有意无意泄露了天机——说出“先帝已知其枉”这样的话语来。先帝已知其枉却不肯予以平反，历史的机锋真是势大力沉，重量如于谦者，也未能避过它的扫掠。但宪宗朱见深之所以愿为于谦昭雪，一个重要的原因是时过境迁：英宗已经走完了他的一生，英宗一朝的功过得失已无碍过去的岁月；并且由宪宗朱见深——英宗的儿子来为于谦昭雪，很有收拾帝国人心，凝聚共识与情感的意味。在这个意义上说，于谦之死成了英宗朱祁镇送给他儿子的一份厚礼。宪宗朱见深也深明其中意味，不仅将崇文门内西裱褙胡同的于谦故宅改为“忠节祠”，还亲自派遣高级官员祭奠于谦英魂，将收拾人心的工作做得很到位。

这是成化年间的事。到了弘治年间，于谦又被“消费”了一把。刚刚上位不满两年的孝宗皇帝下令赠于谦光禄大夫、柱国、太傅，谥肃愍，赐祠于其墓曰“旌功”。帝国的人心再次凝聚了起来，这时于谦离开人世已经32年。他的冤死成为英宗朝帝国得以稳定或者继续存在下去的基础；他的昭雪又成为帝国凝聚人心共识的一个无可比拟的利器。重量级历史人物于谦的重量至此不可谓不重了。而追根溯源，这沉重的肇始者非英宗莫属。在天顺元年的春天，于谦死了，死得真是重于泰山——像泰山一样托起了明帝国走向中衰的脊梁，让它得以继续前行。

尽管前行得步履蹒跚，尽管英宗朱祁镇的生命已行之不远。

命运的翻云覆雨手

天顺元年（1457年）毫无疑问是凶险之年。不仅于谦和王文死了，很多人的命运也发生了改变。景泰朝的太子太傅、户部尚书兼华盖殿大学士陈循被贬职流放到铁岭。五年后，78岁的老人寂寞去世。这位永乐十三年（1415年）排名第一的进士在宦海沉浮数十年，终于不能善终，成为景泰一朝的牺牲品。细究起来，他其实没有多大过错，只因为身被景帝隆恩，终不能为新朝接受罢了。或许我们可以看一看陈循的官场履历表，从中细品他盛极而衰的消息。

"土木之变"后，陈循入景帝法眼，从户部右侍郎升迁至户部尚书兼学士。景泰二年（1451年）二月，进少保、户部尚书兼文渊阁大学士，直至后来官居太子太傅、户部尚书兼华盖殿大学士，恩宠一时无两。陈循也知恩图报，积极响应景帝易储号召，协助其完成帝王之家的血统纯净工程。毫无疑问，他在皇权切割的大是大非面前立场鲜明，表现抢眼。陈循在官场上盛极而衰的节点出现在英宗复辟后，已经73岁的老人在石亨等人打击下终于未能华丽转身，从权力巅峰上跌落了下来，最终一蹶不振，在天顺六年（1462年）以一介平民的身份离开人世，直至成化年间才得以恢复他的官秩。这也算因果轮回之一种吧。

天顺元年被贬职流放到铁岭的除陈循外还有两位高官。一位是太子少师兼工部尚书江渊，另一位是刑部尚书俞士悦。这两位的官场背景有一个共同点，那就是"土木之变"后与于谦走得太近，力主保卫京师，助推景帝上位。由此在天顺元年，他们和陈循一样受到了权力清洗。新朝不可能再有他们的位置。

他们的人生都没有咸鱼翻身。江渊最终是死于铁岭的，俞士悦的生命力却很旺盛，在铁岭奇迹般地挺到了成化年间，于成化初被赦还乡，随后去世，享年八十。

当然，和陈循、江渊以及俞士悦被贬职流放的官场遭遇相比，另一些人要显得更为悲凉。都督同知范广在天顺元年以“阴附于谦，谋立外藩”罪被凌迟处死，“磔于市”。惨状令人不忍目睹。说起来，范广也是骁勇战将，精骑射。北京保卫战时，范广奉于谦命守德胜门，表现也是相当的抢眼。但世易时移之后，范广的卫国之举却成为其“阴附于谦，谋立外藩”的罪证，终究难逃牺牲的结局。范广之死，称得上和于谦一样冤。

另一个赴死者杨俊却谈不上有多冤，起码在英宗看来是这样。右都督杨俊在“土木之变”后政治立场左倾，或者说他将自己的政治生命全部押在景帝身上，坚决拒绝英宗还京。也先准备奉还英宗时，杨俊是永宁、怀来两地的守将，此二地刚好是英宗回京必经之地。杨俊怎么做的呢？他“密戒将士毋轻纳”——秘密下令手下将士别让英宗回来。不过英宗在景帝的复杂心境下还是回京了。杨俊不死心，随后上疏建言“是将为祸本”——英宗将是祸国之本。以上种种表现，毫无疑问让杨俊在天顺年间有足够的理由死去。事实也的确如此，天顺元年正月二十九日，杨俊被杀。他的死可以说毫无悬念。

前吏部尚书何文渊的死却颇具传奇性。英宗复辟后，何文渊受到的处分最轻，只是被罢官而已。但何尚书却心理负担很重，原因是当年景帝易储时，他第一个站出来说了“父有天下传于子”这样一句话。父有天下传于子，那景帝的皇位为什么不能传给他自己的儿子呢？这句话在政治立场上决绝地切割了何文渊和英宗的关系，也无限拉近了他和景帝的距离。现在景帝已经仙去，历史的见证人却还有诸多存活于人间。江山易主，多少人会为了自身利益揭发何文渊自绝于英宗的话语呢？何文渊每念及于此，真是惶恐不已啊。天顺元年四月十四日，何文渊主动结束了这种惶恐——他选择了自缢身亡。此前，有消息说朝廷要来抄家，这最后一根稻草终于压垮了何文渊这只惶惶不可终日的“骆驼”。在天顺元年帝国的权力悲喜剧中，前吏部尚书何文渊以一种既出人意料又在情理之中的方式谱写了自己的小插曲。

当然，世事都有承继。有受害便有加害，有低潮更有高潮。陈循、江渊、俞士悦等人被卷入命运的谷底，徐有贞却高歌猛进，于天顺元年抵达其人生高潮。这个宣德八年的进士曾经剑走偏锋，对天官、地理、兵法、水利、阴阳方术等多有钻研。这样的学术背景似乎暗示了其人生的波谲云诡，会在低潮和高潮之间反复轮回，演绎出帝国与个人之间跟利益、情感相关的惊险故事。“土木之变”爆发后，徐有贞主张南迁，被于谦斥责，他的人生在景泰一朝开张的时候可以说没有多少亮色，直到治理沙湾决口成功，徐有贞才升职为左副都御史。左副都御史负责监察、纠劾事务，兼管审理重大案件和考核官吏，是个不折不扣的肥缺，徐有贞的人生在“起承转合”的铁律中开始呈现上行势头，离巅峰状态只差一把火。景泰八年正月，徐有贞与石亨、曹吉祥等人点燃了这一把火，发动“夺门之变”，导致英宗重新复位。由此徐有贞获得的回报是被封武功伯兼华盖殿大学士掌文渊阁事。这个善画山水的人将自己的人生画得比山水还好看。

只是过犹不及。处于巅峰状态的徐有贞不懂“亢龙有悔”的《易经》精髓，在天顺元年连出猛招致景泰旧臣于死地。先是睚眦必报拿下于谦、王文等人，同时鼓动英宗谪戍陈循、江渊、俞士悦等人于铁岭，另外将不听招呼的商辂、萧镃等官员削籍为民。徐有贞刀锋所及，景泰旧臣非死即伤。只是不懂“亢龙有悔”的徐有贞不知道，危险已经如影随形。危险来自于内讧，来自曹吉祥、石亨和他的争权夺利。天顺元年六月初七，在权力角逐中败北的徐有贞被关入监狱，次日降为广东参政。七月，他被发配云南金齿卫为民。一个盛极而衰的故事就这样上演了。在天顺元年帝国的权力悲喜剧中，徐有贞的荣耀与耻辱浓缩在一年间，真是看点多多，而他到最后才知道，自己无法掌控自己的命运。

事实上那双命运的翻云覆雨手来自于英宗。这一年，这个三十出头的年轻人先是借徐有贞之手处理了景泰旧臣，再借曹吉祥、石亨之手处理徐有贞，手段不可谓不毒辣，身段也仿如行云流水，讲究的是一气呵成。不过，曹吉祥、石亨两人会是胜出者吗？“夺门之变”后，重新上位的英宗究竟有多少容忍度来对待他的功臣们？徐有贞已经到云南做一个平头百姓去了，曹吉祥、石亨的明天是否会更好？所谓始乱终弃的故事会不会接着在天顺年间上演？很显然，天顺元年是不会给出完全解读或者说答案的。因为路很长，夜也很长，英宗正年轻，一切皆有可能。

包括他自己，也包括其身后的帝国，饱经沧桑的明帝国。

机心与机心的较量

英宗狐疑的目光是在一栋豪宅建好后投向石亨的。

此前，石亨在“夺门之变”后被封忠国公。这“忠国公”是公忠体国的意思，表达了英宗对有功之臣的赏识。甚至为了体现这种赏识的特殊性，英宗将御史杨瑄流放到辽东，以作为其上疏批评石亨“怙宠专权”的回报，而另一个回报则是针对石亨的。杨瑄上疏事件之后，石亨很受伤。英宗为了安慰他那一颗容易受伤的心，下令工部为其建造豪宅。豪宅建好了，美轮美奂。英宗心情很好地问恭顺侯吴瑾：这是谁家的宅第啊？这当然是明知故问了，英宗从一个侧面再次传达了对石亨赏识的信息。但是，吴瑾一句带有奉承性质的回答让英宗疑心骤起——吴瑾曰：“此必王府。”

“此必王府”四个字体现了吴瑾的机心，它一方面表达了吴对石亨的承迎，另一方面也曲折地透露出对石亨新宅逾制的不满，很矛盾。因为石亨虽然被封为忠国公，却毕竟不是王。皇帝现在京城当中为其建造如此超规格、华丽的豪宅，无疑让石亨在百官当中投下“一人之下，万人之上”的权力倒影。石亨皇恩浩荡，以此宅为据。历史的机心在这里成形了。机心既是吴瑾的，其实也属于英宗。因为他回宫后对内臣感慨万千地说：“石亨恣横，无人敢发其奸！”这是一栋豪宅引发的感慨。英宗的确赏识石亨，但这种赏识如果让恭顺侯吴瑾都感到害怕，以承迎石亨为荣的话，那么权力平衡的天平就被打破了。这是人君治术的一大忌。毫无疑问，英宗开始对石亨存一颗警醒之心了。

在天顺三年（1459年）石亨的儿子石彪晋封之前，英宗几乎替石亨打击了所有政敌。徐有贞及名相李贤被拿下。前者被贬为广东参政，后者被贬为福建参政。御史杨瑄、张鹏流放辽东，十三道御史中有十二位被贬为知县！而他们之所以被如此对待只因为不满石亨的恣横。一个时代渐渐走向“顺我者昌，逆我者亡”的情境当中，这其中的“我”便是石亨。英宗虽贵为天子，也几乎沦为石亨打击政敌的工具。天顺三年，英宗终于开始反击。切入点着眼于石亨的儿子石彪。在此之前，石彪已封定远侯，出镇大同。石家一门二公侯，天下将帅几乎有一半出其门下，至于石家蓄养的谋士与猛士更是数以万计——一个王朝的危局已然铸成。对英宗来说，破局是当下不二之选。他是在刀尖上舔血的皇帝，政权合法性在“夺门之变”的背景下本来就岌岌可危，如果石亨和他的儿子石彪再次仿效行之来一次新的“夺门之变”，这个帝国就没他什么事了。总之，破局者生，困局者死，一切的一切非此即彼，别无选择。

七月，英宗下令召石彪回京。给出的理由是晋爵封侯。石彪却仿佛看到命运的狰狞，不敢回京。他指使千户杨斌等50人奏保其守大同，变相拒绝皇帝回京的诏令。由此，英宗的疑心进一步加重。这个帝国，能对他说“不”的大概只有石亨父子了。随后，被捕的杨斌供述出奏保行动的幕后主使人正是石彪。英宗恼羞成怒，下令石彪“疾驰入京”——服从，没有任何借口。帝国的收官行动开始了。石彪回京后立刻被锦衣卫下狱，随后的审讯与抄家工作由门达主持，很快，门达从石彪家抄出绣有蟒龙以及违反制式的寝床等物，石亨父子谋逆之心至此昭然若揭。天顺四年二月，石彪被弃市。同月，石亨瘐死狱中，走完其始乱终弃的一生。

惩罚还在继续。二月十六日，皇帝下旨革去石亨“夺门”之功，以为其盖棺论定。的确，“夺门之变”是在石亨等主导下进行的，没有其夺门之举，也就没有英宗的重新上位。但功劳是石亨一人的吗？这个王朝始终在不确定的状态下向前走，昔为囚徒，今为天子，每个人的命运似乎都有无限的可能性——只要活着，哪怕像狗一样活着，重要的是活下去，活下去便有可能。而英宗要做的，是不给那些蠢蠢欲动的挑战者以机会。现在，天顺四年的二月，石亨父子再也没有这样的机会了，英宗如释重负，为帝国的转危为安而暗自庆幸。

曹吉祥开始惶恐不安。太监曹吉祥自“夺门之变”后被提升为司礼太监，总督三大营。在宦官这个领域他已做到极致，但他儿子曹钦的心似乎比他更大，更狂野。曹钦曾经问千户冯益：“古有宦官子弟为天子的吗？”冯益回答：“君家魏武即是。”这个回答很是给曹钦勇气。事实上曹钦的勇气已经足够大了。因为“土木之变”后，冯益在英宗还京时曾建议景帝将其押至沂州看管，以便确保其皇权安全。英宗复辟后，震怒于冯益当时的胆大妄为，欲置其于死地。是曹吉祥父子出手相救，冯益才能安居于曹府成为其谋士。徐有贞、石亨被一一收拾后，曹吉祥父子深感末日临近，决定在天顺五年（1461年）七月二日铤而走险，意欲由曹钦从外拥兵入宫，同时曹吉祥在内以禁兵为应，一举废黜英宗，自立为帝。这个王朝的进程演绎至此，潜规则便成了明规则，人人心里有一个梦想，只待时机成熟，便要手起刀落，为心中的梦想披荆斩棘，一路高歌猛进。

要命的是这回英宗无药可解。他之前收拾石亨父子的决绝无异于打草惊蛇，让曹吉祥父子有了“不成功便成仁”的勇气和准备。这准备既包括军事准备，也包括心理准备。另外从客观条件来说，曹吉祥父子都在京城，手握重兵。一旦里应外合，英宗铁定人头落地。天顺一朝，这一回决不顺坦。

但是天佑英宗，老天也保佑天顺一朝，让他没有在天顺五年七月二日戛然而止。因为七月二日的夜晚充满了诡异和种种阴差阳错。它让可能变成了不可能，不可能却变成了可能。这个夜晚，曹钦和他手下准备起事的锦衣卫官开喝了，为了即将来到的胜利，他们提前喝上庆功酒。不过，一个叫马亮的锦衣卫军卫却悄悄从宴会现场逃了出来，将这惊天阴谋密报给恭顺侯吴瑾。由此，历史的玄机悄然转向，英宗在最后时刻赢得时间差，扣押曹吉祥以为人质，并下令皇城及京城九门全都关闭。曹钦起事失败，被迫投井自杀。四天后，曹吉祥被凌迟处死，王朝的危机终于解除。

从天顺元年到天顺五年七月，英宗皇帝层次分明地展示了他先宠后弃的领导艺术。在机心与机心的较量中，这个三十多岁的皇帝超过其所有属下，笑到了最后。他的反对者死了，他的追随者也死了。英宗利用了他们之间的利用，最终游刃有余地完成了权力归零游戏——一切曾经他交出去的权力都要收回并且已然收回。作为一个皇位得而复失又失而复得的天子，英宗毫无疑问是熟谙权力操作规则的。他的形象看上去冷酷无比，凌然不可侵犯——但，真的是这样吗？又或者在他苍凉而功利的面具下面，是否还隐藏着难与人言的柔软与温情？

答案马上就要跳将出来了。

邪恶的 也是善良的

天顺元年十月二十六日，57 岁的朱文圭重见天日了。此前，他已经在高墙内被囚禁了 55 年。作为建文帝的幼子，“靖难之役”后朱文圭就失去了自由。而当时的他只有两岁，根本不知道自由的内涵是什么。但是天顺元年十月二十六日，英宗给了他自由。这位曾经在南宫中被囚禁了八年的男人感同身受，释放了自永乐年间就被关押的远房叔叔。随后表情木讷、近乎白痴的朱文圭及其庶母以下家属五六十人都被释放，英宗由此完成自己给自己的挑战——他的政权合法性不怕质疑。

英宗一系的执政权力源自朱棣。正是为了防止建文帝家族的死灰复燃，朱棣当年才将两岁的建文帝幼子朱文圭关押起来，不让他与外界发生任何联系。这是一种权力阻断，也是朱棣一脉寻求皇权安全感的本能行动。此后半个世纪，明帝国的天子们都心照不宣地步朱棣后尘，将朱文圭关押到老。但是天顺元年，在经历“夺门之变”后不久，英宗突然做出这么一个出人意料的举动，其背后真实的动机究竟如何呢?

一是自信。英宗要释放朱文圭，身边的近臣都以为不可。英宗怎么说的?他说：“有天命者，任自为之。”——我今天放了你，你朱文圭如果真有天命重夺皇位，那么拿去好了。这句话毫无疑问体现了英宗在“夺门之变”后对其权力的自信。不错，我英宗曾经沦为阶下囚，现在又靠非正常手段重新上位，在这个权力江湖上，留下的是非一般的印记。如有他人存了褫夺之心，那么 PK

好了。这是英宗的一个自信。

二是收买人心。英宗靠“夺门之变”重新上位，或许会有舆论非议他不讲亲情。为了塑造自己乃性情中人的新形象，英宗释放了他的先帝们一直不敢释放的朱文圭，以为自己的新形象加分。这一点诚如名相李贤所言——李贤说:“（释放朱文圭），这是尧、舜之用心。”由是英宗决定放手一搏。

三是悲悯。不管英宗释放朱文圭存了怎样的政治动机，隐藏其后的一个基础还是“悲悯”二字。有感同身受，才有断然之举。英宗释放朱文圭后，将其安置于凤阳，“听其婚娶出入自便，给守门人二十，婢妾十数人”，尽量使这位传说中牛马不识的老者晚年过得幸福一些、人性一些。只是世事无常，朱文圭在人生巨变面前竟无力承受，释放不久就去世了，徒让英宗的悲悯情怀添了些许惆怅。

应该说，英宗在天顺元年释放朱文圭的举动，让他脱离了寻常帝王的扁平符号，形象开始变得丰满和个性化起来。而若干年后，英宗的又一个悲悯之举则让世人对他的形象进一步明晰——他确实是个出位的帝王。两为天子的传奇历程背后原来潜藏着非同寻常的性格逻辑基础。

天顺八年（1464 年）正月，英宗的生命走到了最后时刻。他下遗诏，称“用人殉葬，吾不忍也，此事宜自我止，后世勿复为”，英宗的遗诏虽然用语平淡，但确确实实是一项涉及悲悯情怀的制度变革。因为联系明朝开国皇帝朱元璋以来的宫人殉葬史，便可知英宗是做了怎样一件惊天动地的大事。明史记载，朱元璋死时，有四十六个宫人殉葬；朱棣死时，有三十多个宫人殉葬；仁宗死时，有五个宫人殉葬；宣宗死时，有十个宫人殉葬。殉葬制度体现了一种权力霸道和生命蔑视。作为权力礼仪之一种，在英宗之前没有一个帝王愿意舍去这种待遇。但英宗却对这样的待遇说“不”，从而让一项人道主义的制度变革得以出台。不过我们应该认识到的一点是，这项人文制度变革出台的背后，更多的是英宗做一个离经叛道皇帝的决心与勇气。

英宗一生没有大的建树，能够传之后世的两大举措一是释放朱文圭，二是废除帝王死后宫人殉葬制度。这两大举措都涉及人本关怀，但我们似乎又不能将英宗归结为仁慈之主。他心存悲悯，度己及人，却又擅长权谋，颇富心机，是个形象复杂的多面人。在明帝国的龙椅上，英宗横跨“土木之变”前后的非常岁月，一度将明王朝送至险境，却在“夺门之变”后王者归来，以冤你没商量的手法将帝国托底之人于谦送上不归路。他是邪恶的，却也是善良的；能忍耐，更能折腾；时而游刃有余，时而首鼠两端，在帝国无人看管的年月里，英宗就这样极其矛盾地走完了他短暂的一生。天顺八年（1464年）正月十七，英宗去世。他身后的帝国，此刻正惊涛骇浪，险象环生。

第九章

宪宗

矛盾的混合体

不妨来看一下明宪宗朱见深的小档案：

姓名：朱见深（原名朱见浚）

生年：正统十二年（1447 年）

卒年：成化二十三年（1487 年）

享年：41 岁

属相：兔

性格：喜静不喜动，有社交恐惧症，极少上朝理政

爱情观：有恋母情结，终生喜欢大他 17 岁的万贵妃

生育能力：正常偏雄壮。有 14 子，5 女

身体缺陷：口吃

爱好：钱，艺术，方术

代表作：《一团和气图》

一生做过的最大好事：雪于谦之冤

一生做过的最大坏事：宠幸大太监汪直，成立西厂

家族评价：称其为“继天凝道诚明仁敬崇文肃武宏德圣孝纯皇帝（纯皇帝）”

《明史》评价：“恢恢然有人君之度”

民间评价：一个入错行的男人

在这份明宪宗朱见深的档案里，我们似乎看到了历史的那一份不可言说。这个有着诸多特点的男人其实是矛盾的混合体，是纠结，是欲去还留、欲罢不能，是好与坏、善与恶的肉搏与妥协。他天生口吃，却偏偏干着与万千人沟通的工作；后宫佳丽无数，却终生喜爱大他 17 岁的万贵妃，甚至爱屋及乌，宠幸了许多因为万贵妃的关系带进来的宦官；他雪了于谦之冤，却又在他的时代里制造了更多的冤狱；他喜欢钱同时喜欢艺术另外还喜爱方术，展示了一个男人混乱不堪的兴趣与病态追求。而在这份档案看不到的地方，明宪宗朱见深也展示了其矛盾的存在——他拥有天下却偏偏与民争利，霸占老百姓的田地，为自己及其家人设置皇庄；一方面诏谕群臣奉公守法、修举职业以称其求贤图治之意，另一方面自己寄情于声色货利、奇巧淫技而不能自拔；他在位 23 年时间，每天过的日子就像一只追逐自己尾巴的猫一样，很忙碌，却没什么意义。他一生最大的意义是为一个女人活着。成化二十三年（1487 年）春，万贵妃去世。八月，宪宗朱见深就因为过于悲痛追随她而去了。

这个人的时代，年号成化，但一切未成也未化。民间评价他是一个入错行的男人。或许这样的评价更靠谱一些。因为对于做皇帝这份工作，朱见深实在是乏善可陈，除了昭雪于谦之冤外。

危机

天顺八年（1464 年）十月，帝国没收了太监曹吉祥的田地，改为宫中庄田。由此一个叫“皇庄”的名词悄然出现。几乎谁都没有想到，这个看上去庄严无比的名词竟然与 180 年后明帝国的覆亡有着密不可分的联系。1644 年，当李自成将他数以百万计的大顺军拉进北京城时，他或许应该感谢宪宗朱见深当年的私心萌动——没有这个男人当年改民田为皇田以及官田的制度创新，李自成的身后不可能站着那么多失去土地的流民为他冲锋陷阵、赴汤蹈火。这是一种宿命，也是因果。

当然，不是没有明眼人。天顺八年年底，给事中齐庄上了一道奏疏，称：“天子以四海为家，何必与小民争利！”这是批评宪宗目光短浅，不够大器。但齐庄的目光也未必长远，他只看到眼前利害，没有看到设置皇庄的举动与帝国结局之间的内在联系。所以宪宗没有被说服，他置之不理。由此一道闸门被打开了。不仅仅是皇亲国戚，众多的权贵之家也开始夺民地为庄田。成化三年（1467 年），番僧扎实巴将静海地圈为常住田，嘉善公主圈数百顷文安地占为己有，德王更将四千余顷寿张地纳为庄田。户科给事中邱弘觉得事态严重，连忙上疏说：“地逾百顷即是百家之恒产，民生衣食之本，岂可循一人之私而夺百家之恒家呢？”他的这个认识毫无疑问在深度上比齐庄进了一步，因为触及到了“民生衣食之本”而非仅仅“与小民争利”，宪宗似乎也被触动，感觉这样下去会国将不国，便下诏称“自今以后请乞皆不许”。

只是宪宗的触动还是很表层的，他的底线也不在这里。下诏着“不许”后不久，他又许了。太后的弟弟周寿求涿州四百六十余顷地，翊圣夫人刘氏求通州、武清县三百余顷地，周寿弟周彧求武强、武邑六百余顷地，宪宗都一一答应了。民地变庄田的风气愈演愈烈，给事中李森再次上疏制止，但这一回皇帝却置之不理了——这样的一道闸门，再也没有人可以关闭。史料记载，朱见深的皇庄，在成化一朝已经囊括顺义、宝坻、丰润、新城、雄县等地。而若干年后，他的儿子和孙子当政时所拥有的皇庄分别达 12800 顷和 37595 顷零 46 亩。16 世纪开始的时候，帝国的田地已有七分之一被纳为官田，而那时距离宪宗没收太监曹吉祥之地为宫中庄田才过去不到四十年时间！土地兼并速度之快、之巨、之惨烈可以说都是超常规的。

很多报应在成化朝已体现出来。成化十六年（1480 年）时，河间府（今河北）官庄云集，其中东光县的官庄每亩征粮达二斗之多，三倍于公田赋税数，百姓已然不堪重负，六科给事中齐章等上疏警告：“今东光之民失其田地……民困如此，非死即徙，非徙即盗。”在他看来，经济问题转化为政治问题只在眼前。十三道监察御史谢显等也上表指出问题的严重性。这是成化朝的一个危机，作为危机之佐证，成化一朝的流民暴动事件层出不穷：最严重的当属成化元年荆襄流民起义。明中期，因为土地兼并及赋役的原因，湖广荆襄地区成为流民的重要集聚地。成化元年三月，几十万荆襄流民聚集，分兵进攻襄、邓、汉中等地并且大获全胜，明廷一时大受震动。

成化元年荆襄流民起义是明确因为土地兼并及赋役原因所导致的流民暴动事件，其他为数众多的流民暴动事件虽然具体原因不一，但也或多或少与上述原因有着直接或间接的关系。它们包括成化元年四川山都掌少数民族起义、大藤峡瑶壮族人民起义、赵铎起义，成化二年靖州苗民起义，成化三年广西黄公汉起义，成化八年四川荣县农民起义，成化十二年四川播州宣慰司苗民起义，成化十三年四川松潘苗民起义。这些农民起义事件仿佛一个明证，证明了帝国中衰阶段控制力的减弱。在此之前，明帝国任何一位天子治下都没有出现这么频繁的暴动或者说骚动事件，成化一朝之所以如此，皇庄制度的推行以及由此带来的失地流民增加是一个重要原因。

天灾往往与人祸相伴而行。成化一朝社会极不安定，流民暴动事件此起彼伏，水旱灾害事件也层出不穷：其中成化六年是一个水深火热的年头。这一年五月，京师、山东、河南大旱，夏麦无收，秋粮不能播种。此前一个月，南直隶数县发生水灾；此后一个月，顺天府、河间府、永平府发大水。洪水汹涌，老百姓的生活无法继续下去。各受灾地区尤其是京城缺粮严重。九月，大学士彭时上奏请宪宗发仓储粮五十万石救灾，半年后又追加三十万石。但尽管如此，京师里的百姓多被饿死。宪宗无奈，只得两次遣散数百名国子监生员回乡自救，同时驱逐在京游僧以减少京城供给负担。在京师以外的地方，顺天、河南、真定、保定四府情形犹为惨烈：有食树皮草根者，也有卖儿卖女的，甚至实在过不下去的人家四五天不生火烧饭，举家闭门活活饿死——一个王朝的生存危机就这样以如此触目惊心的方式表达了出来。

大饥荒的年月并没有在成化六年戛然而止。十一年后，苏州吴江大饥。史料记载："田皆芜秽，大饥，斗米百钱，人相食。""人相食"三个字言简意赅，充分说明帝国的生存困境已经突破人伦底线，灾民只能以同类相食的方式来获得继续生存下去的权利。但在帝国的政治层面，相关机构又是如何应对这次生存危机的呢？史料同样记载，救灾的官员虽然在灾区赈粥，却设法从中层层贪污，百姓真正能到嘴的食物寥寥无几，"死者如故"。一场人伦灾难在天灾之后猛烈爆发，帝国腐败的政治操作在其中起了催化剂的作用。

成化十八年，怀庆、宣武大水；成化二十年，陕西、山西、河南发生大旱灾。成化末年，天灾人祸依旧接踵而至。怀庆、宣武大水倒塌房屋三十一万四千二百五十四间，淹死人口达一万一千八百五十七人；陕西、山西、河南大旱灾时，巡抚陕西右副都御史郑时在奏疏中列举了这样一个事实："饿死之人满路皆是，有人气还未绝，已被人割食。"而巡抚山西左佥都御史叶淇则指出："饿死者不可数计，父弃其子，夫卖其妻，甚至有全家聚哭投河而死者。"惨状真是令人不忍目睹。

当然，成化一朝的悲惨情状不都是由皇庄引发的。水旱灾害那是老天爷对人间的惩罚。宪宗或许可以从这句话里聊以自慰，为其帝国所遭遇的悲惨情状开脱自己的责任。但历史的机锋横扫一切，三年后的成化二十三年，他的时代就宣告结束了。其时，他才 41 岁，哭哭啼啼地追随其心仪女人万贵妃而去。老天爷大约也乐观其成，痛快地放手任其西去。不过，从另一个角度上说，这何尝不是对一个帝国的救赎呢？

阉竖政治

该如何进一步描述成化朝呢？这实在是一个阉割的帝国，在帝国之内，自宫求进成为一时潮流。成化十一年（1475 年）十二月，礼部上奏说，该年度有自宫及弟、子、侄被宫者四五百人进宫当太监，以一条阳具的代价来换取锦绣前程的人实在是太多了。十年后，都察院的官员抱怨宦官数目已突破一万人，已然成为帝国沉重的财政负担。

那么，做一名宦官的诱惑究竟在哪里，让成化朝如此多的血性男儿趋之若鹜呢？一个叫汪直的太监为世人提供了完美的答案。这个出生于广西桂平西北大藤峡的瑶族人因为祖先反对朝廷而被抄家，在命运触底之后他自愿阉为宦人。从一个侍奉万贵妃的小太监做起，逐步得到明宪宗的宠信而领西厂，兼职司礼监掌印太监，权势远超锦衣卫和东厂。这可以说是一个宦官的人间传奇了，也是其诱惑之所在；而西厂的诞生及其折腾史，则生动地表达了成化时期阉竖政治的生猛与麻辣，它对阁权的抑制以及明帝国官场文化的摧残。

成化十三年（1477 年）二月，宪宗下令御马监太监汪直提督锦衣卫校官百余人设立西厂。在此之前的明永乐时期，朱棣已设东厂。作为性质相同的特务组织，西厂的人数和权势都超越了东厂以及锦衣卫。在当时的京师内外及各王府、边镇都满布西厂的人，西厂的特务人数，据说要比东厂多出一倍，就连东厂太监头子尚铭，也唯汪直马首是瞻。

西厂成立伊始，刑部郎中武清、礼部郎中乐章、太医院院判蒋宗武、行人张廷纲、浙江布政使刘福、左通政方贤就被逮捕下狱了。这是汪直及其任用的锦衣卫百户韦瑛的杰作。他们在逮捕这些三品乃至从二品高官时甚至未经奏请，很有克格勃的风格。由此内阁大学士商辂与刘诩、刘吉等人怒了。五月，他们联合上奏，弹劾汪直、韦瑛十二宗罪，称其罪恶行径已造成“士大夫不安其职，商贾不安于途，庶民不安于业”的严重后果。事实上在当时，西厂的权力半径的确无限大，他们甚至连民间争吵打架、偷鸡摸狗之类的小事都要管，并且一上来就课以重刑，以为自身牟利。一个王朝得以维系的正常隐秩序就这样被破坏了，内阁大学士商辂等人的弹劾可以说在公不在私。

但宪宗却认为这里头有私心藏焉。他派司礼监太监怀恩、覃昌、黄高到内阁去追查主使上奏本的人，试图抓出幕后黑手。幕后黑手没抓到，兵部尚书项忠以及其他九卿却跳了出来，一起弹劾汪直。宪宗这才知道，汪直破坏的是公道人心以及官场秩序。如果汪直可以擅自逮捕三品以上京官并抄没其家产的话，那么帝国的权力平衡就被打破了，一种新的权力恐怖行为得以确立，而这是百官们绝对不能答应的。万般无奈之下，宪宗宣布罢设西厂，汪直重回御马监，一个王朝的秩序危机貌似被解除了。

不过谁都没想到，仅仅一个月后，宪宗就宣布重设西厂。表面原因是南京监察御史戴缙上疏说天有灾异，要使“宿弊尽革”，需太监汪直“缉捕奸恶，惩治贪赃，允协公论”，才能“警服众人”，宪宗接到奏疏后马上顺势而为，于成化十三年（1477 年）六月十五日下诏复设西厂。但其深层原因还在于皇帝需要这样的权力恐怖行径，以再建一种新的权力平衡。而这样的权力平衡是在他操控之下、基于宦权和阁权博弈基础之上的。对于帝王治术来说，这的确是个上佳的选择。

重设西厂之后，兵部尚书项忠被拿下。这个曾经联合九卿上奏弹劾汪直的官员试图以养病为由回归故里，却到底不被许可，从而包括他儿子项经以及太监黄赐、兴宁伯李震、彰武伯杨信、左都御史李宾在内的诸多人等被汪直打击报复。项忠被革官为民，其他人等也一一获罪。大学士商辂见事不可为，汪直紧接着又要将矛头对准他，便赶紧向皇帝打报告请求“致仕”，也就是离职退休。

所幸获准。他终于以一种黯然而不失体面的方式离开了成化权力场，从此不再过问政事。这位宣德十年（1435年）举乡试第一（解元）、正统十年（1445年）会试第一（会元）继而殿试第一（状元）的连中“三元”者到底斗不过宦官汪直，只能在老家涂涂写写，聊度余生，成为官场失意者。

有失意便有得意，这是世事的辩证法。商辂离去后，汪直的追随者王越被升为兵部尚书兼左都御史，陈钺为右副都御史巡抚辽东。而作为汪直本人，更是寻求权力的增值。成化十三年（1477年）十一月初三日，在具体的打击目标都已经被动或自动消失之后，汪直向皇帝进言，称：洪武永乐间，人臣没有敢乘轿的，正统时文官年老的才可乘轿，自景泰以来两京五品以上者无不乘轿。他建议宪宗要严定文职三品年六十以上者方许乘轿，武臣则一概不许。宪宗同意了他的建议。汪直的这个建议表面上看是溯本清源，在官员乘轿礼仪上严格规章制度，事实上却向百官发出一个清晰的信号：吃穿住行，你们的规矩将由我汪直来制定。汪直发出这个信号的目的就是要让宦权压倒一切，不断强化自王振以来的宦官文化。

后来发生的事实果然如此。汪直巡辽东边——去辽东视察边境战备情况，已经出巡辽东的右副都御史陈钺远远地跑到郊外去迎接，他拜伏在地，以迎接天子的规格来迎接汪直，并对其大肆行贿；汪直巡宣府、大同边——去宣府、大同视察边境战备情况，史料记载：“所至传供于百里外，都御史等偕下属伏道迎谒，汪直等过去后才敢起身。至馆，易服请见，唯唯诺诺。其左右大肆索贿，边储为之一空。”这个权力的震慑力看起来真是非同寻常，“汪直等过去后才敢起身”说明宦权的锋利无比，“边储为之一空”的说法则形象地说明权力占有转化为财富占有时的残酷与生猛。

汪直权倾一时，以至于成为一个权势符号在民间得到重视甚至被利用。成化十四年（1478年）七月，江西人杨福因为相貌酷似汪直，就假冒汪直本人，从芜湖到苏州、常州，再由杭州抵绍兴、宁波，一路上以汪直的名头招摇撞骗，竟无往而不胜。他之所以如此有恃无恐，原因基于两点：一是相貌酷似汪直；二是无人敢疑。特别是后一点，生动地构成了一个时代的“汪直恐惧症”。怀疑来人是否汪直是要付出代价的，一旦出错这代价便是难以想象的巨大。因此接待方明知有错也宁可不疑或者错上加错，杨福也就一路通行无阻了。史料记载杨福所到之处，“有市及市舶宦官皆小心侍候，不敢违命，威福大张”。成化朝地方官场的荒诞感因为汪直的存在而显得特别夸张。虽然到最后，杨福在福州被抓，但毕竟丑闻已经酿成，帝国的权力畸态不是惩罚一两个杨福可以去除的。因为在当时，宦官们在地方横行无道已是常态，民间已经见怪不怪了。

成化十八年（1482 年）二月，太监郭文从南京经过沛县，沛县知县马时中虽然勉力款待，但见过大场面的郭文并不满意。为了发泄心中的不满，郭文捆绑了马时中的儿子进行拷打，令其自杀身亡。更有甚者，郭文还脱下马时中的官服，对其极尽凌辱之事。有沛县百姓不满郭文所作所为，与之理论，郭文竟指使家奴击杀其中二人。随后，马时中被锦衣卫逮至京城，贬官至广西。这是宦权张扬的一个案例。宦权张扬之下，即便朝廷命官，也没有人身安全，更谈不上有什么人格尊严。至于寻常百姓，更是命如草芥。成化朝尚膳监太监出行时，有退避稍缓者，太监们就下令将那些反应不快者悬绑于墙上，鞭打至死，而面对如此暴行，法司竟不追问，置若罔闻。

一方面宦官们自汪直以下人人牛气冲天，另一方面宪宗皇帝冷眼旁观，甚至在各个层面对外臣另眼相看，变相降低他们的待遇。这里的待遇既包括经济待遇也包括政治待遇。成化二年（1466 年）三月初十日，宪宗下令折减在京文武官员的折俸钞，一石俸米由原来折钞二十五贯减为十贯，以此大幅度降低官员们的工资。成化十六年，皇帝调整文武官吏俸粮折布的比率，规定粗布一匹可值银三十两，从而创造了史上最强的俸粮折布比率，再次变相降低大批官员的工资，在经济待遇上直接打击他们。在另一方面来讲，因为官员工资过低，帝国无法高薪养廉，此举也助长了官场腐败之风。

在政治待遇上皇帝厚此薄彼，对太监汪直、尚铭、钱能等委以重任的同时，还推行“传奉官”制度。所谓“传奉官”是指不经吏部推选，由皇帝直接任命的官员。它的出台在制度层面上削弱了阁权，因为明初官制规定，授官必由内阁或吏部，现在皇帝直接插手官员推选制度，为满足某个妃嫔或宦官的私人愿望而安插一些来历不明的人员进入帝国官员队伍，毫无疑问这是一种皇权粗暴，是对阁权的践踏，也是对宦权的一种变相庇护。因为很多“传奉官”都是太监出身，这也是成化朝自宫求进者络绎不绝的原因所在。成化十九年（1483年），御史张稷在一份奏疏中质疑说，自有传奉官后，“文臣有不识一丁者，武臣有未挟一矢者；有父子并坐一堂者，有兄弟分踞各署者；更其者有军匠逃匿，易姓进身；官吏犯法，隐罪有宠；一日而数十人得官，一署而数百人寄俸，自古以来，有如此之政令否？”只是张稷的质疑无人可以回答得了，因为一切都是既成事实。

宪宗在位23年，只在成化七年召见过一次阁臣。这是他执政生涯中唯一的一次。这个结结巴巴的男人似乎不喜欢跟外臣直接沟通。他处理政事的方式是由“太监择而奏闻”，随后再做出批示。他在日常生活中不是跟太监在一起，就是跟万贵妃在一起，要不就跟僧侣在一起。这个皇帝的生命里，到底缺失阳刚之气。不妨这么说，成化朝那些诡异与荒诞气质的形成，宪宗是始作俑者。

病态的帝国

成化十六年（1480年）五月的一天，云南丽江军民府（今丽江纳西族自治县）巨津州的白石山突然崩塌，一分为二。这座长四百余丈，离金沙江二里地的山脉在崩塌后飞沙走石涌入金沙江中，“江水壅塞，淹田漂庐”，情境一时骇然。四年后的正月初二日，京师居庸关、古北口地震，“城垣墩台驿堡倒裂不可胜计”，同日，自京城到大国、宣府等诸多地方都发生地震，“裂地涌沙”，天象可谓异常。成化一朝就是这样，以一种天崩地裂的方式来昭示帝国病态气质的存在，这其中很多现象确实不是一个健康和正常的王朝所应该出现的。

成化十五年，监察御史陈鼎透露：自成化二年至十二年，朝廷共度僧道达十四万五千余人，而私造度牒者尚未知其数。陈鼎认为这些人“游食在下，奸盗诈伪，无所不为，不早为处置，大则聚集山林谋为不轨，小则兴造妖言煽惑人心，为患极大”。他又在上疏中指出“今苏州等屡获强盗，多系僧人”，因此请求有关部门严加查处。

事实上僧道泛滥问题不是成化朝才有的，从英宗到代宗，僧道泛滥问题之所以屡禁不止，这其中的原因很复杂。正所谓“上有所好，下必甚焉”。皇帝向佛、向道，僧道才云集北京。另一方面，僧道泛滥总是与宦官的特殊权力纠结在一起。从王振开始，大大小小的太监们总是招佛向道，在满足其病态心理需求的同时，也让宦官的权力走向诡秘与畸态。

宪宗在这个问题上也概莫能外，甚至变本加厉。成化四年，他宠幸番僧，同时封答巴坚赞为“万行庄严功德最胜智慧圆明能仁感应显国光教弘妙大悟法王西天至善金刚普济大智慧佛”，扎实巴为“清修正觉妙慈普济护国衍教灌顶弘善西天佛子大国师”，锁南坚参为“静修弘善国师”，端竹也夫为“净慈普济国师”，这些被封的国师地位崇高，服食器用等规格参照王制，出入时达官贵人都要为他们避让。另外他们的几千个徒弟也加封号为“真人”“高士”，僧道泛滥一时呈现汹涌之势。

但宪宗朱见深的问题不仅于此。他在向佛、向道的同时还亲近方士。方士李孜省在成化十五年（1479年）四月被皇帝授予太常寺丞。太常寺丞一职掌管祭祀，关系到一个王朝的礼仪格局与帝国的气质走向。李孜省学的是五雷法，精通的是符箓午，他同时交好宦官梁芳、钱义，是一个媚时、媚上、媚势的小人。御史杨守随指出“太常职司祭祀，应慎重选人，怎可用赃秽罪人”，给事中李俊也认为太常寺丞所用非人，请求皇帝罢免方士李孜省的职位。宪宗迫于舆论压力，只得罢去，却又同时任命李孜省为上林苑副监，还送他两枚印章：一枚印章刻“忠贞和直”，一枚印章刻“妙悟通微”，许他可以密封奏请。“密封奏请”是一种政治待遇，表明了皇帝和李孜省的特殊亲近关系。李孜省由此飞黄腾达，成化十七年八月，他先升职为右通政，随即迁升左通政，仍掌上林苑事。

当然对宪宗朱见深来说，李孜省受宠只是个案。在他手下以传奉官名义升迁的方士僧道总共达数千人！方士顾玒升为太常寺少卿，方士赵玉芝、凌中也官升太常卿，道士邓常恩进升为太常寺卿，他们和李孜省一道，构成了帝国官场的奇异风景，令人侧目，也令人骇然。李孜省则风景一边独好，很快升迁为礼部右侍郎，他利用皇帝赐给他的密封推荐权，掌控官员、缙绅的进退浮沉，权势之下，包括阁臣万安、刘吉、彭华等都以阴附他为荣。与此同时，李孜省展开机锋，将江西巡抚闵珪、洗马罗璟、兵部尚书马文升、顺天府丞杨守随等赶出官场，充分显示了一个方士官员的杀伐之术。

帝国官场的诡异风景不止于李孜省。在成化朝受宠的人还有和尚继晓。这个江夏（今湖北武昌）僧人懂秘术，并以秘术打进帝国官场。在宦官梁芳的引荐下，继晓摇身一变为“通玄翊教广善国师”，并成为宪宗佞幸的宠儿。宪宗助他在西市建大永昌寺，强迁居民数百家，费国库银数十万，甚至宪宗还旌表他出身娼妓的母亲朱氏为贞烈之女——人间的基本原则与伦理判断至此黑白颠倒，帝国官场的诡异风景泛化为一场道德灾难，这个王朝的病态已是不可救药了。

或许在这里还应该对道德灾难做一个展开描述，因为它不仅仅是朱氏一个人的事。在当时社会风气的奢靡、奸滑与颓废几乎已经渗透到各个层面。成化六年（1470年），京师大旱歉收，朝廷却奢靡之风不止。宪宗狂爱万贵妃，梁芳、陈喜则秘献房中术，更有屠宗顺以奇珍异宝来获取高官厚禄。与此同时，在京的游僧数以万计，挥之不去。皇帝饲养在京城的百兽房及清河寺的珍禽异兽每日所费不靡。给事中邱弘上疏请求放生以节约国用，宪宗置之不理。另外，军队腐败风气也开始四处泛滥。这一点连宪宗自己都不讳饰。成化三年（1467年）二月初八日，宪宗皇帝愤怒地说："在京军士大都有名无实，视其名则案牍充盈，实则队伍空虚。开粮之际堵塞仓衢，受赏之日溢满禁涂，及至欲收集队伍赴边御敌，累至旬日不能集起数万。这都是因为总兵等官纵之归林，役之私用，其弊甚多……"就像宪宗所说的那样，看花名册满眼都是士兵，开粮受赏的时候那叫一个人山人海，实际上部队的将官大多将兵士挪为私用，以至于真到打仗时连几万兵都凑不起来。军队之腐败糜烂，可谓触目惊心矣。

成化十九年前后，北京城的守卫部队大多去修卢沟堤岸、大慈恩寺以及京仓、通州（今北京通县）仓去了。据统计，当时在京部队共九万三千四百人左右，而参加上述工役劳动的达五万二千人，实际操练者仅一万六千七百余人，另有二万四千六百人下场。京师武备一时大为松懈与空虚。兵部尚书张鹏忧心忡忡地上疏说："京师武备用来控制四夷，必须养成蓄锐于无事之时，方能折冲御侮于有事之日。近来工役频繁，无暇训练，一旦征发，恐不足用……"但张鹏的忧虑只看到了"面"，没看到"里"。因为当时的军队腐败风气不仅仅在于武备松懈、无暇训练，还在于贪污受贿、中饱私囊，在以公谋私上。这一点定西侯蒋琬分析得可谓透彻。他上奏说：营帅、宦官习以军士供私役，谓之"应役"；市井游贩之徒，以窜名军籍，为避操练之苦，行贿于官，谓之"买闲"。而提督守营诸官，又诡以空名支饷，中饱私囊，以致缺伍者以万计。如此弊端，军队哪有战斗力可言？一个王朝如果连军队都腐烂了，它又怎能保家卫国？！

事实也的确如此。明帝国从朱棣时的开疆拓土，志存高远，到宪宗朝的危机四伏、苟且偷安，其中的差距不可以千里计。朱棣五征漠北，虽然最终成就不大，但帝国的气势却是咄咄逼人的，反观宪宗一朝，周边番国都已蠢蠢欲动，仿佛看透了明帝国的虚弱与不堪，个个试图趁机捞上一笔。

成化元年开始，鞑靼连年对明帝国扰边，他们先后进入河套地区，骚扰、抢掠延绥、平凉、灵州、固原以及大同、宣府等地。成化七年，帝国大张旗鼓对鞑靼一战，仅杀敌一百七十余人。出征将领朱永、王越认为鞑靼以数万兵出入边塞，而明军能战者不及一万，又分散防守，无法御敌，所以建议皇帝发大兵搜套，如此才是长久之计。但兵部给出的意见是“马瘦饷缺”，搜套之议不能行。如此，鞑靼扰边问题绵延数十年时间无法解决，终成帝国边患。

北边鞑靼走强，南边安南（今越南）也不甘示弱。从成化四年开始，安南国王黎灏派兵相继入侵广西凭祥、广东琼州、雷州、珠母海（今北部湾），广西之龙州、上下冻州及云南之临安府（今建水）、广南府、镇南（今南华）等地，一时气焰大张。安南从一个昔日的进贡国一举转变为入侵国——这其中明帝国军队腐败、实力有所下降是重要原因。因为当时镇守云南的宦官钱能贪图安南进贡之物，黎灏便投其所好，同时以解送广西龙州逃犯为理由，借道云南入境，随即发兵于后，最终酿成云南兵患。成化十五年冬，黎灏再次派八百余人，越过云南蒙自边界，以捕盗为由在此地安营扎寨，筑室以居——明帝国中衰之后，其内在的虚弱已被其周边属国看穿，乃至于安南才有如此一而再、再而三的举动。帝国无力反击，也只能将其草草劝回了事。

在鞑靼、安南之外，吐鲁番竟也对明帝国存了觊觎之心。成化八年冬，吐鲁番王阿力率兵袭击哈密，明帝国兵部上疏建言称：“哈密乃西城之咽喉，如弃而不救，恐赤斤蒙古（今甘肃玉门西）、罕东（今甘肃敦煌）等卫亦为之所胁，酿成边患。”但是讨还哈密的征程却极其漫长。宪宗先是派遣锦衣卫千户马俊前往吐鲁番宣读谕旨，促其归哈密侵地，无果。因为对方藐视了明帝国的存在。成化十年冬帝国准备一战，依旧无功而还。直到成化十八年春，帝国派出万人的大部队夜袭哈密城，才最终收回故土。成化朝中衰之狼狈情状，由此可见一斑。

危险走向

一个男人与一个女人之间的纠结，究竟可以呈现怎样的极致状态？宪宗与万贵妃以其奇异的遭遇演绎了他俩之间的暧昧无言，从而在一个侧面暗示了王朝的危险走向，为明帝国外戚干政的历史揭开序幕。

天顺八年（1464 年）七月二十日，朱见深立吴氏为皇后。八月二十二日皇帝以吴氏“举动轻佻，礼度率略，德不称位”的罪名，将其废居别宫——皇后从立到废，只用了一个月多一点的时间。究竟是什么原因，让皇后的废立问题呈现如此令人愕然的景观？很快，在册立时力主吴氏上位的太监牛玉被揪了出来，他要为自己举荐不当负责——既然吴氏“举动轻佻，礼度率略，德不称位”，太监牛玉为何不事先预警，而是包藏祸心，将这么一个“假冒伪劣”的皇后候选人推了出来呢？

牛玉很快以罪被谪，发配到南京孝陵种菜去了。但是，南京给事中王徽、王渊等还有话说。天顺八年（1464 年）十月十七日，他们给皇帝上疏建议要扩大追究——既然“立后”一事如此重要，那么那些身居辅弼，视“立后”大事漠不关心的内阁大臣以及礼官人等就都要一一追究，这样才能体现司法公平。现在皇帝抓小放大，显然是不合适的。

王徽、王渊的建议很快就有了结果——他们被贬了。王徽被贬贵州，王渊被贬茂州，做一个专管刑狱的判官。很显然，皇帝不想把事闹大。这一点很可疑。在某种意义上说，太监牛玉成了牺牲品。因为吴氏被废，真正的操纵者是万氏，深受宪宗宠爱的万氏。这个比朱见深年长17岁的女人体态丰满，是皇帝的梦中情人。天顺八年时朱见深18岁，万氏35岁。在成功操作吴皇后下台后，万贵妃宠冠后宫，连随后上台的王皇后也不敢与之交锋。这是万贵妃能力之所在，当然也是皇帝对其一往情深的体现。

不过皇帝的情史不是我们叙述的重点。在帝王的人生大格局里，情史背后的政经影响力或者它们之间互为作用的因果关系才是重点。万贵妃宠冠后宫后，成化二十一年（1485年）八月初四日，宪宗下令升万安为后府带俸都督佥事，万祥为指挥同知，万家仆人徐达为指挥佥事，可世袭，甚至舍人丁安、万泰、王贤亦被授百户。所谓万贵妃家人皆得官，这是一个女人长袖善舞所导致的官场影响力，也是明帝国外戚干政的开始。

外戚干政，最恶劣的影响当属士大夫礼仪或者说气节的丧失。这是一个王朝走向沉沦的标志，而内阁首辅万安的气节则尤成问题。这位正统十三年（1448年）的进士做人一点都不正统，他后来之所以当上内阁首辅主要有两“靠”：一靠巴结万贵妃。万安巴结万贵妃的经历可以说无耻之至。万安是眉州（今四川眉山县）人，万贵妃是诸城（今山东诸城县）人，两地距离遥远，万安与万贵妃也无亲缘关系，但前者却凭同一个姓，将自已化身为万贵妃的侄子辈。其摇尾乞怜之丑态，由此可见一斑；二靠向明宪宗进春药而得宠，甚至万首辅在给宪宗的奏疏中大谈房中术，以为巴结。就是这样一个人，做内阁首辅的时间长达十年。万安做内阁首辅，最大的特点是行政不作为。他的行政不作为与宪宗的行政不作为相映成趣，充分表达了一个时代的无力与无能。宪宗执政23年，只在成化七年召见过一次阁臣。而万安是怎么做的呢？“皇上召见，无奇谋至计，只知呼万岁而已。”万安“万岁阁老”的称呼，由此而来。相比较万历年间，神宗虽然也数十年不见臣子，但外臣们还是兢兢业业，有所作为，而万安只知山呼“万岁”，其平庸无能，不言自明了。

外戚干政其实是成化朝朝政懈怠的原因之一，成化朝朝政出问题的另一个原因是党争开始出现。太子太傅、吏部尚书尹旻与万安过招，构成了尹旻之子尹龙之狱，包括通判王范，经历张璲，侍郎侣钟、秦纮，大理寺丞刘（王献），寺副苏泰，大仆寺卿张海，顺天府丞黄杰，洗马罗景，给事中马龙，御史刘璧、于璧、高辅、张鼐，编修王敕，员外郎杨棨、袁弼，大学寺少卿刘淳在内等多名官员被贬、被罢，尹龙之狱的出现可以说搅乱了正常的官场秩序而开明代党争之先，是帝国权力博弈的一大恶果。在“传奉官”制度广为奉行之后，历朝历代难以避免的党争又开始浮出水面，成化朝已然步入不可收拾的境地。

成化二十三年八月二十二日，宪宗皇帝朱见深去世，年仅 41 岁。死前一个月，陕西临潼、咸阳一带地震，史书上记载：“声如雷，房屋多坏，死者甚众。关中地区，声如雷，山多崩圮，庐舍多倒塌，压死一千九百余人。”但皇帝不以为意。帝国问题多多，死人的事经常发生，地震也不是一次两次了。况且天灾人祸，很多东西不是他可以左右的，也不是他真正从心里在意的。这一年，皇帝朱见深唯一在意的事情只有一件：万贵妃死了，于正月初十暴病而亡。由此朱见深生活中最重要的一个寄托坍塌了，这直接导致其人生随后戛然而止。

第十章

孝宗

一个皇帝的左支右绌

新时代开始了

成化二十三年八月，明宪宗皇帝朱见深去世。此时的帝国可以说一片狼藉：厂卫特务横行，流民暴动不断。山塌了，地震了，水旱灾害此起彼伏。九月初六，朱见深的第三个儿子朱祐樘即皇帝位，他接过了这个庞大无比的烂摊子国度。那么，在“起承转合”的历史宿命里，在急转直下的王朝危局中，这个年仅17岁的小男人具备化险为夷的勇气和能力吗？

似乎没有人看好这一点。因为“朱祐樘是一个瘦小和胆小的人，长有明亮的眼睛和飘逸而稀疏的胡须”（见《剑桥中国史·明史》）。不是一个有历史担当能力的恰当人选，起码从相貌和素质上说，他除了“长有明亮的眼睛”外别无他长。但是很快，朱祐樘出手了。同样在九月，孝宗朱祐樘下旨，“谪梁芳南京少监，万喜为指挥使，李孜省、邓常恩、赵玉芝等戍边陕西”。

这个梁芳在成化一朝，是与汪直齐名的大太监。汪直贪权，梁芳贪钱，直将内库中前几朝累积下来的七窖金子都挥霍一空。另外他还引荐了李孜省、继晓之类的人物，加重恶化成化一朝的政局，污染当时的官场风气。孝宗朱祐樘甫一上位就处置梁芳，无疑是向世人发出一个明确信号——他要正本清源了。

在受到皇帝处理的几个人中，除了太监梁芳外，万喜是外戚，李孜省是精通五雷法等方术的官吏，邓常恩、赵玉芝是其同党。成化二十三年九月，随着龙椅易主，他们的人生走向谷底。梁芳死于狱中；李孜省“不胜拷掠而死”，这位戍边陕西的前方术官吏大概是受到了严刑拷打，最终没挺过去，挂了；邓常恩、赵玉芝以“交结近侍”的罪名被处死，妻儿流放到二千里以外的边境——孝宗朱祐樘如此严厉的处置应该说意在开一代风气之先，为其不寻常的历史宿命打一个意义深远的拐点之战。

紧接着，老同志万安致仕——他以一种不太体面的方式离休了。在太监梁芳被问罪后，特别是李孜省被流放陕西“不胜拷掠而死”后，大学士万安感受到了危机的来临。因为李孜省包括外戚万通跟他有说不清道不明的关系，皇帝先拿他们开刀，是不是杀鸡给猴看呢？万安决定进行危机公关。十月二十一日，梁芳等案发后一个月，万安上疏皇帝，内容竟是房中术，文末署名“臣安进”，以表其媚上之意。他这一招曾经对宪宗试用过，可以说屡试不爽，宪宗皇帝也乐此不疲。但很显然孝宗不是宪宗。孝宗在登基前已娶张氏，并且一生奉行一夫一妻制的信条。梁芳这一招不仅没有投其所好，反而招致他的鄙薄。史料记载，孝宗皇帝阅疏后大怒，直接派了宦官怀恩到内阁摘去万安牙牌，并勒令其致仕。此时万安官至少师、太子太师、吏部尚书兼华盖殿大学士，是内阁首辅。成化二十三年他已经 69 岁。不过，宪宗没有像处置太监梁芳那样决绝地处置这位位高权重者，只让其致仕了事，并以此表明在他的时代里，需要的不是平庸无能之辈。两年后，万安死了，老死的。这位“万岁阁老”终究不容于新时代。

更多的人也不容于新时代。成化二十三年的冬天是一个冷冰冰的冬天，当然这是对成化一朝的宠儿们而言的。包括右通政任杰、侍郎蒯刚、指挥佥事王荣等二千余名传奉官在这个冬天失去了他们的官位，另有一千余名西番法王、佛子、国师、禅师、真人等被夺僧道封号以及诰敕、印章、仪仗、玉器等物。和尚继晓被杀。这个在成化年间以秘术得宠于宪宗的“国师”在龙椅易主的动荡年代走完了其跌宕起伏的人生，这也成为孝宗之治的一个标志性事件，表明他与旧时代告别、意欲励精图治的勇气与决心。当然也有不服者。孝宗罢传奉官、夺僧道封号，玩的是一锅端，可这其中也波及仕官。比如吏部尚书李裕。这位景泰五年（1454 年）的进士曾有强直之名，当石彪滥报战功，皇帝令他前往核实时，石彪之父、权臣石亨给李裕写信，请求网开一面。李裕是怎么做的？他将石亨的信件烧掉，对石彪的情况据实以报，这份胆略与品质，不仅为其赢得强直之名，也让他在仕途上屡有斩获：先为山东按察使，后迁任陕西左布政使、顺天府（今北京）尹，随后再进右副都御史，总督漕运兼巡抚江北诸府，终为工部尚书。在这些不同的职位上，李裕“皆有治绩”。他仕途上唯一的污点是被李孜省推荐升任吏部尚书，由此，在孝宗的新朝，言官们抓住这一点，猛烈弹劾李裕。李裕当然心下不服，他写了《辩诬录》，历数自己以往的政绩以为辩白。只是辩白无效，皇帝于成化二十三年十一月初六日令其致仕——他也离开了新时代的政坛。孝宗似乎是个有精神洁癖的皇帝，凡是与僧道、近侍有染的官员他一概不要——一个有着宏图大志的新皇帝在成化最后一年几乎呼之欲出。在那个时代，很多人都在猜测或者说期待孝宗之治可以走得远一些，走得更宽阔一些。毫无疑问，这是个善良而美好的期待，因为它给了瓶颈期的明帝国突出重围以一个遐想空间。

世上事先破后立。破的工作做得差不多了，孝宗开始为他的新时代立下规矩。这首先是一场精神清洁运动。弘治元年（1488 年）二月二十二日，皇帝下旨，禁止朝臣之间互相请托，递条子，以便在私下里完成权权交易。世人不难看出，在皇帝孜孜求治的背后，渗透的是他对新朝官场正义的追求。而另一个与之相关的举措是，孝宗皇帝将各文武大臣的姓名、出生年月、政绩简历等张贴于文华殿壁上，以为官员们互相监督。这个举动很有任前公示或者实行“民主”的意思。虽然成效不大，但与宪宗乐衷于搞暗箱操作相比，新皇帝对官员选拔程序的尊重以及官场新风的渴望，还是颇有可圈可点之处的。一个王朝求新求变的努力，正是在这些丝丝点点的细节中透露出来了。

精神气质问题是首要问题，它甚至比某些程序上的变革更为重要。在这方面，新皇帝着重抓了两件大事。一是重开经筵；二是厘正祀典。重开经筵，目的是为了明了圣贤经旨、帝王大道以及人臣贤否、政事得失、民情休戚，这些方面的问题都搞明白了，治国也就易如反掌了。弘治元年（1488 年）三月十二日，孝宗重开经筵。他发表讲话称，为人君者，只有“居文华殿之时多，处乾清宫之时少，才能欲寡心清，临政不惑”。午朝时他甚至亲自到文华门，听取大臣及前来觐见的文武官员汇报工作，态度和蔼可亲，极具凝聚力。同时对远赴外任的官员，皇帝也谆谆教诲，极尽人君之意——新朝新风气就这样在弘治元年散发开来。个子瘦小的朱祐樘一边摩挲着他稀疏的胡须，一边扑闪着明亮的大眼睛，形象与深居寡出的前任迥然不同。

厘正祀典也是在精神气质上给帝国注入清新气息。弘治元年（1488 年）四月十七日，礼科给事中张九功上疏建议"不当祀祭者应罢之"——不适合掌管祭祀的官员应该将其罢职。在此之前，方士李孜省在成化十五年（1479 年）四月被皇帝授予太常寺丞。太常寺丞一职掌管祭祀，关系到一个王朝的礼仪格局与帝国的气质走向。李孜省这样一个一个媚时、媚上、媚势的小人如何在国之祀典上堪当大任呢？所以当时的御史杨守随就指出："太常职司祭祀，应慎重选人，怎可用赃秽罪人。"现在是新朝新气象，杨守随认为皇帝更要在制度层面上厘正祀典，这样才能泾渭分明，与黑暗时代一刀两断。如前所述，孝宗朱祐樘即位后不久就下旨，"李孜省戍边陕西"，在精神气质上给帝国注入了清新气息。

的确，弘治一朝可以说开局良好，皇帝诏命户部左侍郎李嗣、刑部右侍郎彭韶俱兼左佥都御史清理淮浙盐法，以改变成化末年宦官染指淮、浙盐业，贪污腐化横行的混乱局面。与此同时，皇帝也下令整顿团营，在军界内部向腐化现象宣战。新任兵部尚书马文升建议，军队要"遵洪武、永乐年间之制，五日一操，以二日走阵下营，三日演武"，孝宗皇帝颁准执行。一切的一切都在表明，一个破旧立新的时代已经到来，明帝国走出瓶颈期指日可待。

但是，历史的走向真的可以事先预测吗？这个刚刚成年的小皇帝，是否有足够的能力力挽狂澜？或许人们都太乐观了，因为接下来的历史让我们看到了不一样的孝宗。他仿佛变脸大师，很快就向世人展示了一张陌生的脸孔。

走向沉沦

弘治二年（1489年）二月，帝国监察御史汤鼐与庶吉士邹智、中书舍人吉人、进士李文祥等官员发现，自己的仕途走到了终点。皇帝阴沉着脸下令将他们逮捕入狱，随后监察御史汤鼐被流放肃州（今甘肃酒泉），中书舍人吉人削籍，也就是革职的意思，庶吉士邹智和进士李文祥则被贬谪。在他们仕途命运发生改变的背后，真正操纵者其实不是皇帝，而是大学士刘吉，是他一双翻云覆雨的手在幕后操纵。此前，这几个人屡次上疏弹劾刘吉，刘吉便联合御史魏章，反弹汤鼐等人私立朋党，诋毁时政，孝宗皇帝倾向于刘吉的判断，出重拳打击了“汤鼐一党”。

但这不是结束，而是开始。在汤鼐冤狱发生后一个月，南京又发生了监察御史姜绾之狱。姜绾是个言官，因为当时的南京守备太监蒋琮在南京大肆圈地，并让失地百姓承担朝廷赋税，姜绾上疏弹劾蒋琮十宗罪。随后因为南京宦官陈祖生违制垦后湖（今江苏江宁北）田，南京主事卢锦、给事中方向也连章上疏弹劾陈祖生违法情状。应天府（今南京）尹杨守随秉公执法。在坐实蒋琮罪行的同时，为卢锦和方向鸣冤叫屈。事实本来很清楚，上疏弹劾的官员们也只是在履行自己的职责，但谁都没想到，黑白颠倒的事情发生了。皇帝下旨罢卢锦之职，方向和杨守随被贬谪，而姜绾等数十名官员都被下狱。由于受到处分的官员数目众多，以至于“两京台署为之一空”——北京和南京的行政机构都没人办公了。那么究竟是什么原因，让皇帝在汤鼐冤狱之后又制造了姜绾冤狱呢？

原因其实一点都不复杂，大学士刘吉在南京再次伸出了翻云覆雨手，左右了皇帝的执政视野并影响其执政水平。从一年前展开宏图大志意欲中兴，到弘治二年兴两京言官之狱，孝宗皇帝很快就露出了自己的破绽：年轻，治理国家的经验不足，易受权臣的摆布。

这里还需重点介绍一下刘吉。正统十三年（1448 年）的进士刘吉其实是个书生。他擅长于修书，修《寰宇通志》，修《文华大训》，修《宪宗实录》，并无多少治理国家的经验。但因为会修书，刘吉的仕途也是一路通畅。从一个经筵官一直爬到少傅兼太子太师、吏部尚书、华盖殿大学士的位置上，刘吉在内阁经营 18 年，经营的不是政绩而是打击正直官员、保全自己官位的能力。孝宗皇帝新政伊始，受其蛊惑，大兴两京言官之狱，给帝国中兴的前景蒙上重重阴影。弘治五年（1492 年）八月初五，在两京言官之狱发生三年后，刘吉因与皇帝发生矛盾，被孝宗勒令致仕。但孝宗勒令刘吉致仕的方式方法却令人啼笑皆非。他派了一名宦官到刘吉府上对其冷嘲热讽一番后才勒令他离职退休，很有小孩子过家家的意思。但即便到此时，皇帝也没有认识到刘吉营私附会给帝国带来的危害。刘吉办理完正常退休手续后再没受到任何处分。在此前，民间已有“纸糊三阁老，泥塑六尚书”的说法，而“纸糊三阁老”是嘲讽刘吉与万安、刘珝三个内阁成员就像纸糊的人一样百事不为。这实在是对其行政不作为的生动说明。但皇帝不以为意。一年后，当 67 岁的刘吉去世之时，皇帝还赠其“太师”称号，谥文穆，以全其一生美誉。由此，孝宗的问题开始放大，很显然，他识人、用人的能力是有问题的，在对官员处理的方式上也失之于儿戏。一个能力与态度双欠缺的皇帝，注定是不会有大作为的。

更大的问题还不在官员任用上。对一些制度性弊端的回避甚至回护才是孝宗之治终究“不治”的原因所在。这里面既涉及皇帝的能力问题，更关涉其勇气、决心、视野和破旧立新的彻底性上。弘治二年（1489 年）七月二十三日，户部尚书李敏就庄田问题上疏说，现在京城内的皇庄有五处，共占地一万二千八百余顷。另外勋戚、宦官有庄田三百三十二处，共占地三万三千余顷。那些替主人管理庄田的人“占地土，敛财物，污妇女，稍加辩解即被诬奏”，无恶不作，以至于失地百姓“举家惊惶，恨之入骨，灾异即由此而生”。李敏建议将管庄之人辞退，把这些田地都交付给百姓耕种，每亩征银三分，以扩充宫里的用度。孝宗皇帝是怎么做的呢？他称“各庄田管业已定，难以收回”，只下旨告诫管庄之人不得生事就再无下文了。可以说在涉及庄田所有制的敏感问题上，孝宗做了一把缩头乌龟，他的新政遇到问题绕着走，怎么可能走远呢？

在处理东厂的问题上，孝宗甚至更为敏感。弘治九年（1496年）十二月，刑部郎中丁哲、员外郎王爵在处理一桩涉及东厂太监杨鹏的案子时未能做出倾向于后者的判决，结果法司介入，法司遵承杨鹏的意思，拟将丁哲、王爵流放边地——东厂“唯我独大”的地位，由此可见一斑。这个时候刑部典吏徐珪站了出来。他上言请革东厂。徐珪上疏说，我在刑部三年，每见处理刑案，东厂校尉或挟私诬陷，或替他人报仇，或私下里拿了好处以旁人抵罪。而“刑官洞见其情，莫敢改正，以致多枉杀人”。徐珪表示，为了革去东厂以绝祸源，他愿以死明志。孝宗皇帝闻言大怒。史载“孝宗以其言狂诞，发回原籍为民”——将这个多嘴多舌的家伙打发回老家吃大米饭。庄田问题和东厂问题，是明中期经济腐败和政治腐败的两大基点。只有在制度层面上解决这两个问题，才能突破帝国瓶颈，为接下来的可持续发展扫清障碍。但是很遗憾，孝宗或者是没有这个认识，或者没有这个勇气，主动回避甚至回护了这两大制度性弊端，从而让其“弘图大治”无疾而终，帝国继续走向沉沦。

帝国继续走向沉沦的另一个标志是传奉官的卷土重来。孝宗刚上位时，曾经罢免了一大批成化时期的传奉官。其力度之大、之猛，堪称斩草除根。但很快，一度消失的传奉官们又卷土重来。有意为之之人正是孝宗。因为修造京城河桥有功，孝宗授予四个工匠为官员，另外又将通政司经历沈禄传升为参议——这是弘治时期传奉官制度的死灰复燃。事实上从制度层面上说，孝宗并未彻底废除传奉官制度，他废除的只是成化时期的传奉官而已。于他自己，需要属于他那个时代的一批死党为其效忠。这也是传奉官制度在弘治时期死灰复燃的原因所在。因为这个制度满足了皇帝对皇权的特殊需求，有助于建立其个人崇拜，有助于在正统的权力选拔通道以外，建立只属于龙椅中人的秘密通道。这样的感觉，孝宗喜欢。所以在弘治十二年（1499 年）十二月，皇帝会一个月内就进传奉官二百余人——传奉官一时间在帝国又开始泛滥了。

这是历史的轮回，是孝宗绕不过去的人生瓶颈，不过有人试图改变这样的轮回。还是在弘治十二年十二月，吏部尚书屠滽和兵部尚书马文升差不多同时就传奉官问题表达异议。屠滽说："传升文职过多，请惜名器，以堵奸人之进。"这应该是一个组织部长的忧心忡忡。而兵部尚书马文升则从军功角度表达他的忧心忡忡："国家设武职以待军功，没有临阵斩获不得轻授。今传奉画工张玘为指挥，并准其世袭，在边冒死作战者何以待之？"——如果一个画画的人都可以升为军队指挥，其子孙还能世袭的话，那么在边境冒死作战的将士们心里会怎么想呢！？马文升的呐喊可以说是一个国防部长的忧心忡忡。除此之外，六科十三道的官员也纷纷上疏痛批传奉陋习，一时间朝野请罢传奉官的呼声极强。皇帝面对舆情汹涌却是冷笑一声，不予理睬。至此，一个曾经的改革者终于变得面目模糊起来，令人无法辨识。

改革与保守相当于硬币的 A、B 面，如果先前展示的是代表变革的 A 面的话，那么皇帝在后期乐衷于展示的则是代表保守的 B 面。B 面的涵义极其宽广，宪宗皇帝曾经展示过的那些丑陋，孝宗几乎也一一照搬了。比如宠幸宦官这一点上，两人也惊人的相似。宪宗宠幸汪直，以至于后者权倾一时；孝宗则宠幸李广。这个以符箓祷祀蛊惑皇帝的宦官伪造圣旨召进传奉官，纳贿赂、夺民田、霸盐利，几乎无恶不作，成为弘治朝的一大毒瘤。尽管户部主事胡爟、祠祭司郎中王云凤、给事中叶绅、御史张缙等官员都对其上疏弹劾，李广却安然无恙。因为皇帝迷信他那一套符箓祷祀的学问。但世上事成也萧何败也萧何，李广靠神秘巫术起家，最终也因为它走向死亡。李广一度劝皇帝在万岁山修建毓秀亭，以为消弥灾异之用。只是很遗憾，毓秀亭建好后非但不能消弥灾异，反而传来噩耗，年纪轻轻的公主发病死了，紧接着乾清和坤宁两宫发生火灾。如此，毓秀亭的作用变得可疑起来，附带着也让李广神秘的巫术露出破绽，有了欺世盗名的嫌疑。太皇太后对皇帝抱怨说："今日李广，明日李广，果然祸及矣。"——你今天说李广，明天说李广，现在好了，大祸临头了吧！孝宗皇帝自己没说什么，李广却吓得惶惶不可终日，最后选择了服毒身死。

但真正的好戏却刚刚开场。在接下来的戏码中，第一主演是皇帝。孝宗在李广死后心情极为悲痛，下旨要给予李广祭葬和祠额的待遇。这个待遇非同小可。因为明朝制度，宦官死后一般不行祠额祭葬，除非是出于奖善褒功之需要，而李广显然不在此等奖赏之列。大学士刘健因此上言说："李广之死，罪恶盈贯，万口称快，必正其罪以为奸邪不臣之戒。所以不可给予祭葬和祠额。"由于民意汹涌，皇帝最终未能赐给李广祠额，但接下来的事情却颇富戏剧性。在李广家发现的一本记录其贪赃收贿情状的记事本中，里面尽是文武官员送其黄米（黄金）、白米（白银）各千百石的数字。记录在案的官员包括公、侯、伯、总兵、都督、尚书、侍郎、都御史等京官和地方官，这些人事后吓得跑到寿宁侯张鹤龄家去求解避祸之道，皇帝对此却置之不理。在李广自杀所导致的这场官场危机中，孝宗耐人寻味地沉默了。似乎是全李广忠誉，也似乎是不想对已经烂透了的大明权力场有所作为。弘治十一年冬天，在李广不在的帝国，皇帝自己跟自己演了对手戏。戏极高深，几乎无人看懂，但帝国的危局却在延续，直至彻底糜烂。

当然在彻底糜烂之前，还是有人站出来尝试解决这个问题。弘治十二年（1499 年）十二月二十六日，兵科给事中张弘至上疏指出帝国的现状令人堪忧，他总结出了八桩与皇帝初政时相去甚远的事件或者说问题，但孝宗皇帝面对此八大问题，视若无睹，也没采取任何解决之道。

弘治十六年（1503 年）五月，云南、贵州屡屡发生天灾，皇帝震怒之下，派专员去云南查处不称职的地方官达一千七百人。户部员外郎席书对此不以为然。他上疏指出当前帝国弊政在于冗官太多，光拿饷不干活的有数千，另外校尉一级无所事事的武官有数万，以至于内府供应数倍于往年。席书认为皇帝现在抓小放大，只治云南官吏之罪，就像"豺狼当道，安问狐狸"，是不会有任何效果的。真正的解决之道应该是"裁除弊政，去大害，举大政"。但席书的建议同样没有得到任何反馈。孝宗皇帝是既不能也，也不为也，对帝国弊政弊象采取置之不理，听之任之的态度。他的新政至此成为泡影。一个曾经踌躇满志的年轻皇帝在十六载光阴的消磨下终于沉沦为在声色货利和佛老鬼神间无力自拔的中年男人。他的脸上挂着平庸的气质，眼神也不再明亮，就像其身后的帝国，乏善可陈，除了此起彼伏的天灾人祸外。

弘治一朝到最后终于了无新意，成为成化朝的复制品。它的每一个细节看上去都如此的颓唐与黯淡，散发着即将死去的糜烂气息。它，难道还有什么其他值得说道之处吗？

深陷两难

说弘治一朝了无新意，是成化朝的复制品，就天灾人祸方面而言，二者也几乎惊人的相似。翻阅那些泛黄的历史典籍，隐藏其背后的一个王朝狼狈情状扑面而来，仿佛带着冷酷温度，令翻阅者不寒而栗。弘治元年（1488 年）五月十八日，常州府靖江发大水。“平地淹没如洋”，共计二千九百五十一人淹死，另有一千五百四十三间民房被冲垮，甚至县府衙门都倒塌了；弘治二年（1489 年）五月，流经开封府的黄河决口，“郡县多被害”，而开封的情况尤其严重，几乎需要迁城来解决问题。但因饥馑之年粮食财物匮乏，供给跟不上，所以“迁城之议不行”——短暂的弘治朝几乎成了被淹没的王朝，凄风苦雨覆盖始终。

最要命的是地震频频。弘治十二年（1499 年）十二月初四日，云南宜良发生地震，衙门、城铺、寺庙、民房基本上倒塌殆尽，死伤人口无数（一作压死以万计）。诡异的是这场地震的形式，当天自子时至亥时，连震二十余次，随后或一天一震，或十天一震，半月一震，一月一震，一直断断续续震了四年之久才停下来。云南宜良百姓为此受尽磨难，几乎无法正常生活。

伴随天灾而来的则是人祸。弘治十六年（1503 年）夏，南北直隶、浙江、山东、河南、湖广相继发生水灾或旱灾。很多百姓在水深火热中苦苦求生。第二年五月二十五日，内阁大学士李东阳从山东阙里祭孔完毕返回京师的路途中，所见所闻可谓触目惊心。他在写给皇帝的一份报告中认为，现在“民生之多艰”已十倍于前，老百姓差役频繁，要缴纳的粮草税课太多，而贪官酷吏，肆虐为奸，以至于“民”与“国”都困穷——“生民贫困之深，国用匮乏已极”。但是对于帝国弊象的解决之道，李东阳却只提出治标不治本的节约之策——“节用度，广储蓄，如此，帝国之困可纾解”。

其实即便这样，皇帝也是无力做到的。这个中年男人当然不愿意“节用度，广储蓄”了，他还渴望享受人生。帝国由此深陷两难，在天灾人祸中苦挨时日，在水深火热中暗藏玄机，而发生在弘治四年（1491年）十二月二十六日的凤阳皇陵大火却分明是一个警讯，暗示着弘治一朝的惨淡结局。史料记载，凤阳皇陵大火“漫延九十余里，毁大树数千株”。帝国人心一时莫之所许，人人以为天意凶险，必有大祸发生。

帝国的中衰

一方面是天灾人祸，另一方面则是内忧外患。这也是弘治朝高度复制成化朝的一个表现。先说内忧。成化朝农民起义此起彼伏，这些农民起义事件仿佛一个明证，证明了帝国中衰阶段控制力的减弱，其深层次的原因当是皇庄制度的推行以及由此带来的失地流民的增加。到弘治朝，皇庄圈地问题变本加厉，失地农民起义事件也就频频爆发，其密度并不小于成化朝。

大致说来，弘治朝的农民起义事件一方面与失地因素有关，另一方面也是因为朝廷赋繁役重所致。关于后一点，太子太保、兵部尚书马文升在弘治八年分析说："过去百姓拿出收入的十分之一上税，而今却要交纳十之四五……江南兑运，正粮一石，费用却需三四石。桑蚕尽鬻而丝绢不免，田亩尽鬻而税粮犹存，赋重民困，从未有甚于此时。"这样的分析，可谓切中肯綮。

内忧频频，外患也频频，这是弘治一朝不可能处于稳定状态的另一个原因。弘治元年（1488 年）五月，鞑靼小王子派了一千五百余人到明帝国请求通贡，上书自称"大元汗"。这实际上是变相的敲诈勒索，是以一种貌似体面的方式绑架明帝国，嗜其血，啃其肉。皇帝不愿迎接，也不敢不迎，便"诏许五百人至京师"——给他们规定了五百人的名额，以防负担太重。由此，鞑靼小王子有了沿边骚扰的法律基础，而一个虚弱的王朝遭遇一个饥渴的部落，难堪情状自是不能一一言表。弘治八年（1495 年）正月二十八日，鞑靼侵扰凉州，西北边境形势变得再度紧张起来。帝国，至此已无保持自己尊严的能力了。这既是弘治朝的失败，其实也是孝宗皇帝的失败。

除了鞑靼屡屡扰边外，吐鲁番也不甘寂寞，再次对明帝国构成威胁。弘治元年（1488年），孝宗皇帝刚刚上位仅一年，吐鲁番就占领了哈密，以显示其力量的存在。虽然在第二年，哈密都指挥阿木郎率兵收回哈密，但弘治六年，哈密又沦陷了，帝国失去了对这个地方的管控能力。无论是鞑靼还是吐鲁番，他们屡屡扰边，以一支部落的力量长期对帝国的边疆构成威胁，帝国对此问题竟无一劳永逸的解决方案，其中衰气象毫无疑问已是昭然若揭。

当然在更广泛的层面上，帝国中衰的气象也体现在僧道泛滥、兵政多弊以及皇帝怠政等诸多方面，这一点又与成化朝的情景惊人相似。而皇帝在僧道泛滥的背景下也疏于朝政。弘治十年（1497年）三月二十二日，孝宗皇帝在文华殿召见徐溥、刘健、李东阳、谢迁等大臣共议国事。这是自成化年间宪宗召对彭时、商辂等官员后第一次召见阁臣。而终弘治一朝，皇帝也仅召见阁臣九次，差不多两年才轮上那么一次。其怠政程度，由此可见一斑矣。

那么，皇帝到底在干些什么呢？孝宗皇帝忙于斋醮、烧炼，以为养生之道。弘治十七年，孝宗打算在朝阳门外建筑延寿塔以及殿宇廊庑墙垣等，拟将养生之道落在实处。只因内阁大学士刘健泣血上疏，皇帝才总算停止了这个建造计划。

弘治十七年六月初三日，兵部尚书刘大夏突然要求引咎辞职。起因是万一外敌入侵，兵政弊端已经令他无法再保证这个帝国的安全。刘大夏引咎辞职事件毫无疑问凸显了帝国兵政多弊的现实。这个问题说起来也是老问题了，因为从成化一朝开始，军队腐败现象就屡禁不止，孝宗皇帝当然也没有很好的解决办法。弘治十八年（1505年）正月十八日，在他生命中的最后一年，这位无计可施的皇帝偷偷摸摸地拿出白金赏赐给兵部尚书刘大夏，以为笼络。他希望以这样私密的举动，让刘大夏将这个问题多多的帝国继续维持下去。只是很快，他自己就不能维持下去了。五月初七日，明孝宗朱祐樘去世。此前三个月，户部尚书韩文报告，因天灾人祸以及赋税繁重，逃户现象严重，荆襄流民日益增多，有必要核查一下。核查的结果很快出来——荆襄流民共有二十三万五千余户，计七十三万九千余人。七十多万流民在帝国的中心地带过着食不果腹的生活，随时可能蠢蠢欲动！这着实是帝国迫在眉睫的隐忧，需要立刻拿出解决之道。只是这样的解决之道，明孝宗朱祐樘拿不出来也不用拿了，因为他已离开人世，这个棘手的问题只能抛给其继任者正德皇帝——他的长子朱厚照去解决。

一切的一切都还了犹未了，处于纠结状态。

正德皇帝

黑色幽默　娱乐至死

问题皇帝有点烦

1506年是正德元年。这一年，那个注定要青史留名的正德皇帝朱厚照15岁，身体明显开始发育，心中的欲望也在悄悄成长。此后的事实证明，进入青春期的朱厚照爱好“三美”——美酒、美色、美景是有其内在根基的。他短暂的一生（死时年仅31岁）在“三美”之间流连忘返，成为明帝国最著名的游乐皇帝。但其实，正德皇帝朱厚照的个性不仅仅在“游乐”二字上。作为史上最牛的皇帝，其无厘头的作风、游戏世间的人生态度，确凿无疑地解构了一个正统皇帝原本应该具有的呆板形象，他生前的种种作为令人捧腹、发人深省。

毫无疑问，朱厚照是具备后现代色彩的问题皇帝，一个不愿意做皇帝只愿意做大将军兼旅行家的问题男人。在人生态度上，他超越了那个时代，很有嬉笑怒骂人间的意思；在审美层面上，朱厚照打破了世人关于皇帝印象上的审美疲劳；在哲学贡献上，朱厚照同样提供了基于离经叛道基础上的哲学思考。而这所有种种的人格意外或者说统治意外，事实上在正德元年就已被百官们看出端倪。

正德元年（1506年）正月二十四日，大学士刘健上疏，请裁皇帝郊祀时内侍随从的数额。刘健指出，天子郊祀驾出，从阉过多。人数多至百数十人。特别是宦官刘瑾、马永成、谷大用、魏彬、张永、邱聚、高凤、罗祥等八人，陪同皇帝左右，引诱皇帝沉湎于声色犬马之间，对皇上的青春期教育或者说人格培养起了反作用。“皇上春秋鼎盛，此后何以处之！”大学士刘健几乎要大声疾呼。

这是发生在正德元年（1506年）正月的上疏事件。朱厚照没想到，正德元年对他来讲竟成了烦恼元年。此后几乎每过一个月，都有官员激情澎湃地上书，或劝其勤政，或阻其观游，让他这一年过得极其不爽。

当然在七月，最让正德皇帝烦恼甚至痛苦的是他的婚礼办得不伦不类。他原先让司礼监传旨，称皇帝大婚需银四十万两，但户部尚书韩文却以户库空虚为由，只拨付十万两。韩文说“海内虚耗，加以水旱频仍，边储缺乏”，皇帝大婚需银四十万两，这个……户部实在是拿不出来啊。实际上正德即位以来，建陵、大婚以及赏赍用银差不多已经花去一百八十万两，户部尚书韩文即便苦心经营，也是不堪重负，但正德皇帝不管这些，他只知道，百官们都在跟他对着干，让他堂堂帝国天子结个婚都不体面——人生烦恼，尽在正德元年。

但是，烦恼无休无止。八月二十四日，大学士刘健又上言了，主题还是老一套，称皇帝怠政。刘健说：“早朝乃人君首务，天下观瞻，若君怠于上，臣荒于下，太平之治，何以能成！”啰哩吧唆地说了一大通，听得朱厚照好不耐烦。最后皇帝只说了三个字“知道了”，算是对他上言的回应。只是这刘健很不知趣，过了不久，他又以帝国灾异频发上疏，啰啰唆唆地说了一大通，让朱厚照掐死他的心都有了。这个正德元年，15岁的小皇帝发现自己一点都不像皇帝，而是听凭父辈们唠唠叨叨，想叛逆、想四处去玩耍而不得的憋屈少年。

但是一场巨变却正在酝酿，两个月后，它必将以你死我活的形式呈现出来。那是一场与刘瑾有关的战斗，它事关正德朝若干年后的政局。而皇帝在其中的表现却是左右摇摆，颇具无厘头风格。在生与死之间，天真与权谋之间，正德皇帝很显然没有明白其中的真意。或许以一个少年天子的标准要他去运筹帷幄、爱憎分明无疑太过苛求，但大明王朝的走向或者说趣味性毫无疑问就此改变了，而这样的改变是正德喜欢的。因为他终于发现，正德元年之后，他的烦恼减轻了不少，再也没有多少官员敢对他唠唠叨叨了——在战斗中胜出的刘瑾搞了一个53人的奸党黑名单，从而令那些正德皇帝讨厌的多嘴官员不得不离开帝国官场。

这是刘瑾的胜利。很显然，正德皇帝乐观其成。

刘瑾上位

正德元年（1506年）十月发生在帝国权力场上的那场争斗现在想来真是惊心动魄。从户部尚书韩文领衔上疏弹劾刘瑾开始，一场廷臣与太监之间的战斗就打响了。韩文的上疏团队包括内阁成员以及九卿官员，内阁首辅刘健、礼部尚书、武英殿大学士谢迁、工部尚书曾鉴等都在其列。上疏用语凶猛，目的明确，那就是要皇帝必须治刘瑾、马永成等太监之罪，称这些人“淫荡上心、便己行私”，实属罪恶昭彰，不处理不足以平民愤。皇帝在这份用语凶猛、目的明确的奏疏面前一时间神情恍惚起来。在此之前，尽管廷臣们也曾先后上疏，劝他勤政云云，但如此稳、准、狠地将目标对准刘瑾等人，并以集体联名的方式提出挑战，实属朱厚照即位以来第一次。小皇帝有些害怕了，仿佛一群大人在他面前挥舞拳头，扬言要砍杀另外几个和他关系处得比较好的大人，不达目的决不罢休。而到底能不能砍，则需要他来拿主意。

正德皇帝当然拿不了主意。史料记载：“疏入，武宗惊泣不食，连忙找了司礼中官李荣、王岳等入阁议，一日三反。”最后商量的结果是将刘瑾等人安置在南京。这其实是权宜之计，是给那些上疏的廷臣们一个交代，体现了皇帝的私心。但很快，阁臣们就不依不饶了，纷纷提出要将刘瑾等人处死，以绝后患。为了达到目的，刘健、韩文以及九卿官员“伏阙面争”——匍匐在宫阙下据理力争，给了皇帝很大的心理压力，而最关键的时刻，与刘瑾有过节的司礼监太监王岳在边上猛敲边鼓，终于让皇帝答应下来同意诛杀刘瑾等人。

这是一个伸手不见五指的黑夜，历史的剧情正在隐秘地上演。15 岁的少年皇帝在百官们的一再动员鼓励下，心血来潮地准备干一件轰轰烈烈的大事。这是弃暗投明，也是浪子回头。帝国在继续沉沦的时刻似乎突然产生了一个自我救赎的机会，并且被权力场上的那些精英们牢牢地抓住了。但是谁都没想到，历史的漏洞在此时下底传中，及时回脚，踢飞了正德皇帝的一个必进球，而小皇帝也到底脚软，没能在临门一脚的时刻充分发挥功力，从而让太监刘瑾等人死里回生，咸鱼翻身，正德朝政局为之大变。

一个叫焦芳的太监在其中起了穿针引线的作用。皇帝答应诛杀刘瑾等人之后，得知消息的焦芳在第一时间飞报刘瑾，从而让刘瑾等人在天子面前导演了一场午夜环跪、痛哭流涕的苦情戏，令正德皇帝一时间心又为之软。这或许是青春期少年的通病，容易从一个极端走向另一个极端，而这两个极端的距离只是两行眼泪罢了。这些一直以来陪着自己花天酒地、挥霍少年时光的人，明天就要奔赴黄泉，这本不是皇帝的原意——小皇帝念及于此，又想原谅他们了。他的脑中重新闪过"南京"这个词，或许安置在南京还是一个不错的选择吧。

但刘瑾不这么想。这位 6 岁就净身入宫当太监的人当时已经 55 岁，与只有 15 岁的小皇帝相比，其人生历练完全可以称得上圆熟。事实上这场较量不是他和正德皇帝之间的较量，而是以他为首的宦官与韩文等阁臣之间的较量，是一场你死我活的阶级（层）斗争。韩文等阁臣是要刘瑾们死，而非安置南京——在这一点，小皇帝还是太天真了。大他 40 岁的刘瑾决定扭转乾坤，以一人的力量敌众多阁臣。他跪在皇帝面前继续演出苦情戏说，"司礼监王岳勾结阁臣欲制陛下出入，所以先致我辈于死地。"这一招着实厉害，可谓一箭三雕：一、"司礼监王岳与阁臣互相勾结"一说令皇帝疑心顿起。刘瑾一旦去后，皇权面对内外勾结再无依傍处，这让年幼的皇帝情何以堪；二、此说打击了司礼监王岳；三、此说同样打击了阁臣。这就是 55 岁与 15 岁之间的区别，是金蝉脱壳，更是游刃有余，是前者对后者的掌控、牵引和诱导。皇帝因此被请入彀中了。

第二天天亮时分，世事已然大变。王岳被逮捕了，刘瑾掌控司礼监，马永成、谷大用则分别掌管东、西厂。一切都已表明皇帝的心迹和意志，也表明那些上疏的阁臣们大势已去。刘健和谢迁无奈之下只得打报告请求退休。皇帝很快批准，随后令焦芳入阁。而王岳的运气就没那么好了，他被勒令赴南京充军，随后被刘瑾派人在半路上追杀，死于非命。正德元年就这样在动荡不安的气氛中结束了。这一年，云南连续几天发生地震。山东莱州府自九月至十二月，连发45次地震，像极了人间的情形，是那样的动荡不安、波谲云诡。这一年唯一的胜者应该是刘瑾。他笑傲于权力之巅。6岁时将他接入宫中收养的老太监刘顺绝对没想到，这个日后随他的姓唤作刘瑾的人会有如此作为，在正德元年到五年的时间段里，成为一个“立皇帝”（民间称呼），而正德皇帝则为“坐皇帝”。

刘瑾上位后，第一件事是拉出一份“奸党”黑名单。包括大学士刘健、谢迁及尚书韩文、杨守随、林瀚，都御史张敷华，郎中李梦阳，主事王守仁、王纶、孙磐、黄昭，检讨刘瑞，给事中汤礼敬等在内的53人榜上有名。这份黑名单被贴在朝堂之上，是那样的触目惊心、黑白分明。正德二年（1507年）三月二十八日，百官们跪于金水桥南，听刘瑾以他沙哑的声音宣读这份名单，个个胆战心惊，如履薄冰。

收拾和教训了百官之后，刘瑾开始研究治术。天下万事，逃不过一个“治”字。刘瑾以司礼监掌印太监的名义治理百官，名不正言不顺，所以研究治术是很重要的。刘瑾向皇帝进献了很多新鲜有趣的玩意，令其兴致勃勃、欲罢不能。皇帝正玩在兴头上，刘瑾取各司奏章请其裁决。皇帝不满地扔过来一句话：我用你们是干什么的，以此一一烦我。于是刘瑾就顺理成章地成了一个“立皇帝”，代正德皇帝处理政事——治术之要，刘瑾深得个中三昧矣。

在正德元年到五年的时间段里，刘瑾于治术方面创造性地完成了以下工作：一、为镇守太监扩权。正德二年（1507年）三月，刘瑾伪造圣旨给镇守太监扩权。这些人的权力全都扩大到巡抚、都御史一级，可以干预地方政事。二、设立内行厂，并且凌驾于东厂、西厂之上。正德三年（1508年）八月十六日，刘瑾设立特务机构内行厂（简称内厂），亲自统领，在帝国内部执行白色恐怖主义政策。这其实也是宦权的无限扩充，是对帝国司法权的强行打压和粗暴干涉。刘瑾于治术方面的发明创造，此为一例。三、首创罚米法，一方面侮辱百官尊严，另一方面在经济层面上对其加以打击。所谓罚米法其使用对象是那些不肯依附刘瑾的官员，比如前户部尚书韩文被罚米千石，输往大同；官员张缙被罚米五百石，输往宣府。据不完全统计，自韩文罚米千石以后，罚米二百石至五百石的，就有一百四十多人。四是纳贿。治术之要在于权为己所用，利为己所谋。由于刘瑾权倾一时，天下官员到京述职时纷纷向其行贿以避祸，多者竟至两万余两银子。由于外地官员来京携银多有不便，往往由京城富户代己先出，这些官员回任后再对属地加以搜刮用以偿还。此举被命名为还“京债”。刘瑾治术至此可谓登峰造极了，但对帝国而言，无异于一场浩劫。

事实上，在刘瑾操纵政局的五年时间里，尽管打压凶猛，还是有人对他说“不”。这其中的代表人物是南京御史蒋钦。正德二年（1507年）三月，在刘瑾公布所谓53人“奸党”黑名单的同时，蒋钦就上疏弹劾刘瑾，称其为“悖逆之徒、蠹国之贼”。蒋钦在奏疏中指出了这样一个事实：“昨刘瑾要索天下三司官贿人千金，多者有五千金。若不如数纳贿，即行贬斥；纳贿则立即迁擢。”这样的事实可谓触目惊心，蒋钦敢于在奏疏中大胆披露，自然是做了赴死的准备与决心。他在奏疏中呼吁皇帝：“乞听臣言，亟诛刘瑾以谢天下，然后杀臣以谢刘瑾。”这是视死如归的意思，但年轻的皇帝似乎不同意这样的交易，只将蒋钦打了一通廷杖后逮入狱中，颇有以观后效的意思。

蒋钦却决意赴死。三天后，狱中的蒋钦又上疏说：“臣与贼刘瑾，势不两立……”这时的蒋钦已经不是等死而是要找死了。疏上，他再被杖击三十下，三天后不明不白死于狱中。或许是杖击过重的缘故，或许是刘瑾痛下杀手，总之这个南京御史再也不能在这个世界上发声了。

蒋钦之后，没人再敢具名上书，不过匿名上书的事还是有的。正德三年（1508年）六月二十六日，早朝刚刚结束，御道上就出现了一份匿名书札，里面内容全都是数说刘瑾罪恶的。刘瑾愤怒，下令百官跪于奉天门下，进行深刻反省。由于投书人不敢站出来公开承认系自己所为，刘瑾在太阳下山之时竟将三百多名官员收入锦衣卫狱中。如此目无法纪之举，让大学士李东阳为之愤怒。第二天，李东阳是从人道主义的角度出发劝刘瑾释放在押官员的，此时刑部主事何轼、顺天府推官周臣、礼部进士陆伸已在狱中不幸中暑而死，其他得暑热病的官员也越来越多。而刘瑾也在得知匿名书是某一太监所投后下令释放在押官员——一场官场危机就此解除了，但刘瑾漠视百官人权的做法却向世人发出一个明确信号——他的确是“立皇帝”，这个帝国除正德皇帝外，他说了算。

只是世上事因果轮回。刘瑾行事太过张扬拔扈，泰极否来的日子也就很快到来。前司礼监太监王岳与其作对以及匿名书系某一太监所投的事实说明了以下一点：危险总是来自于内部，来自于同一阵营。这一回是太监张永出手了。时间：正德五年（1510年）七月。他将担负起除掉刘瑾的历史重任。

诛杀刘瑾

和刘瑾一样，张永也是深受正德皇帝信任的大太监。系八虎之一。他 10 岁时就进宫，在乾清宫里侍候宪宗，后升为内官监右监丞。弘治九年（1496 年），张永调到东宫侍候时为太子的朱厚照，直到 9 年之后朱厚照即皇帝位。所以算起来，张永也是“根正苗红”的老干部了。但同样是老干部，张永和刘瑾两人的关系却是水火不容。刘瑾要将张永赶出宫去，张永则敢在皇帝面前拳击刘瑾，显示自己并不是孬种。正德皇帝面对他俩之间的矛盾，不想厚此薄彼，只得命太监谷大用摆酒为他们调解，当然，这个调解不可能有实质性的作用。正德五年（1510 年）七月，太监张永的历史性出手充分说明此二人的矛盾只能用你死我活的方式来解决。

这一年，另一个与刘瑾有矛盾的人在延绥、宁夏、甘肃三镇任总指挥，总制三镇军务。他叫杨一清，因在修筑边墙时被刘瑾以贪污边费的罪名送入大牢，遂与后者结仇。但实际情况并非如此——杨一清不是一个贪污犯，后在大学士李东阳等人的营救下，杨一清得以获释，重新走上工作岗位。正德五年（1510 年）七月，历史的机缘巧合让太监张永走到了杨一清身边，从而为刘瑾的倒台提供外在动力。

该年 7 月，太监张永奉命到宁夏监军，杨一清便决定借力打力，让张永出手除掉刘瑾。杨一清建议张永趁进京奏捷的机会，揭露刘瑾罪恶，劝皇帝诛杀刘瑾。张永听了，当然心里是有些怕怕的，此前他和刘瑾的矛盾，只能算太监内部的矛盾，刘瑾要将他赶出宫去，最多是罢黜南京罢了，而不是置其于死地；至于他在皇帝面前拳击刘瑾，也不是要将其打死，顶多是示威一下。在此之前，建议诛杀刘瑾的人不是没有，南京御史蒋钦算一个，但他的下场众所周知，张永可不想步其后尘。所以，在杨一清历史性的建议面前，张永历史性地沉默了。

历史的剧情走马至此，终于停顿不前。因为缺乏动力，两个演员的表演便不可能深入。在这关键时刻，杨一清发言，将动力呈上。他说："刘瑾伏诛，公益柄用，再全部清除弊政，安天下人之心。此真是天赐良机。"这段话里包含两层意思。对张永来说，举手之劳便可获得两大结果：于私而言，可以"柄用"，这"柄用"是重用、掌握权柄的意思；于公而言，可以"清除弊政，安天下人之心"。这就是传说中建功立业的层面，是在私心得到满足的同时更上一层楼，是个人人生层次感满足的提升——杨一清言简意赅，为张永提供的行动力可谓精准。

但是张永还有一个顾虑——事不成怎么办？的确，在皇帝面前，他并不比刘瑾更受宠。刘瑾伏诛，皇帝凭什么要这么干啊？！他将这层顾虑说了出来。那么杨一清是怎么解决这个顾虑的呢？杨一清对张永说："若是公在皇上面前进言，事定能成功。万一皇上不信，公可顿首据地哭泣，请死于皇上面前，剖心以明情真意切，言不为妄。皇上必为之心动。"这段话里头一句是给张永打气。相信"事定能成功"总比不信它好。第二句中的"顿首据地哭泣"是提供方法论，再以言语威胁（请死于皇上面前，剖心以明情真意切）将此事坐死，如此"皇上必为之心动"。杨一清的话可以说逻辑性很强，又透着"不成功便成仁"的意思，将张永逼上梁山。张永最后慷慨激昂地说："老奴何惜余年而不报主！"他这话是自己给自己打气，也包含着两层意思。一是计算了一下机会成本。人生只剩余年了，假如真的事败，损失其实也不大；二是以"报主"的名义激励自己，很有舍生取义的意思。这是货真价实的自我安慰。至此，一桩必将改变历史进程的策划由密谋阶段转向实施阶段。

世事的微妙常常出人意料。就在张永以"献俘"名义准备行动之时，一个传闻在京城悄悄流传，说是刘瑾拟于八月十五日准备起事，而那一天刚好是给他死去的兄弟、都督同知刘景祥送葬的日子，百官们都在；更让张永心惊肉跳的是传闻刘瑾在这一天要逮捕他。要命的是张永在报捷的奏疏里提到将于八月十五日献俘，一切的机缘巧合真真将张永逼上梁山了。此时请诛刘瑾的行动不仅关系着他的富贵前程，更关联其生死。八月十一日，张永提前四天向皇帝献俘，并上呈写有刘瑾不法十七事的奏疏。正德皇帝接报后，对所谓的“刘瑾不法十七事”并不在意，这年头，谁是老老实实、规规矩矩的啊！他在意的是张永向他密奏的刘瑾谋反一事。离八月十五日只剩下四天时间了，到底是信其有还是信其无呢？历史的现场充满酒意，就像皇帝此时手中捏着的酒樽，一半是清醒，一半是糊涂；一半是无可奈何花落去，一半是似曾相识燕归来。

最后，正德皇帝低头喝酒，说了这样一句话：“刘瑾负我。”这是给刘瑾明确定性了，说明皇帝相信了张永的说法——刘瑾试图谋反。但在怎么处理他的问题上，皇帝还是首鼠两端。的确，“谋反”一说是诛心之论，查无实据，可能还是静观其变比较好。但张永是不可能静观其变的，他已被架在火上烤了，也被架在时间上烤。别说再过四天时间，就是过了今晚，消息走漏之后，他的性命也可能不保。所以张永紧接着对皇帝如是说道：“此事不可缓，缓则奴辈皆死于非命，陛下亦无所归！”这的确是性命攸关的问题，皇帝也认识到在张永和刘瑾之间只能取其一。酒过半酣之后，皇帝终于做出一个历史性的决定：下令逮捕刘瑾。

但是逮捕刘瑾与诛杀刘瑾之间，距离何止千万。而皇帝在此间心情的跌宕起伏，也曲折地反映了他对这位大玩伴爱恨交加的心路历程。虽然正德皇帝相信刘瑾谋反是一个事实，却并未杀他，而是降其为奉御，发放到凤阳去闲住。这是十二日发生的事情。十三日，皇帝因刘瑾反映自己是光身子被绑的，甚至下令赐其百件旧衣——正德皇帝剪不断、理还乱的情愫真是难以言表。

真正的心理转变发生在十四日。这一天，应张永的强烈要求，皇帝决定籍没刘瑾家产。籍没（抄家）的结果令人震惊。清人赵翼在《二十二史札记》中记载刘瑾被抄家时有黄金250万两，白银5000余万两。其他珍宝细软无法统计；而2001年《亚洲华尔街日报》干脆将明朝太监刘瑾列入过去1000年来，全球最富有的50人名单。所谓富甲天下，绝非虚语。

正德皇帝真真愤怒了。他愤怒不是因为刘瑾富甲天下，而是他私藏刀、甲。“团扇饰貂皮中置刀二，甲千余，弓弩五百”。刀、甲、弓弩俱全，这是要干什么？谋反罪名坐成矣。这个八月，成了刘瑾生命的终结月。他被凌迟处死，千刀万剐约三天时间才断气。刘瑾死后，历史呈现出耐人寻味的轮回轨迹，包括内阁刘宇、焦芳、曹元，吏部张采，户部刘玑，兵部王敞，刑部刘璟，工部毕亨，南京户部张潆，礼部朱恩，刑部刘缨，工部李善等高官在内的数十名官员上了刘瑾奸党黑名单，和五年前刘瑾炮制的“奸党”黑名单有着异曲同工之妙。倒是政局轮回的始作俑者正德皇帝看上去一脸无辜，大义凛然。五年前，他倒向刘瑾，帝国加速度走向沉沦；五年后的今天，他倒向张永，一时间挽狂澜于既倒。但是帝国的狂澜既然已经掀起，就不是年轻的小皇帝一夜之间可以挽住的——正德五年前后，所有的事都赶上了，这所有的事都不是什么好事，它们以重重警讯或者说噩耗的方式向皇帝波浪般地袭来，令其猝不及防、不堪重负，避无可避。

一个时代的宿命终于应验到正德皇帝身上。

刘瑾之后是江彬

正德六年（1511 年），帝国是刘瑾不在的帝国，一切本应该风清月朗，是所谓历史的拐点，但恰恰在这一年，帝国发生了很多惊心动魄的大事。这些大事从一个侧面说明，帝国确实走向拐点了，可惜拐的方向错了，不是向上，而是向下。

江西瑞州华林山民罗光权、陈福一等在这一年率领山民起义，破瑞州城（今江西高安），一时江西震动。帝国派按察副使周宪兵分三路围剿华林山义民，结果周宪竟被活捉，显示了起义军能量巨大。

正德六年的农民起义不仅仅发生在江西瑞州华林山，它还发生在江西赣州大帽山、四川松潘以及广东等地，计有六起。作为刘瑾祸乱帝国五年的恶果总爆发，正德六年多地爆发的民众起义可以说是有其内在因果关系的。而皇帝似乎也被世相的残酷所触动。该年由于农民起义众多，为防止示范效应蔓延，致使帝国呈现多米诺骨牌式的倒塌这样一个结果，正德皇帝下旨“直隶、山东、河南、四川、江西、湖广、陕西、福建、两广用兵地方，凡被寇之府州县，概免租税一年”。但蠲免赋税容易，维持帝国生计却需要真金白银——帝国的家底究竟如何呢？是否丰裕到可以大范围蠲免赋税的地步？户部在上一年的奏陈里道出实情。正德五年（1510 年）十二月，皇帝发现内库（宝藏库）空空如也，便下诏调太仓银三十万两入内库之用。这太仓是专备三边军饷的，其积蓄是否丰裕呢？户部打报告说：“太仓虽稍有积蓄，而四方库藏为之一空。”其中原因可归结为刘瑾搜刮天下钱财，“半入公帑，半归私囊”，以至于太仓不丰。太仓不丰，内库也就不丰，帝国的家底不言自明。但正德六年，皇帝为应付此伏彼起的农民起义，忍痛蠲免赋税，其无为、无能、无奈之状态，不是一言可蔽之的。

不过正德帝就是正德帝，玩的就是心跳，正本清源不是他的风格。当农民起义被一一弹压下去之后，当刘瑾不在他身边令其空虚感顿生之时，皇帝是要搞搞新意思的。正德帝无后，尽管身边女人众多，他也勤于耕耘，却总是结不出果实来，所以皇帝在正德五年之后最爱干的一件事是收义子。正所谓缺什么收什么，正德帝收义子多多益善。太监、奴才、市井无赖，正德帝什么都要，他不嫌弃。正德收义子既注重仪式感，又给其实实在在的好处。正德七年（1512年）九月二十五日，皇帝给他的一百二十七个义子赐国姓——朱。义子皆赐国姓，这就是正德皇帝的仪式感，而他数量庞大的义子们所获好处多多。其中朱德被封永寿伯，朱宁、朱安、朱国、朱福、朱刚被封都督，朱春、朱翥、朱增、朱斌、朱政、朱海、朱岳、朱升、朱晟、朱彪、朱镛、朱钫皆为都指挥使，朱钦等为指挥，至于被封千百户、镇抚或旗舍等小官的更是不计其数。正德皇帝或许想以这样的方式来使其龙泽流传，并从中获得虚幻的满足吧。

只是这样的游戏形式比较单调，缺乏创造性。随后不久，喜新厌旧的皇帝发明了一种趣味性很强的新游戏，那就是让京军与边军互相调换操练。边军赴京防守，京军赴边操练，看他们开拔来开拔去，一脸庄严的行色匆匆，皇帝乐此不疲。但大学士李东阳却为此忧心忡忡。因为他从中只看到皇帝对成制的破坏，而没有建设。在李东阳看来，京军、边军对调操练有十大不便。其中最主要的不便是无事生非，变起仓促。一旦西北有警或者京城有变，驻地武装如果不熟悉情况的话，那是要出大乱子的。大学士李东阳为此疏谏皇帝，需即行停止京营、边军对调操练的行为。但是反对无效，皇帝对这样的游戏正其乐无穷呢，在没有看到确凿的乱子发生之前，皇帝是宁可信其无不信其有的。

并且这样的游戏对他来讲还是有收获，因为他从中发现了一个人才，或者说知己。这个人便是继刘瑾之后，影响帝国政局的另一重量级人物——江彬。江彬初为大同游击，后因打起仗来不要命，深得皇帝赏识，提拔为都督佥事，留在京城可以自由出入豹房，甚至与皇帝同床起卧，恩宠一时无两。而京营、边军对调操练的游戏说实话也是由江彬传授给正德皇帝的。正德七年（1512年）十一月，皇帝下令边军与京营互调操练，辽东、宣府、大同、延绥兵每次出三千人入京操练。而皇帝则着戎服在宫内检阅，作威武无比之三军总司令状。陪同他检阅的是骑在他身后看上去同样威武的江彬。一时间京城内甲光照宫苑，呼声达九门。这样的检阅行动，皇帝称之为“过锦”。但是吏部尚书杨一清对京城内的喧哗与骚动表示不满。京城之内，本应祥和安宁，现在边防军在此重甲出入，“甲光照宫苑，呼声达九门”。不测之变随时可能发生。杨一清以皇帝应该加强修省为名劝谏，皇帝却对他置之不理。正德八年（1513年）六月初三日，咸宁侯仇钺也就当时荒唐的兵事奏陈，请求补足各省边兵缺员，而“京军之役，专以重内”。皇帝闻言依旧不肯遣还已经对调的边军，或许在此时，在正德皇帝眼里，这些留在宫中的边防军已然不是边防军而是他心爱的玩具了。一件大型的可以操练起来会移动的玩具，一剂可以“深慰朕心”的安慰品。

与此同时，真正“深慰朕心”的江彬受到提拔重用。先是进封平虏伯，后提督东厂兼锦衣卫，权势大张，俨然第二个刘瑾。帝国因此再一次进入轮回状态。从发现刘瑾到诛杀刘瑾，皇帝用了五年时间。这五年，帝国财富半刘瑾。那么从发现江彬到诛杀江彬，皇帝又要用多少时间呢？这一回，正德皇帝却是等不到那一天了。正德十六年三月，江彬出逃，三月十四日皇帝死于京城豹房。十八日江彬在北安门被擒下狱。后抄家，“得黄金七十柜，每柜一千五百两、银二千二百柜，金银杂首饰一千五百箱，其他珍宝不可胜计”。同年六月初八日，江彬及其四子被斩首弃市，成为一个时代的殉葬品。

但在江彬事发之前，帝国其实就有预警了。正德八年（1513年）六月二十七日，一颗巨大无比的陨石从天空划过，坠落于江西丰城，引发熊熊大火。有三万多间房屋在大火中被焚毁，死伤无算。不过当时的人们并没有将这预警与江彬作乱联系起来，与帝国的京城异象联系起来——只是当时已惘然。诚哉斯言，在当时惘然的不仅是世人，更是皇帝。

皇帝不知不觉中走上了不归路。他其后的表现更加乖张，在悲剧当中演绎出浓浓的喜剧色彩。在正德一朝的悲喜剧中，皇帝是独一无二、当仁不让的大主演。

正德游乐史

正德朱厚照的大游乐场名曰“豹房”。这座于正德二年在紫禁城西北西华门筑起来的连片建筑成了皇帝寻欢作乐的逍遥地。它的密室里一半是美女，一半是野兽，充分满足了皇帝带有暴力美学的感官刺激需要。“豹房”的魅力是如此巨大，以至于皇帝从此不早朝。这实在是一个时代的狂欢曲，正德皇帝置于帝国巨大的游乐场正中间，任欲望的海洋无边无际地蔓延而不加约束，真真玩的就是心跳了。

正德皇帝的游戏精神是有案可循的。正德九年（1514 年）正月十六日，乾清宫发生火灾，里面的建筑化为灰烬。当时皇帝正急冲冲前往豹房游乐，在半道上回头看宫内火光冲天，他居然哈哈大笑称：“好一棚大烟火。”二月初六日，皇帝置已烧毁的乾清宫于不顾，开始微服私访。他访的不是民间疾苦，而是到教坊司观乐。皇帝走出“豹房”，微行观乐，将其一贯以来的定点娱乐转化为移动娱乐，可以说自正德九年始。

我们接下来就细细考察一下正德游乐史，看看这位生命不息、游乐不止的皇帝到底走过哪些地方，而他的每一次游乐行动，又都发生了什么啼笑皆非的闹剧：正德十二年（1517 年）正月初二日，皇帝宣布将去南郊祀礼经，随后赴南海子观猎。这里所说的“观猎”也就是游猎的意思。这种事情在当时是很犯忌的。大学士梁储等人上疏说：“朝廷至大至重之事，莫过郊祀。”现在皇帝边郊祀边玩耍，可是大不敬，梁储称“祖宗一百五十余年以来，未闻有此举动”。但皇帝却我行我素。正月十三日，南郊祀礼完成之后，皇帝悍然游猎于南海子。

此时尽管有文武百官如丧考妣般紧追至南海子，皇帝却下令关闭大门，使诸臣不得入内。皇帝游猎是很认真的，也很见成效。史料记载：次日，正德皇帝一本正经地以所猎禽兽分赐府、部、翰林以及五品以上科、道官，令这些领到“战利品”的反对者几乎吐血而亡。

可以说正德皇帝的游乐史从来不是一帆风顺的，总是伴随着百官们巨大的反对甚至反抗才能勉强完成。它需要斗智斗勇，而这样的斗智斗勇对正德皇帝来说有时正是趣味之所在。正德十二年（1517年）八月初一日，皇帝想出居庸关玩。巡关御史张钦却不敢开门。他拿着皇帝赐给他的宝剑坐在关门上说：“敢言开关者斩。”张钦之所以如是说，是因为他发现自己面临着两难选择：关门不开，皇帝不能出关，他违抗天子命令，罪当死；如果打开关门，放皇帝出关，万一出什么事，他也必死。张钦的选择是，宁可不开关而死，以求千古不朽。唉，正德皇帝碰上这样不怕死的人，也只能闷闷不乐地回宫了。但是二十天后，皇帝趁张钦巡视白羊口（今山西天镇西北）不在居庸关的机会，火速溜出关，于九月初一日到达宣府。在宣府皇帝玩得不亦乐乎，还命户部进银一百万两速解宣府，以备赏劳。

正德十三年（1518年）三月二十九日，皇帝在昌平祭陵之后，又跑到密云去玩，甚至远游塞外，封自己为“总督威武大将军总兵官朱寿”，还命内阁草诏，准备率六军远征辽东、宣府、大同、延绥、陕西、宁夏、甘肃等地，真拿自己当威武无敌大将军了。面对皇帝这一带有黑色幽默风格的举动，大臣梁储、毛纪等几乎无语了。不过更无语的事情随后发生。正德皇帝一时高兴，在旅途中大封上一年十月于应州征小王子战役的有功人员。其数目是令人瞠目结舌的五万六千四百余人，而赏赐数额以亿万计，让户部官员直接晕倒。与此同时，皇帝令兵部商议加自己为威武大将军公爵——这应该是他自己对自己的封赏吧。只是这样的封赏实在匪夷所思，内阁为此上奏说，皇帝这样的举动太过高深了吧。这敕威武大将军公爵一旦传之四方，世人一定议论纷纷，会问“威武大将军”为何时官制？“总兵官朱寿”为何人姓名？且“亲率六军”之说，既由陛下自任，又为何举而归之总兵官，为总兵官者怎么可以称为“统六军”？至于那个“神功圣武”云云，原来是臣下颂扬君上之词，怎能自颂？还有欲加公爵之说也很荒唐——公爵的称号虽然尊贵，也只不过是人臣而已，怎么可以担当神圣之名呢？总之一切都乱套了。

皇帝却还想继续乱套下去。七月初十日，皇帝至宣府，并称此地为“家里”，他要求在京朝官也要以宣府为家。九月十六日，皇帝降旨自封为“镇国公”，岁支禄米五千石——每年拨付自己年薪五千石。他命吏部要如旨奉行，不得有误。一副将黑色幽默进行到底的态势。

正德十四年，皇帝的黑色幽默有了新注解。这一年十二月十九日，皇帝在扬州下令禁止民间养猪，原因是“猪”与国姓“朱”字异而音同，这个是大不敬，所以杀无赦。一时间猪们屠杀殆尽，以至于无猪可供祭祀，只得以羊替代。正德皇帝的黑色幽默总有一个一本正经的理由，特别是从他嘴里说出来，颇具解构色彩。因为皇帝同时宣布，他在十二生肖里属猪，所以猪们非死不可……

正德十五年，皇帝将黑色幽默发展到高潮，演出一起行为艺术。这一年闰八月初八日，皇帝在南京设广场，煞有介事地举行一场受俘的仪式。此前，意欲造反的宁王朱宸濠已被巡抚南赣都御史王守仁擒获。身为“总督威武大将军总兵官朱寿”的正德皇帝不甘心大功旁落，竟演出一场和王守仁争功的闹剧。他下令在南京广场解去朱宸濠等人枷锁，放他“逃生”， 然后伐鼓鸣金，由他亲自动手擒获，再行献俘礼。朱宸濠也配合得很好，作甘心受俘状，令皇帝获得了极大的心理满足。

正德十六年（1521年）三月十四日，以游戏人生为己任的正德皇帝死于京城豹房。临死前他传旨，令罢威武团练营，营兵回团营，边兵皆散遣还原镇；放还四方进献女子、停止京师不急工务，收宣府行宫金室归入诸内库。很有“游戏到此结束，我不玩了，你们也洗洗睡吧”的意思。

他的人生就此结束，但帝国却一地狼藉，无人收拾。很快，新的宴客涌将进来，在主人嘉靖皇帝的带领下，各就各位，热热闹闹演出一场更加荒诞的王朝戏。他们的戏是怎么唱的呢……

且听下回分解。

第十二章

嘉靖皇帝

他比青烟更寂寞

强臣弱君

正德十六年（1521年），很多人的命运发生了改变。这一年三月十四日，正德皇帝死于京城豹房，年仅31岁。随后，一个叫朱厚熜的14岁少年从遥远的安陆（今湖北钟祥）出发，于四月二十二日到达京城，当日中午在奉天殿登基，君临天下，改明年为嘉靖元年。这一年随后的某一天，62岁的大学士杨廷和差点在轿房毙命，原来是有人趁其下轿入朝时，悄悄持刀藏于轿房内，企图行刺。幸亏发现及时，杨大学士才躲过一劫。此事发生后，皇帝下令派一百营兵贴身保护杨廷和，以示对其特殊关照。同样是在这一年，约十四万八千七百名锦衣卫、内监局旗校工役在杨廷和主导下被革去职位，这其实是杨廷和遇刺的一个主要原因——很多失意者对其伺机报复，导致杨命运多舛。

当然在正德十六年，除杨廷和外，还有一个人不得不提。他便是张璁。七月初三日，观政进士张璁因上疏请立皇帝生父兴献王庙于京师而被破格提拔为南京刑部主事（相当于司局级官员）。尽管在正德十六年很多人的命运改变中，张璁的改变不是最大的，但事后证明却是最关键的。张璁的命运改变应该说不是一步到位，而是循序渐进、步步为营的。嘉靖五年，在破格提拔为南京刑部主事后，张璁再被提拔为礼部尚书兼文渊阁大学士，参预机务。嘉靖八年，他成为首辅。从一名进士跃身为权力之巅的内阁首辅，张只用了短短八年时间。究竟是什么原因令嘉靖对这个出生于永嘉（今浙江温州）的正德进士如此刮目相看，以至于要超常规提拔重用？事实上个中缘由隐晦地提示了一个王朝由大礼仪之争引发的权力路径选择。在皇帝和大学士杨廷和之间，在帝王血统与家族私念之间，帝国权力场在嘉靖初年不由分说地被撕裂和被归整——每一个彀中人都必须做出非此即彼的选择，只不过张璁选择对了，起码在皇帝眼中是这样的。

正德十六年（1521 年），一直考了八次才考中进士的张璁已经 47 岁。他获得了一个官职——在礼部做一名时事观察员（观政于礼部），这个有点类似于政协委员的意思，可以观政，也可以议政，但政事不是你说了算。和御史比起来，观政进士张璁实在是人微言轻。但历史的玄机却在于，它总是给每一个人以机会，只要你善于观察、善于把握。恰恰在这一点上，张璁做得很好。

正德十六年四月二十日是农历三月丙寅，这一天张璁观察到一个奇怪的现象：刚袭封兴王、从安陆水陆并进入京准备承继大统的朱厚熜在京师郊外突然被挡驾了。挡驾原因是礼仪出了问题。此前，内阁首辅杨廷和虽然按照《皇明祖训》宣布："兄终弟及，谁能渎焉。兴献王长子，宪宗之孙，孝宗之从子，大行皇帝之从弟，序当立。"这里所说的"大行皇帝之从弟"指的就是死去的正德皇帝之堂弟朱厚熜。因为正德无子，首辅杨廷和按照"兄终弟及"的序立原则推举了和正德皇帝血缘关系最近的朱厚熜来接位。所以朱厚熜入京的合法性不受质疑，受质疑的是从什么路径进入。杨廷和安排的是朱厚熜从东安门入文华殿，待百官三次上表劝进后再即帝位——无论是从入京路径还是就职方式上看，这其实是一个皇太子的即位礼。朱厚熜在京郊当即提出反对。反对的理由还是《皇明祖训》上那句话——"兄终弟及，谁能渎焉"？你杨廷和既然以此为据，总不能搬起石头砸自己的脚吧。最终，朱厚熜与迎驾的定国公徐光祚、驸马都尉崔元、大学士梁储、太监谷大用等官员还是选择从大明门至奉天殿的入宫路径，以实际行动对杨廷和的安排说"不"。

张璁将这一切看在眼里。作为礼部的时事观察员，张璁很清楚礼仪锋利，礼仪之争其实就是权力之争。位高权重的首辅杨廷和以皇太子的进京路线和登基方式来界定朱厚熜的权力边界，朱厚熜却我行我素大胆说"不"——二者的权力之争隐然拉开序幕。

真正的较量出现在皇帝即位六天之后。四月二十七日，嘉靖皇帝下旨，令廷臣商议他的生父兴献王朱祐杬的封号问题。这实在是个敏感问题，可归纳为皇权礼仪之争的继续和深化。杨廷和建议，朱厚熜要当皇帝，就必须认明孝宗（正德皇帝之父）为“皇考”（皇父），改称自己亲爸兴献王朱祐杬为“皇叔父”、母妃蒋氏为“皇叔母兴献王妃”，今后凡是祭告自己亲爸亲妈时，都要自称“侄皇帝朱厚熜”——这实在是一个交易了。朱厚熜你要做皇帝就只能另认爹娘——这个话题绕来绕去，又回到是直接做皇帝还是以先给人家当儿子然后以皇太子身份继承皇位的敏感问题上来。礼仪之争的实质果然是权力之争。在此之前，杨廷和已经用计擒获掌握重兵的武将江彬，并在朱厚熜入宫之前总理朝政达几十天时间。最重要的是杨廷和有拥立之功。正德皇帝无子，是内阁首辅杨廷和在茫茫人海中发现了14岁的异乡少年朱厚熜。从权力控制的角度而言，强臣弱君的局面已经形成。杨廷和坚持以皇太子的身份逼朱厚熜就范，事实上是给他一个下马威，并为自己划定尽可能大的权力边界。由此，二人的较量进入针锋相对的阶段，而观政进士张璁就是在这样的历史时刻适时介入，开始了尝试改变自己以及帝国命运的努力。

七月初三日，张璁上疏，请立皇帝生父兴献王的庙于京师。他的奏疏引经据典，以《礼记》中“长子不得为人后”为证据，从伦理学角度提出兴献王只有朱厚熜这么一个儿子，如果强行迫他改认父亲，这是违反生人之大伦的。这是一。二是按《皇明祖训》“兄终弟及”的字面去理解，皇帝是继统而非继嗣，所以没有必要改换门庭，也就是说不能夺当今皇帝父子之亲，应追死去的兴献王为皇考。总之张璁的奏疏处处为嘉靖皇帝考虑，令后者得疏后大喜，称：“此论出，吾父子获全矣。”

但是，皇帝似乎高估了自己的权力。尽管他随后下诏尊封自己亲父为兴献皇帝，母亲为兴献皇后，祖母为寿安皇太后，但杨廷和还是悍然封还了皇帝手诏。当然对于内阁来讲，皇帝手诏可以奉行，也可以封还，这是它的一个权力。只是嘉靖皇帝恼怒杨廷和封还手诏后的一个说明。杨上奏说：“臣不敢阿谀顺旨。”史料记载“当是时，廷和先后封还御批者四，执奏几三十疏。帝常忽忽有所恨”

（见《明史·杨廷和传》）—— 杨廷和四次封还皇帝手诏，又差不多三十次上疏拒绝承认皇帝尊封其亲父为兴献皇帝等，怎不让嘉靖皇帝恼怒不已呢？！

重要的是杨廷和不是一个人在战斗。他坚持不懈地封还皇帝手诏，与此同时给事中朱鸿、汤史、于光，御史王溱、卢琼等相继上疏弹劾张璁——权力斗争到了白热化的地步。张璁也不示弱，他继续坚定地站在皇帝一边，写出《大礼或问》向宫中进呈，充分发挥了一个礼部时事观察员的聪明才智，为几乎被孤立起来的皇帝辩解说："非天子不议礼，愿奋独断，揭父子大伦，明告中外。"皇帝也不是不想独断专行，但杨廷和的势力太强了，轮不上他来独断，大礼仪之争第一回合，皇帝处于下风。

天意自古高难问

局面在差不多两个月后得到改观。九月二十五日，嘉靖皇帝的母亲兴献王妃从安陆千里迢迢赶到通州，欲见证自己儿子的传奇人生究竟有多少辉煌。对朱厚熜来说，从一个内陆藩王的儿子一跃而为天子，这绝对是天上掉馅饼的概率。但很快，兴献王妃失望了。兴献王已死，尊号问题却迟迟定不下来。具体到她身上，礼部提出要请她从东安门或大明门左门入京，这不是帝王之母应该具备的气象，当然从礼仪上讲也是不够尊重的，因为从东安门或大明门左门入京差不多只是一个王妃的礼遇。皇帝断然拒绝了，兴献王妃也不愿入京——她在北京，看到的不是儿子的传奇而是尴尬。母子俩在京郊抱头痛哭，嘉靖皇帝仿佛看到自己当初进京时的屈辱，愤然向内阁提出退位携母回安陆的要求，以向杨廷和逼宫。杨廷和思量了一下，或许觉得这样的局面不是他可以承受的，便假借太后懿旨，在皇帝亲生父母的称呼问题上让了一步，称今后皇帝本生父兴献王可为兴献帝，母可称兴献后。虽然嘉靖皇帝想尊封自己亲父为兴献皇帝，母亲为兴献皇后，相比之下杨廷和的解决方案里少了个“皇”字，只称兴献帝和兴献后，但政治就是妥协的艺术，皇帝从中看到了可以进一步有所作为的空间。十月初四日，他迎请自己的母亲兴献后入宫，走的是堂堂正正的大明门入阙路线。这一回合，毫无疑问是皇帝胜了。

皇帝在发现自己的力量后乘胜追击。两个月后，他下诏加其生父母兴献帝、后分别为兴献皇帝、兴献皇后，以将自己的目标落到实处。但大学士杨廷和却认为皇帝得寸进尺，要的东西太多了。他和礼部尚书毛澄、吏部尚书乔宇、侍郎贾泳、给事中朱鸣阳等百余名官员联合上疏表示反对。杨廷和说，兴献王、妃加帝、后已经是不情之请，所谓尊称已极。现在刚刚满足又要加个“皇”字，是“忘所后而重本生，任私恩而弃大义”。总之是坚决不可以的。皇帝却聪明，知道搬出太后来为自己说事。他反驳说自己作为皇帝大婚即将举行，遵慈寿皇太后懿旨，兴献帝宜加与皇号，母兴献后也宜加皇号。嘉靖皇帝一脸委屈地说：“朕不敢辞，尔群臣其承后命。”——我不敢辞，你们这些官员们也应遵承太后之命吧。

这真是非常狠的一招。皇帝曲径通幽，知道借力打力，让杨廷和无力反抗。毕竟太后懿旨是至高无上的。嘉靖皇帝的加封计划成了完美的 A 计划，几乎无懈可击。但世事多乖张，一场清宁宫小房发生的火灾令嘉靖皇帝的 A 计划功败垂成。那是嘉靖元年（1522 年）春正月十一日，皇帝心情很好地郊祀完毕，清宁宫的那场大火就不由分说地燃烧了起来。虽然损失不大，但火势凶猛，令观者触目惊心。很快，这场恰到好处的火灾就被反对派官员利用了。杨廷和、蒋冕等高官上言：火起风烈，这大约是天意吧。给事中邓继曾、主事高尚贤等进一步把话说死：“五行火主礼。今日之礼，名紊言逆，阴极变灾。为废礼之应。”“为废礼之应”是题眼，皇帝也拗不过天意，只得择机而动，暂时同意不在父母封号上加那个敏感的“皇”字。

但是天意自古高难问，皇帝心思你别猜。发生在嘉靖二年的庙制之争应该说微妙而曲折地表露了皇帝维护父亲特殊权益的执着信念。这年二月，皇帝让杨廷和等讨论一下乐舞的规格问题。此前，太常卿汪举已经把报告打上来，建议安陆兴献王庙宜用十二笾豆祭祀，其制如太庙。祭祀所用笾豆数目的多少反映了对死者的尊崇度，十二笾豆祭祀是最高规格了，只有过世的皇帝才能采用。与此同时，皇帝让杨廷和等讨论兴献王庙乐舞规格时“建议”用八佾（“八佾”是古代的一种乐舞，因共有八行八列而称作“八佾”。按照礼法规定，只有天子才能使用这种制度的乐舞）来祭祀。这个建议遭到礼部侍郎贾泳、给事中张翀、黄臣、刘最以及御史唐侨仪、秦武等的反对，这些官员认为：“八佾既用于太庙，安陆乐舞似当少杀，以避二统之嫌。”只是反对无效，皇帝最后下旨“仍用八佾”。由此，因大礼仪之争引发的历史冲突点在嘉靖三年不可避免地走向高潮，坚持与反对的双方都需要一场酣畅淋漓的表达或者说对决来解决问题。

风云际会之时，皇帝当然希望有同盟军支持他。此时我们将历史镜头切换给远在南京的张璁，看看他在这一大事件中会有怎样的作为。张璁在正德十六年写完《大礼或问》为皇帝以继统而不是继嗣的名义上位提供理论支持后，就被吏部安排到南京就职刑部主事。和礼部观政进士相比，张璁到南京去无疑是高升了，但其实这里面包含着杨廷和的计谋——是杨廷和指使吏部做如是安排的。张璁走了，皇帝只能一个人战斗，杨廷和以为这样的局面对自己有利。

嘉靖二年十一月，张璁的战略盟友、同为南京刑部主事的桂萼上疏建议重议大礼，从而拉开了嘉靖朝礼仪大决战的序幕。皇帝仿佛看到了张璁和桂萼在南京向他暗送的秋波，决定立即召此二人入京助阵。嘉靖三年四月，张璁、桂萼还在入京的途中，皇帝发布一道诏令，称正德皇帝为其皇兄，孝宗为皇考，称亲父兴献王为本生恭穆献皇帝，兴献王妃为本生圣母章圣皇太后。这道诏令是皇帝和反对派官员相互妥协的产物。此前，久经考验的功勋战士杨廷和突然在嘉靖三年（1524 年）二月十一日致仕（退休），随后内阁蒋冕、毛纪，礼部尚书汪俊等人同意在兴献王尊号中加一个“皇”字，但附加条件是必须在前缀上冠以“本生”二字，以示与真正皇帝的区别。这两件政坛大事细究起来都和张璁回京有关。这个皇帝的拼命三郎是回来死磕的，杨廷和自知皇帝已逐渐掌握大权，在政治倾向上自然支持张璁，便避其锋芒，选择全身而退，以求善终。内阁将冕、毛纪，礼部尚书汪俊的选择同其理，试图在张璁入京前以皇帝可以接受的方式解决问题，否则这个拼命三郎回来，怕是连“本生”二字都保不住。皇帝似乎也不想将剧情弄得太激烈，既然反对派同意自己亲爸可以在尊号中加一个“皇”字，其他问题也就无关紧要了。至此，张璁回京便变得可有可无了。他的使命已经完成，在这场历史大戏中，这个分量感极强的配角，到底不是主角。现在，高潮戏已过，他可以不必再出现了。

但张璁却想抢戏。张实在是一个好演员，在没戏的地方生生能演出戏来，甚至再造高潮。张璁和桂萼二人在赴京途中上疏，表示“革命尚未成功，皇帝仍需努力”。他们在奏疏中指出，问题的关键不在于一个皇字，而在“本生”二字上，“本生”是什么？是本来出生于某某之家，但现在不是了。所以皇上可以说有皇父却没有亲父，普天之下，如此奇耻大辱，试问几人可以承受？更何况皇帝贵为天子，难道这点事都解决不了吗？毫无疑问，张璁和桂萼的上疏是极具杀伤力的，因为皇帝恼羞成怒了，他在接疏后把内阁大臣毛纪叫过来，表情沉痛地质问他：“尔辈无君，欲使朕亦无父乎？”——你们没有君上，想让我也没亲爹吗？！

由此，历史的剧情急转直下，群臣伏阙哭争“大礼”这场戏有了充沛的推动力，非演绎不可了。因为毛纪被皇帝质问后神情“惶怖”，他召集百官到左顺门宣布说：本生圣母章圣皇太后，今更定尊号曰“圣母章圣皇太后”——咱还是顺了皇上的意思，别再和他对着干了……但百官们却是不从，纷纷表示“本生”二字不可删，而且相关官员对皇帝的手诏留中不报。七月十五日，冲突总爆发，皇帝居然罢工，罢朝斋居文华殿，表示不达目的决不上朝。吏部左侍郎何孟春以及宪宗朝的老尚书姚夔等领百官在文华门伏地大哭，希望皇帝回头是岸，别再干出格之事。而已然隐退的杨廷和的儿子杨慎趁此机会振臂一呼说：“国家养士百五十年，仗节死义，正在今日。”——历史的冲突情境由此走向生死考验，有些官员便开始首鼠两端起来——在群体性事件中，喊口号、看热闹或者趁机捞一把的人远多于以死相拼者，而杨慎如此激进的一个重要原因是他父亲本身就是反对派代表，有利害关系在里头，其他跟随者到底没那么坚定。历史的现场便开始嗡嗡声一片，有人要打退堂鼓。关键时刻，杨慎的同年进士、由庶吉士授检讨的王元正以及户科给事中张翀将百官们拦在了金水桥南，大声疾呼：“万世瞻仰，在此一举。今日有不力争者，共击之！”这个疾呼含义丰富，有义诱，也有威胁，很有裹挟众意的意思。

官员们果然被裹挟了。在尚书秦金的带领下，二百一十五名官员从文华门转赴左顺门，伏地恸哭，并且高呼高皇帝（朱元璋）以及孝宗皇帝的尊号，以表示对现行皇帝的不满。一场群体性事件就此带有浓郁的政治色彩，嘉靖帝当然不可能容忍此类事件的发生。他先是让司礼监出面，将参与闹事的官员姓名一一登记下来，并随后将丰熙、张翀、余宽等八名闹得最凶的首要分子逮捕入狱。但即便这样，杨慎、王元正等官员依旧不肯散去，他们拍门恸哭，哭出了心中冤屈，也哭出了一个王朝的不祥之兆。哭声震天，在阴森森的宫廷内环绕不绝，令皇帝简直是怒不可遏。嘉靖帝一不做、二不休，将134人逮捕入狱，另有86人处以待罪之名。随后这场镇压行动走向扩大化，凡参与闹事的四品以上官员夺俸，五品以下官员廷杖，王思、裴绍宗等17名官员被活活杖死。而大学士丰熙等8人流放充军——藏在大礼仪事件背后的人事春秋可谓惊心动魄矣。

大礼仪事件背后最大的获益者，恐怕非嘉靖帝莫属。他在嘉靖三年的大礼仪事件之后重新规整帝国的礼仪和权力格局，彻底改变了“强臣弱君”的政治局面，为其随后长达四十多年的嘉靖之治奠定了一个稳定局面。但是嘉靖之治细究起来却是乏善可陈，和正德皇帝玩的就是黑色幽默一样，嘉靖帝玩的就是人间蒸发。他将自己藏起来，藏在他的精神世界里，藏在这个帝国越来越萎顿的气质当中，一生无所作为。而真正试图有所作为的人则趁机浮出水面。

他，就是大名鼎鼎的严嵩。

严嵩的红与黑

什么时候开始，严嵩浮出帝国水面的呢？

嘉靖十七年（1538年），严嵩58岁，官至礼部尚书。此前，这个出身寒门的江西分宜人仕途并不顺坦。27岁授翰林院编修，但接下来有十年时间回分宜县境内的钤山过着陶渊明式的隐居生活。直到正德十一年（1516年），36岁的严嵩还朝复官，依然一副愤青模样或者说性格。他批评朝政，甚至对正德皇帝也语多耿直。“正德间，天下所疾苦莫如逆竖妖僧。”这掷地有声的话语就是当年严嵩所说，与给后人留下的奸臣形象相比，实在不敢想象是出于同一人之口。但事实上，严嵩的愤青形象一直保持到嘉靖年间。在著名的大礼仪之争中，严嵩甚至还是个左派，与同在南京的张璁、桂萼多有交集，反对皇帝过分抬高自己亲父的地位。

但是嘉靖十七年（1538年）是个分野，这一年严嵩的形象开始裂变，一半是红，一半是黑。在红与黑之间，他游刃有余，显示了一个左派转向右派的自觉与坚决。这一年六月，皇帝下旨，让礼部讨论他生父献皇帝庙号称宗的问题，以作入太庙的准备。礼部尚书严嵩刚开始坚决不同意，呈现了他一以贯之的左派面目，但在皇帝写下《明堂或问》之后，严嵩改口了，称“条画礼仪甚备”，尊献皇帝庙号祔于太庙不成问题。接下来，严嵩做了一系列锦上添花的事情，表示“宜奉皇考（嘉靖皇帝生父）于孝宗之庙”，庙号为“睿宗”。嘉靖十七年，严嵩成功转型，成为皇帝利益的坚决拥护者，以为自己在功名利禄间浮沉做铺垫。

这年年底的时候，嘉靖皇帝在京城南郊给自己亲父上“皇天上帝”大号，严嵩是怎么做的呢？他“奏见庆云，率群臣朝贺，又撰《庆云赋》《大礼告成颂》，以取悦世宗”。完全放弃了抵抗或者说底线——嘉靖十七年之前，那些严嵩一以贯之的人生信条随风而逝了，愤青不再，严嵩变脸为一个圆熟的帝国官僚。

他开始与内阁首辅夏言争宠。夏言比严嵩小两岁，这位江西贵溪人是个仕途得意者。嘉靖十年（1531 年）就是礼部尚书了。嘉靖十五年，夏言成为武英殿大学士，入参机务。嘉靖十八年，升首辅，累加至少师兼太子太师吏部尚书华盖殿大学士，特进光禄大夫、上柱国。而明朝的历史中，臣子素无加上柱国的先例，享此尊荣者，唯夏言一人而已，可见嘉靖皇帝对他的器重。特别值得一提的是，夏言从正七品的都给事中升至正二品的礼部尚书只用了短短一年时间。而严嵩虽然比夏言早十二年中得进士，却比他晚进入内阁六年，这是其一。其二，严嵩任礼部尚书是夏言引荐的，因有引荐之恩，夏言就视严嵩为门客，对其傲慢无礼。不甘久居人下的严嵩在嘉靖十七年处事风格突然大变，或许与其试图奋发有为不无关系吧？

夏言却对严嵩的心思毫无察觉。嘉靖十八年（1539 年）入住西苑无逸殿直庐以便皇帝不时宣召的几大重臣中，虽然礼部尚书严嵩赫然在列，却是忝居末位。其中的风头人物还是夏言。在为皇帝所撰、用于敬奉神仙的青词文章里，夏言一直是个中好手，这也是他能成为头牌入直大臣的重要理由。但是这一年五月初二日，夏言突然恩宠大失，皇帝责备他“怠慢不恭”，还将历年所赐的四百零五道手敕及一枚银章予以收回，革除勋阶，勒令其退休。这其实是严嵩联络翊国公郭勋向皇帝进言的结果，当然从另外一方面来说，夏言自己也犯下严重过失，才给严嵩以可乘之机——该年皇帝南巡，夏言留京撰拟《居守敕》，文章写得拖拖拉拉，皇帝南巡回京都好长时间了，他的文章还没写好；再加上夏言对侍奉玄修、议礼等工作都有些敷衍，皇帝看在眼里怒在心头，所以才有五月初二日的非常之举。

夏言似乎一蹶不振了，但此后的事实证明，这只是一场虚惊。几天后，皇帝就将所收缴的手敕、银章还给他，让他官复原职的同时再入直庐。原因是夏言认罪态度好，“惶惧谢罪”，在家闭门思过好几天，搞得皇帝也不好意思将愤怒进行到底了。就此事而言，最失落的人当然是严嵩。打蛇不死，反被蛇咬，他可不愿意成为那个古老寓言当中的牺牲品。嘉靖二十一年，年过六十的严嵩再次发力，以逞一击：他一方面天天加班，长期待在西苑直庐不回家，不更衣不洗澡，其敬业精神令皇帝“朕心甚慰”，同时所撰青词也功力日进，颇合帝意。另一方面，严嵩勾结道士陶仲文向皇帝打小报告，试图将夏言拉下马。这一年对夏言来说也是流年不利，因为拒绝穿戴皇帝所赐的道士巾，再加上在西苑乘轿逾制，七月一日，皇帝诏令夏言革职闲住。45 天之后，礼部尚书严嵩加少保、太子太保兼武英殿大学士入阁参预机务，仍署礼部事——严嵩入阁了。尽管严的入阁在吏科都给事中沈良才看来有些资历不够，沈为此上疏弹劾严嵩不宜入阁，皇帝却乾坤独断。嘉靖二十一年，夏言和严嵩的命运此消彼长，很多事情看似偶然，却是细节决定成败。关于这一点，严嵩的确做得很好，夏言也的确做得很不好，所以嘉靖二十一年的沧桑巨变实在是有迹可循的。

两年之后，好运再次降临严嵩身上。因为首辅翟銮犯事，严嵩顶替他成为首辅，并先后加太子太傅兼吏部尚书、谨身殿大学士、少傅、太子太师、少师，从而获得了文臣所能获得的全部荣誉或者说地位。这一年严嵩 64 岁，彻底完成从愤青到阁老的转变。严阁老德高望重、一言九鼎，于人生的艺术、权力的艺术多有参悟，似乎是金刚不坏之身了。但世上事亢龙有悔、否极泰来，嘉靖二十四年（1545 年）九月，皇帝突然在西苑对首辅严嵩及吏部尚书熊浃说了这样一句话：“朕得一句，曰阁老心高高似阁，可对之？”严嵩不敢对，他和熊浃两人“皆惶悚伏地，不敢仰视。”嘉靖皇帝随后表情淡然地说道：“若不能对，朕代对曰天官胆大大如天。”——这实在是一种敲打或者说警告，说严嵩“心高高似阁”，其心机尽在皇帝掌握。但严嵩已然贵为首辅，还能有什么企图呢？！

谜底随后揭晓。几天后，皇帝在案几上写下“公谨”（夏言字）二字，从而使得天机乍泄。严嵩明白，皇帝是想搞一搞平衡了。为迎合上意，严嵩对嘉靖帝说，“故辅臣夏言可诏用”，以显示其心胸宽广。但是严嵩没想到，他心胸宽广，皇帝比他心胸更宽广。嘉靖二十四年十二月十九日，夏言重新复出，仍以少师兼太子太师吏部尚书华盖殿大学士入朝，为首辅——官居严嵩之上——所谓圣心难测，严嵩至此算是领教了。

嘉靖二十四年不仅是臣与臣之间的过招，也是君臣之间的过招。而前者与后者是互有关联的。在历史的因果脉络当中，嘉靖二十四年不是开始，也不是结束，而是无数因果轮回中的一个节点。此前，有很多官员为了将严嵩拉下马，做了前赴后继的努力。在林林总总针对严嵩的弹劾案中，不管事实真相如何，皇帝都做出了有利于严的处置，似乎不应该导出嘉靖二十四年严嵩命运突然遇冷的结果。但夏言重新复出并且官居严嵩之上的现实却清晰地说明：臣臣之间的过招以及君臣之间的过招无时无刻不在进行。嘉靖二十四年的严嵩再次面临“打蛇不死，反被蛇咬”的寓言考验，而夏言重新上位后对其态度傲慢，盛气凌人，令严嵩深感危机重重。再次出手，“毕其功于一役”成为严嵩的不二选择。

“毕其功于一役”在严嵩看来不是要将对方搞退休而必须是搞死。夏言只有死了才能一了百了，还有一口气在便是威胁，因为圣心难测，这个政坛常青树随时可能翻盘。嘉靖二十七年（1548 年）正月初六，终极较量开始了。这个正月果真充满了硝烟味，只是硝烟味不是从喜庆吉祥的鞭炮中散发出来而是从战场上来。上一年年底，陕西三边总督曾铣邀集陕西巡抚谢兰、延绥巡抚杨守谦、宁夏巡抚王邦瑞及三镇总兵开会讨论收复河套事宜。这事皇帝是投了赞成票的，但嘉靖二十七年正月还没过完，嘉靖帝就向百官们发出一系列排比句疑问——收复河套“师出果有名否？兵果有余力、食果有余积、成功可必否？一铣（曾铣）何足言，只恐百姓受亡辜之戮耳”。大学士严嵩突然感觉天上掉馅饼了，所谓圣心难测，果然如此。而这样的机会于他而言，只意味着一件事：扳倒夏言，在此一举。因为对于收复河套，夏言是极力支持的。严嵩马上上奏，称廷臣皆知复套之谬，只是“有所畏耳”。为了论证廷臣对夏言“有所畏耳”，严嵩不惜以自身举例说：“臣与夏言同典机务，事无巨细，理须商榷，而言骄横自恣，凡事专制……一切机务忌臣干预，每于夜分票本，间以一二送臣看而已。”——一副委曲求全的老臣模样。与此同时，严嵩利用都督陆炳以及总兵官仇鸾与夏言和曾铣的矛盾，坐实夏的罪行。当然对皇帝来说，他只需要一个证据——曾铣就任三边总督是夏言向他私荐的，这次问题出在军国大事上，夏言罪责难逃。

嘉靖二十七年正月对夏言来说是失败的正月，他的官阶被夺，不过仍以尚书一职退休。但到了四月，形势急转直下，夏言被镇抚司下狱关押。十月初二，夏被杀于京师西市，终年 67 岁。夏言的一家老小也未能幸免，妻苏氏流放广西，侄子礼部主事夏克承、侄孙尚宝司丞夏朝庆削籍（革职）。至此，严嵩在帝国政坛上的最大政敌对他不再构成现实威胁。严阁老成了帝国政坛最大的那棵常青树。

权力场上的弃子

夏言走完了一生，严嵩却还在路上，正是风光无限。看严嵩一生的起承转合，我们或许可以发现，他其实是另一个夏言。也曾高潮，却注定要走向低潮，乃至于湮灭。如果说严嵩是夏言的掘墓人的话，那么埋葬严嵩的掘墓人则是徐阶——帝国的下一个权力宠儿。

徐阶比严嵩小 23 岁，不折不扣是一个晚字辈。嘉靖二十七年，当严嵩取代夏言，成为一人之下、万人之上的权力宠儿时，徐阶还只是个吏部右侍郎，这个“为人短小白皙，秀眉目，善容止”的上海小男人（徐阶出身松江华亭——今属上海市）看上去不善机谋，与宦海沉浮数十年的严嵩相比，的确不是后者的对手。但严嵩却将这个晚字辈视作对手。嘉靖二十八年（1549 年）二月，徐阶因为所进青词深得皇帝赏识而晋升为礼部尚书。他入召无逸殿直庐，侍帝左右，并得飞鱼服、尚方珍馔等赏赐。徐阶火箭式十部的官场历程毫无疑问引得严嵩的警惕——严嵩当年挑战夏言就是从礼部尚书一职开始，地点也在无逸殿直庐，最初的手段同样是写得一手好青词。所有这一切充分说明，一个潜在的敌手已经产生，必须引发高度关注。

更要命的问题还在于，徐阶是夏言引荐的，恩师夏言已死，徐阶能不对严嵩另眼相看？严嵩开始有所作为。他对皇帝说：徐阶“所乏非才，但多二心”。恰在此时，徐阶奏请皇帝册立太子。又请冠婚，秩序是先裕王、后景王，但嘉靖皇帝还是偏爱景王多一些，徐阶触痛了他的心头隐私——严嵩于此时慧眼独具指出徐阶“多二心”，打击可谓精准。徐阶的仕途乃至身家性命在那个历史瞬间几乎不保。

但关键时刻，徐阶开始低调行事，一方面谨事严嵩，另一方面对青词更加钻研，对皇帝“商及斋醮及服食秽亵，俱未免迎合”。于是奇迹发生了，嘉靖皇帝不仅没有惩治徐阶，还加其为少保。嘉靖三十一年三月初九日，徐阶以礼部尚书兼东阁大学士，参与机务，嘉靖三十二年进勋，为柱国，加太子太傅，兼武英殿大学士；嘉靖三十五年徐阶加少傅，皇帝录其子为中书舍人；嘉靖三十八年徐阶以一品考满九年，皇帝通报嘉奖，还赐宴礼部，并让徐阶改兼吏部尚书——徐阁老的仕途可谓逆势走强。

从嘉靖三十一年徐阶入阁，这个人开始了长达十七年的内阁大学士历程，他和严嵩共事时间也有十余年。那么究竟是什么原因，让严嵩倒在了这个后进同僚手里呢？在历史的天头地角，我们仿佛可以看到很多隐显不定的规则与潜规则含义丰富地纠结在一起，共同建构一个人的完败过程：除了前面所说的徐阶刻意低调行事，谨事严嵩，钻研青词之外，严嵩自己也问题多多。他败于自身如夏言般傲慢的性格，也败于对同僚冷酷无情的打击，更败于岁月——岁月无敌，苍老的严嵩在年过八旬之后败招迭出，自己将自己击败了。

我们来看几个时间点，几大和严嵩有关的敏感事件。

嘉靖三十一年(1552年)十月初九日，南京御史王宗茂弹劾严嵩祸国殃民罪。

嘉靖三十二年（1553年）正月二十三日，兵部武选司郎中杨继盛上疏弹劾严嵩十罪五奸，希望皇帝及早将严嵩正法或令其致仕，以全国体。

嘉靖三十二年（1553年）三月十一日，巡按云贵御史赵锦上疏弹劾严嵩恃权纵欲，提请皇帝立即罢免严嵩。

嘉靖三十七年（1558年）三月二十八日，刑科给事中吴时来上疏弹劾严嵩贪财纳贿；同日，刑部主事张翀、董传策也弹劾严嵩。

至此，倒严已成波澜壮阔之势，严嵩也不得已提出退休申请。皇帝的态度怎么样呢？在无数次肯定严嵩的功劳之后，嘉靖皇帝：“虽慰留之，然自是已稍厌严嵩。”（见《明史纪事本末》）徐阶最后的机会来了。

嘉靖四十年，严嵩82岁。这一年发生了一件离奇的事情：永寿宫突发火灾，但更离奇的是垂垂老矣的严嵩竟然劝皇帝搬到南宫去住，而南宫正是英宗皇帝在景泰年间被软禁的地方，嘉靖帝很忌讳这一点。这是一。二是嘉靖四十年徐阶兼任太子太师。永寿宫火灾后，他让儿子徐璠“兼工部主事，督其役”，只用了不到三个月时间重建永寿宫，大得皇帝欢心。这一年，徐璠被提拔为太常寺少卿。世易时移，徐阶与严嵩的权力角逐出现了此消彼长的变化，而作为个中变化的一个重要标志是严嵩在家里办下酒席宴请徐阶以示妥协，徐阶不去——此二人的对决，只在须臾之间了。

嘉靖四十一年，徐阶开始设局。先是做了一个铺垫。让擅长预卜祸福之事的方士蓝道行向皇帝预言“今日有奸臣奏事”，随后不久严嵩持密札入禁中言事，令嘉靖深感震惊。但这一切只是徐阶的设计罢了。五月十九日，受徐阶暗示，御史邹应龙专疏弹劾严嵩父子。至此，严嵩的仕途宣告结束，他先是被皇帝勒令致仕（退休），然后回到江西，于嘉靖四十四年（1565年）死去，终年86岁。严嵩“死时寄食墓舍，不能具棺椁，亦无吊者”（见《中国通史·第九卷》），可谓晚景凄凉。

一个人一生的起承转合就这样走完了。严嵩的一生与夏言的一生到底没有多大区别，都曾是权力场上的宠儿，又最终是弃子——真正的操盘手只是嘉靖皇帝。他是帝国一人，在龙椅上潜心向道，45年终究寂寞，还差点死于非命。表面上看，皇帝操控了很多人的命运，但实际上连自己的命运也掌握不了，遑论身后庞大无比的帝国。在青烟缭绕中，嘉靖帝面目模糊却又表情清晰，似乎充满了无限的渴望。

他，到底在渴望什么呢？

嘉靖大道场

很多时候，嘉靖皇帝和青烟在一起。于青烟缭绕中，他的一生也就摇摇袅袅，充满梦幻感。这个史上在位时间排名第五的皇帝从嘉靖二年开始就在宫中建斋醮，以表达他虔诚的宗教信仰。皇帝的信仰既是一个系统工程，也是时间工程，在嘉靖帝在位期间，几乎贯穿始终。不仅深刻影响其性格，也在很大程度上影响了大明官场的权力构成和帝国的内在气质。近半个世纪的时间里，因为信仰生发出来的一系列事件毫无疑问成就了嘉靖朝的国史与民间史，其悲欢离合、爱恨情仇等情怀与情节都是可圈可点的。

在匪夷所思的嘉靖大道场里，什么事都有可能会发生，什么事也必然会发生。道风萎靡之下，朝风自然不正。这是阳消阴长，也是世易时移。嘉靖十一年（1532年）十月二十六日，皇帝向鸿胪寺（官署名。主要掌朝会仪节等）抱怨说："近日文武官朝参不肃，步趋舒缓，序班参差，吐唾耳语，仰首瞻眺，殊不遵礼度。你们当通行传谕，自后须加严格，如有仍前违慢诸状，大臣疏参，小臣逮治。"但是在一个青烟缭绕的国度里，怎么可能有一个正常和健康的朝风呢？而朝风即国风，嘉靖皇帝没有透过现象抓本质，所以他的抱怨也只能随风而逝了。

非常朝代，非常事件层出不穷。发生在嘉靖二十一年（1542年）的"壬寅宫变"便是一系列非常事件的集中反映。这一年十月二十一日凌晨，十六名宫女在杨金英的鼓动下，乘皇帝在乾清宫熟睡之机，试图用绳套将其勒死。只因绳结误拉成死结，皇帝才死里逃生。事实上这起宫女弑君案的缘起也与皇帝的信仰有关。嘉靖皇帝相信采阴补阳之道，先后选取数百名童女入宫以为炼药之用。这些宫女不堪凌辱，才酿成非常之变。因为嘉靖二十一年是壬寅年，所以史称“壬寅宫变”。“壬寅宫变”后，皇帝没有检讨深层次的原因，反而认为自己命大是多年信道的结果，竟然宣布在朝天宫建醮七日。此后，皇帝移居西苑，再不回大内，对政事撒手不管——因为个人信仰而影响政局和朝局的个案就此诞生。帝国因此有了权臣趁机兴风作浪的时间和空间。严嵩之所以能在这个时间段浮出水面，这些外因都是必不可少的。

当然，也不是没有清醒者，没有铿锵有力的声音传出来。只是这样的声音很快就被皇帝扼杀了。嘉靖二十一年（1542 年）九月，皇帝听信陶仲文的建言，在太液池西建祐国康民雷殿，耗资巨大。工部员外郎刘魁冒死上疏说：“顷泰享殿、大高玄殿诸工尚未告竣。内帑所积几何？岁入几何？一役之费动至亿万。土木衣文绣，匠作班朱紫，道流所居拟于宫禁。国用已耗，民力已竭，而复为此不经无益之事，非所以示天下后世。”刘魁明白自己是死谏，上疏前索性让家人先备好棺材一具，以等待皇帝的处置。嘉靖皇帝果然震怒，于九月十六日将刘魁施以廷杖，随后下狱。

刘魁之后是海瑞。嘉靖四十五年（1566 年）二月初一日，户部云南司主事海瑞效仿刘魁，冒死上《治安疏》。海瑞在奏疏中说：“（皇帝）一心求神仙，竭民膏脂，滥兴土木，二十余年不视朝，法纪弛废，以猜嫌诽谤戮辱臣工，致使天下吏贪官横，民不聊生，水旱无时，盗贼兹炽……君道不正，臣职不明，这是今日天下第一大事，故臣冒死为陛下进言。”海瑞的奏疏也的确是找死之疏——皇帝在接报后雷霆大怒了。他一把将奏疏掷在地上，对左右说：赶快把海瑞抓起来，不要让他逃跑了。宦官黄锦说：“海瑞上疏时已买好棺材，诀别妻子，遣散僮仆，在朝待死。且托人料理后事。”——直将一个帝国叛逆者的形象描绘得栩栩如生。但皇帝依旧不肯放过这个叛逆者，下令将其关押起来。嘉靖四十五年毫无疑问是帝国修道者与叛逆者的对决之年，只是很遗憾，对决以不了了之的形式结束。这一年十二月十四日，皇帝死了，十三天后，海瑞获释，他官复原职，不久进大理寺丞。

一个新时代就此开始。嘉靖帝终于成为历史，不论是这个王朝还是他本人。

第十三章

隆庆皇帝

色即是空 空即是色

嘉靖四十五年（1566年），30岁的朱载垕在父亲嘉靖帝朱厚熜与世长辞后爬上龙椅，成为明帝国第十二代皇帝。此前，他已经在在裕王邸生活了13年时间，梦想长生不老、相信“二龙不相见”的父亲朱厚熜一直不给他“可堪大任”的暗示，以至于朱载垕的性格看上去毫无霸气可言。在接下来年号为“隆庆”的时代里，老实男人朱载垕沉默寡言，谈不上有什么天子气象。他做皇帝六年，仅主动召见过大臣两次，其余时间深居后宫做着男欢女爱的游戏。皇帝如此不作为，以至于隆庆三年，大臣郑履淳情不自禁地上疏质疑，火药味十足。但是皇帝置之不理。第二年，刑部主事陆树德继续开炮：“上下交为泰，今睽隔若此，何以劘君德，训万几？”皇帝听了这话，依旧置之不理。

皇帝的置之不理在今天看来似乎有四重解释：一、傲慢。“上下交为泰”，我就不跟你们交流，怎么地吧？二、无能。没有能力执政，你们批评我，我也无力反驳；三、宽容。天子有容乃大，批评也好，挖苦也罢，朕不跟你们计较；四、老实。老实不是无能，而是不擅长打口水战，心里有话说不出来。这最后一种解释或许才是最接近历史真实的解释，因为皇帝确实老实。在金銮殿上朝，他听百官唇枪舌战，常常一副鸭听天雷的表情——你们说你们的，我不表态、不负责、不决策——纵观明史，真正由朱载垕决策的事件果真少之又少。“隆庆开关”或许是那个时代最重要的事件，但幕后的推动者以及执行者却是那些大臣们，与皇帝干系并不大。隆庆时代，朱载垕这个王朝戏的第一主角拒绝做出生动的表情，拒绝推动剧情往前发展，以抵达高潮。真正出戏的其实是那些配角们。而就历史上的知名度而言，隆庆时代的配角也远比主角出名。他们是徐阶、张居正、高拱、海瑞等人。当皇帝在后宫中演出花样百出的春宫戏时，徐阶、张居正、高拱、海瑞等在前台出演一场场冲突激烈的政治戏。性爱并暴力着，暴力并权谋着。这个王朝的关键词毫无疑问是暧昧和复杂的。

主角与配角之间，他们各演各的，主次颠倒、泾渭分明，井水不犯河水。和父亲朱厚熜比起来，朱载垕更少地介入政治，更多地介入情色。色即是空，空即是色。明帝国的政治与情色概念到了第十二代皇帝朱载垕这里，算是合二为一，再也找不到清晰的边界了。

徐阶的命运路径

隆庆元年（1567 年），徐阶 64 岁。他这时的职务是首辅兼少师兼太子太师兼吏部尚书兼建极殿大学士。在隆庆时代的配角名单上，徐阶可谓第一大配角。此前一年，嘉靖皇帝与世长辞，徐阶承上启下，为新皇帝的顺利上位做了很多拨乱反正、正本清源的工作。但是没有谁知道，从那一刻开始，差不多只用了一年时间，徐阶的仕途就结束了。自隆庆二年解除全部职务回归故里，到万历十一年 80 岁时去世，徐阶生命中最后 15 年是被挂起来的。那是权力归零的 15 年，与严嵩八十多岁还在宫中有所作为、圣眷不衰相比，徐阶的权力人生很显然出问题了。那么，到底是什么问题让堂堂的首辅徐阶黯然引退呢？在其命运轨迹中，究竟存在什么强大的外力扭曲了其原本安之若素的运转？如果我们在历史的枝蔓间细细打理的话，或许能看见三个人的身影若隐若现，他们在某种程度上昭示了徐阶结局的必然走向。

头一个是高拱。高拱比徐阶年轻 10 岁，但从政时间迟了 20 年，入阁也晚了 15 年。这位河南新郑（今河南省新郑市）人在嘉靖三十九年（1560 年）才拜太常寺卿（相当于正三品）。随后徐阶在嘉靖四十五年（1566 年）推荐其入阁参政并拜为文渊阁大学士。此前一年，徐阶还帮高拱解除了一个仕途危机——嘉靖四十四年（1565 年）高拱主持乙丑会试，因为所进呈的试题触忤了皇帝，嘉靖帝便想把高拱贬谪出京，亏得首辅徐阶为高拱“解先帝疑”，高才得以在京师继续留下来。所以无论从哪一方面说，徐阶都是高拱的官场引路人。但是隆庆元年，张居正的浮出水面却让徐阶与高拱的关系从和谐走向裂变——徐阶命运的变数就此铸成。

隆庆元年正月，帝国内阁成员是四人。他们是徐阶、李春芳、郭朴和高拱。但到了二月，内阁成员增加了两人：陈以勤、张居正。此前，张居正的身份是徐阶门生、裕王府讲官。对于这个身份高拱并不嫉妒。他嫉妒或者说愤愤不平的是嘉靖皇帝去世后，徐阶竟然只与张居正密草遗诏，却不跟其他内阁成员一起商议。从官场规则上说，徐阶此举显然是犯了大忌。他以为自己是高拱的官场引路人，便可以忽略其存在。所以尽管"阶草遗诏，凡斋醮、土木、珠宝、织作悉罢；大礼、大狱、言事得罪诸臣悉牵复之。诏下，朝野号恸感激……"（见《明史·徐阶传》），徐阶收获了巨大的政治清誉，但是一种危险却几乎与此同时开始发酵，并在隆庆元年猛烈爆发。

首先是隐私之战。在一次内阁会议上，隐忍已久的高拱公开发难。他"请教"徐阶一个问题："公在先帝时导之为斋词以求媚。宫车甫晏驾而一旦即扳之。今又结言路而逐其藩国腹心之臣，何也？"高拱在他的提问中先揭批徐阶的发迹史——"献斋词以求媚"。徐阶的首辅高位是靠写斋词也就是青词爬上去的，没什么了不起；紧接着高拱指出徐阶又交结言官以达成其不可告人之目的。这里其实有一个背景。那就是在此之前高拱被徐阶的老乡、吏科给事中胡应嘉弹劾，众多言官也纷纷站在徐的立场上对高拱群起而攻之，致使高拱不惜在内阁会议上公开发难。那么徐阶是如何见招拆招的呢？徐阶回答说——我徐阶能交结言官，那你高拱为什么不能交结呢？！这是徐阶在交结言官的问题上撇清自己的责任；其次，徐阶告诉高拱，先帝在时，曾以密札问他："拱有疏，愿得效力于斋事，可许否？"徐阶将历史的底牌无情掀开，提供了高拱尝试"献斋词以求媚"的极好证明。徐阶大声对高拱说"此札今尚在"，高拱终于在徐阁老的反击面前败下阵来，高、徐二人第一回合的隐私之战以徐阶胜出而告终。

第二回合高拱剑走偏门，抓住徐阶儿子徐璠在苏松地区置产数万亩，横行乡里等不法之事令御史齐康上疏攻击徐阶管教不严，难辞其咎。徐阶一方面上疏力辩，另一方面也做好辞职归乡的打算。因为高拱这一招确实厉害，徐阶的儿子徐璠问题多多，徐阶是难逃干系的。但是关键时刻，徐阶的怀柔政策起作用了。那些被他起复的部院大臣、科道言官纷纷上书请留徐阶，同时交章弹劾高拱——史料记载，三个月之内，九卿以下官员弹劾高拱的奏疏竟然超过三十份——人心向背终于让高拱败下阵来，他只得引疾归田，寻找合适时机东山再起。这是隆庆元年（1567 年）五月份的事。这个五月，是徐阶的五月。他的人生意气风发，抵达高潮。

世上事逃不脱否极泰来。隆庆三年（1569 年）十二月，高拱果然东山再起，对徐阶图谋报复。两个人的恩怨情仇进入决战阶段。此时的徐阶已经引退，对高拱而言，那就是案板上的鲇鱼，可以任凭他摆布了。由此，高、徐二人的战争进入第三回合——强弱谁判。表面上看，已经引退的徐阶不堪一击，高拱来势汹汹，起复原苏州知府蔡国熙为苏松兵备副使，试图用此人为攻击徐阶及其家族的武器。蔡国熙也的确对高拱赤胆忠心，准备将徐阶的两个儿子充军，另有一子革职为民，同时籍没徐家田地四万亩。徐阶是怎么做的呢？最后时刻，他一方面动用张居正的关系，希望高拱权衡利弊，不要赶尽杀绝；与此同时，徐阶向高拱示之以弱——“从困中上书拱，其辞哀”，使得高拱不好意思下屠龙手，从而放徐阶一马，让其得以安度晚年。这一回合，高拱“婉”胜——胜得很婉约，他在心理上击败徐阶，彻底改变其命运轨迹，应该说这是一个基本的历史事实。

高拱之外，在徐阶的命运改变中，另一个人也起了翻云覆雨手的作用。他便是隆庆皇帝朱载垕。皇帝的确很少干预政治，但并不是说他不干预，而是干预的方式方法很巧妙，令人不能一下子看得很清晰、很明白。在上面所说的徐、高二人过招中，有一件事情很模糊地交代过去了，那就是徐阶引退。徐阶为什么引退，在其引退的背后，皇帝究竟起了怎样的作用？这正是接下来要细说的。作为深刻影响徐阶命运的重要人物之一——隆庆皇帝朱载垕在一开始隐藏了自己的观点或者说表情。在徐、高权力之争中，皇帝态度暧昧，基本上默不作声，但事实上，沉默之人最可怕。皇帝表面上不动声色，可权力之刃却已然出鞘，随时都有出击的可能。

究竟是哪一件事情让皇帝开始感到心里不爽，从而在隆庆二年（1568 年）七月做出弃用徐阶的决定呢？现在看来，或许是那三十余份弹劾高拱的奏疏让他心有惕惕然了吧。三个月之内，九卿以下官员弹劾高拱的奏疏超过了三十份。这些人为什么要这样做？是见义勇为吗？显然不是。面对徐阶的儿子徐璠在苏松地区置产数万亩、横行乡里等实际情况于不顾，那些被徐阶起复的部院大臣、科道言官反而集体对举报者高拱打击报复，这样的局面显然不是隆庆皇帝所乐见的。因为平衡被打破了，主次也已经颠倒。这个王朝，谁是第一影响力人物呢？皇帝感觉答案不言自明。所以他出手了。当舆情凶猛，高拱上疏言退时，隆庆皇帝准其以少傅兼太子太傅、尚书、大学士衔回乡养病。这是引退，当然也是隐退。是带有伏笔之举的，是退而不休。从皇帝的立场看，他不愿意徐阶的反对派就此偃旗息鼓，"回乡养病"云云可进可出，可上可下，更何况是带着一品衔荣归乡里的。皇帝这一招很显然着意深远。

续招接踵而至。对徐阶而言，他是慢慢才领会到皇上良苦用心的。皇帝让太监李用等分赴各地监督团营，以建立自己的情报系统或者说政治打击系统。徐阶对此说"不"。事实上皇帝此举是有成例可循的。早在永乐年间，朱棣就经常干这样的活。但徐阶无视这样的历史事实，甚至在南京，因为有太监在其中起推波助澜的作用，振武营团数次发生哗变时，徐阶下令将其解散，还惩办了其中的首恶分子。很显然，徐这是跟皇帝对着干。隆庆二年春，徐阶又干了一件令皇帝大感扫兴的事，从而使得隆庆帝有了"有意弃徐"的想法。恰好在这时，给事中张齐因个人恩怨上疏弹劾徐阶，徐阶一气之下做了"乞休"的举动，皇帝顺水推舟，很快批准。隆庆二年七月，做了17年阁臣、其中有7年是首辅的徐阶退休了。他退得很干净，不像高拱那样是带着一品衔荣归乡里的。皇帝的机心在这里展露无遗。一年之间，冰火两重天。帝国内阁最具实力和战斗力的两个人告老还乡了。对徐阶来说，他不可能有东山再起的机会，所以回到原籍的他在自家大堂上贴了这样一副对联——“庭训尚存，老去敢忘佩服；国恩未报，归来犹抱惭惶”，以表达其悲欣交集的复杂心境。这是徐阶命运改变中皇帝所起的作用。

最后要说一说海瑞。在徐阶的命运改变中，海瑞所起的作用是最小的，但或许最令徐阶伤感。说海瑞“以怨报德”可能有些苛刻，但这个人的耿介和对世事的不通融，无疑重重打击了晚年徐阶那颗脆弱的心。事情要从嘉靖四十五年（1566年）说起。海瑞上《治安疏》，嘉靖帝盛怒之下要海瑞去死。那时徐阶是怎么做的？他拒绝拟票，“原本封还”皇帝的谕旨。皇帝警告他说：“卿等于此‘畜物’（注：指海瑞）不依朕处，将来必不可言之者纷欺多事了。朕仰承天眷，自不惜谨，乃致病患一年，日弱一日，如可起御政，岂受此‘畜物’肆詈焉？”（见徐阶《世经堂集》卷三）这里嘉靖皇帝直言海瑞是“畜物”，表示自己不能受此“畜物”肆詈——肆詈是肆意詈骂的意思。但徐阶劝他说：“主圣则臣直，今此畜物据其跡，委不可并处。”他拍嘉靖马屁，表示主子圣明为臣的才直言不讳，所以不可重处海瑞，以免世人议论。当然了，嘉靖皇帝不是傻瓜，面对徐阶的非暴力不合作行动，他也只能愤愤不平地说：“相国佑瑞，岂少朕耶？”——相国（徐阶）你如此庇护海瑞，为何不考虑一下我的心情呢？嘉靖帝的神情或语气可谓幽怨与无奈了。

事实上，海瑞重见天日也是徐阶一手促成的。嘉靖四十五年（1566年）十二月，嘉靖皇帝去世，徐阶立刻拟《嘉靖遗诏》平反嘉靖一朝的冤假错案，而第一个被平反的人就是尚在狱中待处的海瑞。徐阶对海瑞的特殊照顾，由此可见一斑矣。

海瑞复出后，在就任兵部主事、尚宝司丞、大理右寺丞及南北通政司右通政等职期间，和徐阶多有书信往来。在这些带有个人情谊的信件中，海瑞对徐阶语多感激，也多赞美，赞美徐在历史转折关头所做出的开创性贡献。应该说这些赞美和感激都是发自肺腑的。因为在隆庆元年四月发生的一件事足以证明海瑞的心迹。这年四月，海瑞擢升大理寺右寺丞（正五品官职），与此同时高拱让他的门生、广东道试监察御史齐康上奏弹劾徐阶。海瑞是怎么做的？他第一个上疏支持徐阶，以表达其对徐投桃报李之恩。海瑞说徐阶“不招权，不纳贿”，而高拱为人“狡且凶”，齐康更是“以是为非，以非为是”，因此他乞求隆庆皇帝罢斥高拱，重治齐康。这就是隆庆元年的海瑞。隆庆元年的海瑞爱憎分明，立场坚定，充满了革命的大无畏精神。海瑞上疏之后，九卿科道官员也上疏联保徐阶，从而致使高拱离开中央回到地方闲居，确保了徐阶的权力边界清晰无误，不被任何觊觎者挑战。

但到了隆庆三年，海瑞向闲居乡间的徐阶发出挑战。这一年，海瑞仕途通坦。刚一开春他就官升通政司右通政。六月二十四日，海瑞晋升都察院右佥都御史、总督粮储、提督军务，巡抚应天十府。由此他和徐阶的冲突变得不可避免。因为徐阶的家乡松江府正是应天十府之一。徐府广占田地，是为乡宦大户，也是海瑞重点清理的对象。刚开始徐阶还是有所配合的，退田、捐款，以实际行动表明自己态度，但海瑞却毫不含糊，以“公（徐阶）父改子无所不可”为由迫其再退。这一点可能牵扯到海瑞性格，那就是为国办事不徇私情。尽管在隆庆元年他为力保徐阶上疏，称其“不招权，不纳贿”，但是到了隆庆三年，海瑞在写给内阁首辅李春芳的一封信中称“存翁（徐阶）近为群小所苦太甚，产业之多令人骇异，亦自取也”。“亦自取也”是咎由自取的意思，海瑞同时表示徐阶“若不退之过半，民风刁险可得而止之耶？为富不仁，有损无益，可为后车之戒”。这完全是一副爱之深、恨之切的表情了，当然也从一个侧面说明海瑞不近人情的性格——对徐阶来说，正值重新上位的高拱对其打击报复之时，不近人情的海瑞又对他来了这么一手，其受到心理打击不可谓不大。

所以，综合起来，在徐阶的命运改变中，正是因为高拱、隆庆皇帝以及海瑞从各自角度撞击了处于权力巅峰的他，才致使其在隆庆二年后一蹶不振，郁郁而终。在这次撞击中，高拱代表了阴谋的力量、隆庆皇帝代表了皇权的力量，海瑞则代表了正义的力量，他们从不同角度恰到好处地袭击徐阶，令其防不胜防，最终难逃一劫：在隆庆时代的权力谱系中，前阁老徐阶以其老迈之躯的倒下划了一道戛然而止的抛物线。醒目，却也黯淡。

高拱的权力人生

仔细考察高拱的官场履历表，有九年时间至关重要。那便是从嘉靖三十一年（1552年）到嘉靖三十九年（1560年）。嘉靖三十一年，时任翰林院编修的高拱到裕王府任首席讲读官，直到嘉靖三十九年他升太常寺卿掌国子监祭酒事离开裕王府。在这九年时间里，高拱潜伏在裕王府，深得裕王赏识或者说倚重。而这个裕王，便是日后的隆庆皇帝。高拱在官场上浮沉三十余年，共提职十四次，大多数提职发生在离开裕王府之后。可以这么说，裕王府的九年潜藏着高拱一生兴衰荣辱的密码。它给了高与徐阶争斗的底气，也为其东山再起埋下伏笔。隆庆时代，高拱就像皇帝放飞的风筝，只要线不断，随时可以重上九天。而高拱在隆庆皇帝去世的当年就迅速落败，被张居正打倒在地还踩上一脚，最后含恨离世，其原因也正在于他的命运是和隆庆皇帝绑定的。所谓一荣俱荣一损俱损，诚哉斯言。

很多蛛丝马迹在嘉靖年间就能看出来。徐阶之所以在嘉靖末年对高拱提拔重用是因为他看好这只潜力股——高拱的背后站着未来的皇帝，而当时的内阁首辅严嵩也对其另眼相看。高拱在裕王府任讲读官时，曾以韩愈“大鸡昂然来，小鸡悚而待”诗句调侃严嵩的“官威”，严嵩听了，只是哈哈一笑而已。这其实说明高拱在严嵩心中的分量。要是换作他人，怕是早就像诗中所说的那样“悚而待”了。

当然最重要的证据还在于升迁速度。我们来看一下嘉靖三十九年（1560年）

之后到嘉靖四十五年（1566年）之前，高拱的官场进步轨迹：嘉靖三十九年（1560年），高拱升太常寺卿掌国子监祭酒事；四十一年（1562年），他升礼部左侍郎，后兼学士；四十二年（1563年）高拱转吏部左侍郎兼学士，掌詹事府事；四十四年（1565年），高拱主持乙丑会试，升礼部尚书兼翰林院学士；四十五年（1566年），高拱被徐阶推荐，拜文渊阁大学士，入阁参政。七年时间，高拱从一个国子监祭酒（从四品）的小官升到文渊阁大学士（正一品），入阁参政，这速度真是飞一般的快。

裕王即位后，高拱开始和徐阶过招。如上所述，隆庆皇帝总是站在他身后，为其托底。隆庆三年，高拱复出。徐阶已然隐退，这个时代成了高拱时代。内阁之中，除张居正外，大学士陈以勤、赵贞吉、李春芳、殷士儋等先后被高拱逐出。事实上最后的较量便在张居正和高拱之间展开。张居正也曾经是裕王府的旧僚，甚至高拱复出其功可归于张居正。因为正是张和太监李芳等合谋，奏请起复高拱，皇帝才做出如是决定的。当然这也出于时局平衡的需要，是张居正的韬略之一，但隆庆权力场到最后只剩下高、张二人可以左右时局的时候，毫无疑问，较量是不可避免的。

更何况这里面还掺杂了一个敏感人物——徐阶。因为高拱对下野的徐阶不抛弃、不放弃，欲置其于死地，张居正出于平衡需要，劝高拱得饶人处且饶人。或许张居正的劝架语带讥诮，又或许他听到张居正受徐阶三万贿赂金的传言，高拱开始对张居正另眼相看了。而隆庆六年（1572年）发生的一件事更让高拱疑心张居正对自己蠢蠢欲动，不怀好意。这年正月，高拱成为柱国，进中极殿大学士，而给事中曹大野则在此时突然上章弹劾高拱不忠十事，包括他擅权报复、排斥善类、搞裙带之风以及纳贿，等等，有传言指曹大野的奏疏是张居正指使发出的，目的是阻止高拱快速上位。当然传言之说无法证伪，但高、张二人之间，很显然面和心不和了。

这一年五月二十六日，隆庆皇帝逝世，时年十岁的朱翊钧即皇帝位，以明年为万历元年。形势突然对高拱不利。而与此同时，张居正与太监冯保结成战略同盟，意图在新时代里有所作为。六月十三日，首辅高拱条陈新政五事，试图树立他在新时代一言九鼎的地位。但世上事欲速则不达，高拱在他的新政中建议加强内阁的权力，“官发奏本，不可留中不出”。冯保却认为高拱所言没把司礼监放在眼里，恰恰司礼监可以代行皇帝权力，因此冯保在内批中批了这样四个字，“照旧制行”。由此，高拱的命运进入下行道，因为他脱口而出说了这样一句话：“安有十岁天子而能自裁？”——冯保求之不得，马上将高拱的话语进行放大，向神宗（万历帝）报告说：高先生（高拱）说，十岁儿安能决事！一切的一切至此不可挽回。高拱随后被以“擅权无君”的罪名解除一切职务。史料记载圣旨宣读后，高拱“面色如死灰”“汗陡下如雨，伏不能起”。而一脸无辜的张居正则将他从地上扶起，送其踏上回乡之路。张居正这一手，是为收官。

可以这么说，隆庆时代，两个最主要的配角徐阶和高拱完成了命运的起承转合，他们走过高潮，也领略了低潮滋味。这样的人生可以说才是完整的，尽管此二人都活到了万历年间。高拱是万历六年（1578 年）去世的，徐阶是万历十一年（1583 年）去世的，但事实上他们的万历余生并无多大意义，除了写写回忆录外。而高拱也果然写了回忆录。他临终前写了《病榻遗言》四卷，内容是追述张居正联络冯保夺得首辅之位的过程，高拱认为自己在隆庆六年的被解职只是张居正所设计的众多阴谋中的一环罢了——他算计了徐阶，却到底被张居正所算计。人生无非是算计和被算计而已。至此，高拱可谓死得明白，虽然他明白得实在有些晚了。

张居正和海瑞：世事如棋

隆庆时代，徐阶和高拱是最主要也是最重要的两个配角，但并不是说其他配角就不重要。相比他们两位而言，张居正和海瑞也是不可或缺的角色。只不过张和海的表演时间跨度大，横跨嘉靖、隆庆和万历年间。特别是张居正，一生最精彩的出演都在万历年间。誉满天下也谤满天下；而海瑞也在被排挤、革职 16 年后于万历十三年（1585 年）重被起用，最终完成其命运的起承转合。这样的看点，不是单薄的隆庆时代可以承受的。

但还是要谈一谈他们。隆庆六年对张居正来说是命运向上走的六年，也是他隐忍、用计的重要阶段。隆庆六年对海瑞来说则是命运向下走的六年，在此六年中，他深刻体察到了世态炎凉。所谓性格决定命运，他和徐阶的恩怨交集，对世事的不通融、不妥协，最终让其在隆庆时代的落马显得有迹可循。每一个配角其实都是主角，他们认真演绎自己的人生，以为可以改变命运。这样的抵抗或者说暴力美学发生在历史的大背景下，毫无疑问都是一场场张力十足的冲突戏，殊可观瞻。

张居正一出场就给人印象深刻。他是那种在人群中注定要鹤立鸡群的人物，各方面都拔尖。我们来看一下张居正的拔尖史。张 5 岁入学，7 岁通经义，12 岁中秀才，16 岁中举人，23 岁考中进士，由编修官至侍讲学士令翰林事。隆庆元年（1567 年）时任吏部左侍郎兼东阁大学士，进入内阁，参与朝政。同年四月，又改任礼部尚书、武英殿大学士。这一年张居正 43 岁，高拱 54 岁，徐阶 64 岁。

他们同为内阁成员，毫无疑问，张居正差不多提早一二十年走到高拱、徐阶所在的位置上，这样的人不是人尖子是什么？

隆庆二年（1568年）八月二十九日，张居正上《六事疏》，陈言大本急务六事。此前一个月，内阁首辅徐阶在皇帝的另眼相看下黯然引退，次辅李春芳见此很有兔死狐悲之感——他对张居正说的一句话泄露了天机："徐公尚尔，我安能久？容旦夕乞身耳。"——徐公（徐阶）尚且如此，我还能在这个位置上待多久呢？做一天和尚撞一天钟罢了……李春芳的颓唐给了张居正向上的力量，由此，张上了《六事疏》这样一份改革纲领。改革是假，上位是真。张居正真正的改革发生在若干年后的万历年间，而此时的他只是想在内阁阁员的排名上再进一步罢了。

但是半路杀出个程咬金。张居正上《六事疏》一年后，赵贞吉入阁。这位狂傲的名士并不把张居正放在眼里。他大张居正18岁，虽然同为内阁成员，但赵贞吉却以晚辈视之，令张居正是可忍孰不可忍。当时李春芳已经升为首辅，赵贞吉掌控都察院（其职务相当于现在最高人民检察院院长），在张居正看来，这都是异己的力量。为了博弈双方的平衡需要，张居正借助太监李芳于隆庆三年十二月向皇帝建议召还高拱，并使其为次辅兼掌吏部，次辅相当于副总理一级，掌控吏部相当于现在的中央组织部部长。和赵贞吉相比，高拱的实力当然要强一些。张居正坐山观虎斗，玩的就是借刀杀人。很快，心高气傲却郁郁不得志的赵贞吉言退，而首辅李春芳的日子也是如坐针毡。失去赵贞吉这样一个有力的臂膀，李春芳也不得不主动提出离职。由此，高拱上位，坐了内阁的头把交椅，而张居正跃居次辅的位置。这可以说是张居正计谋的胜利——先把高拱抬上去，再将他打下来取而代之。年近五十的张居正有条不紊地为自己的人生布局。

世事如棋，很多妙招浑然天成，不用张居正去苦心孤诣、梦寐以求。由于在徐阶事件上高拱对待张居正的态度傲慢而多疑，张居正选择了与太监冯保结成战略联盟。在隆庆皇帝病逝时，已然成为司礼监太监的冯保利用职务便利秘密交代张居正起草遗诏，并且在遗诏中加进"司礼监与阁臣同受顾命"的内容——这样一个条款毫无疑问让他们成为利益共同体，而张居正成为首辅接下来只是时间问题了。就像上面所说，因为高拱祸从口出，小皇帝（神宗）勃然大怒，将高拱骂他的话（当然是经过冯保添油加醋之后的）告诉奶奶去，由此高拱被罢官，张居正成功上位，做了十年首辅，直到他去世为止。可以这么说，张居正在隆庆年代没有条件创造条件，东拉西扯、借力打力、翻手为云覆手为雨，完成其在权力场上的大挪移。这是归置与重整，也是其权力的增值过程。张居正的人生，在隆庆年代走出了向上的曲线——通向首辅之路，他玩的就是曲径通幽，但是效果极好。

和张居正相比，海瑞在隆庆年代的命运走出了另一个抛物线。先向上，然后急转直下，令人瞠目结舌、遗憾不已。张居正是圆熟的，海瑞是耿介的；张居正曲径通幽，海瑞直进直出，中间没有什么铺垫。嘉靖四十五年，海瑞在狱中命悬一线，是徐阶出手救了他。隆庆元年，海瑞投桃报李，为处于危机中的徐阶仗义执言，却因此得罪高拱，为他日后的落败埋下伏笔。隆庆三年，海瑞晋升都察院右佥都御史、总督粮储、提督军务，巡抚应天十府，却意外地拿徐阶开刀，逼得徐阶不得不出招，指使吏科给事中戴凤翔上疏弹劾海瑞“不谙吏事”，“庇奸民，鱼肉缙绅，沽名乱政”“不可一日居地方”，意在将其赶出应天。海瑞反驳称戴凤翔疏中所言不为“报国”，而以“行私”，隐隐将矛头指向徐阶。由此，海瑞的命运开始变得凶险。他的敌人高拱心里一直痛恨他，在伺机报复；他的朋友或者说恩师一夜之间成为仇敌，站到了对立面上。这其实是海瑞人生观、价值观的选择及其必然结果——吾爱吾师，吾更爱真理，但代价毫无疑问是沉重的，因为高拱落井下石了。

戴凤翔上疏之时，刚好高拱东山再起，以吏部尚书的身份重新入阁主事，所以对戴凤翔弹劾海瑞“不谙吏事”一事，那是完全照准。海瑞应天巡抚的职务被罢去，他只得上《告养病疏》，请求“赐臣回籍，永终田里”。这一年是隆庆四年，海瑞 57 岁。作为仕途的失意者，他东山再起要在 16 年之后。和仕途的得意者张居正站在一起，他们两人的命运可谓是云泥之别。其实在高拱去后，海瑞本可以早早起复的，不需再等 16 年时间，以一个精神偶像的方式重返政坛，但张居正阻止了海瑞的复出。万历元年（1573 年）正月十一日，不懂得看他人眼色的吏科都给事中雒遵上疏推荐海瑞，吏部给了他一个回复，很有意思，说：“海瑞秉忠亮之心，抱骨鲠之节，天下信之。然考其政，多未通方。只宜坐镇雅俗，不当重烦民事。”“只宜坐镇雅俗”六个字实在传神，将海瑞清高孤傲的秉性表达了出来。这与其说是吏部的意思倒不如说是张居正的意思，因为此时张居正为内阁首辅，用不用海瑞他说了算。他们两人，一个圆，一个方；一个显，一个隐；一个坐俗，一个坐雅。本不该在同一时代里遭遇、共存，而海瑞也终于在张居正离世后的万历十三年（1585 年）重新复出，先后任南京吏部右侍郎、南京右都御史，干的就是反贪污、反腐败之类的活。在这个意义上，海瑞“只宜坐镇雅俗”倒是不争的事实。世上事大多因果轮回，海瑞在隆庆年代的命运其实是一个伏笔，遥相呼应了十多年后他在万历年间的种种遭遇。当然，这都是后话了。

生活就是性生活

配角说完说主角。在主次颠倒的年代，这或许才是正确的叙述路径。徐阶、高拱、张居正、海瑞们在倾情出演，皇帝则一个人在激情出演。当然要说得低俗或者说更客观一点，隆庆皇帝是在色情出演——隆庆年代的现实充分说明了这一点。

隆庆一开年，形势其实相当的糟糕。隆庆元年，天下事可用四个字来形容——危机四伏。这一年云南土官凤继祖起事。他率部围攻武定，砍杀当地官员，气焰喧嚣一时；陕西又有刘孟胡等拥众五百余人四处滋事；与此同时俺答犯大同、屠石州，所到之处，烧杀掠夺不可胜计。九月二十四日，京师不得不宣布戒严；这一年年底，户部尚书马森奏报：太仓银库入不敷出。“以出入相较，少三百九十五万零四百余两。”不过对皇帝来说，形势糟糕自有干臣去应付。这干臣便是徐阶、高拱等人，而他的人生关键词只有“女色”二字。

隆庆三年（1569年）四月，皇帝命礼部选进宫女三百人。此次选取的民间女子年纪在十一岁以上、十六岁以下，个个青春貌美，都是皇帝所喜爱的。皇帝热爱女色，对他来说，生活就是性生活，性生活就是生活。虽然在徐阶和高拱的权力之争中，皇帝不动声色地帮了高拱一把，但这并不能说明皇帝对权力有莫大兴趣。帝国浩大，皇帝感兴趣的只是后宫；江山美人，皇帝爱美人甚于江山。“权力”和“女色”对皇帝来说，是两条不相交的并行线，隆庆皇帝朱载垕并没有两手抓两手都要硬的意思。如果说隆庆皇帝的父亲嘉靖皇帝半缘修道半缘君，左手是道右手是色的话，那么隆庆皇帝则将其合二为一，完全走向了形而下，在色欲的泥潭中流连忘返、乐此不疲。史料记载，隆庆皇帝每天吃春药、临幸美女。宫里的茶杯、龙床的图案上刻绘的都是男欢女爱的内容。到隆庆五年（1571年）冬天时，皇帝已然不能上朝，身体坏到极点。第二年闰二月，隆庆皇帝朱载垕在休养了两个月后重新上朝，却很快体力不支，不得不又卧床休息。帝国天子的身体到了这步田地，算是岌岌可危了。好在弱君强臣，徐阶、高拱、张居正们在耍玩权力游戏的同时也附带着治理国家，才使得帝国依惯性继续前行。

隆庆六年（1572年）五月二十六日，隆庆时代宣告结束。因为虚弱的皇帝在36岁的壮年去世了。隆庆皇帝朱载垕大约也没想到自己会如此早地过世，以至于他还来不及为自己修建陵墓。匆匆忙忙间，皇帝下葬于嘉靖皇帝生前为其父兴献王朱祐杬修建的陵墓中，算是鸠占鹊巢。总的来说，在隆庆年代，配角比主角要更有戏，不按规矩出牌之事也甚多，鸠占鹊巢实在也算不了什么。不过令人啼笑皆非的还是朱载垕的谥号。一生以追求女色为己任的隆庆皇帝其死后谥号竟是“契天隆道渊懿宽仁显文光武纯德弘孝庄皇帝”，这简直是让人无语复无语了……

短暂而混乱的年代，一切其实都是可以解构的。就这么理解吧。

万历

起承转合的转

躲猫猫游戏

1572 年六月初十日，朱翊钧开始做皇帝了，年号万历，后世称之为神宗。

关于做皇帝这件事，其实每个当事人的感受和表现各不相同。感受体现在表现上，而皇帝在其岗位上的种种表现则隐晦地表达了他们内心的感受。这是感受和表现的辩证法。帝国为什么有鞠躬尽瘁死而后已的皇帝，又为什么有几十年深居后宫不愿出来理政的皇帝？说到底，都是辩证法在起作用。这一回的突出个案是神宗皇帝。

起码在万历十年张居正去世之前，神宗的表现还是可圈可点的。万历二年（1574 年）正月十八日，皇帝在皇极门亲自召见浙江左布政使谢鹏举等二十名廉能官。所谓廉能官是指那些地方上又廉洁又能干的官员。他们来京奏事，渴望见上皇帝一面，以为对自己辛勤工作的承认或者说嘉许。反过来说，皇帝是否召见这些廉能官们，也是皇帝勤政与否的一个硬指标。在此之前的嘉靖皇帝很显然是不勤政的。但是 12 岁的小皇帝神宗在张居正的谆谆教诲下决定做一个勤政好皇帝。他不仅召见了谢鹏举他们，还在五天后升谢为都察院右佥都御史，巡抚浙江，其他人等也都获得一些奖励，比如“银币酒馔”，等等。

一年之后，皇帝在另一个方面做出表率——亲自去太庙祭拜列祖列宗。万历三年（1575 年）正月初七日，13 岁的皇帝亲飨太庙，露出少年天子继往开来的新鲜气象。在此之前，他因太过年幼，只能派一些亲官代其祭祀。但是现在的情形迥异于以往，皇帝虽然尚未成年，却在这方面体现了难得的自省意识和励志情怀，令人刮目相看。

神宗另一个深具自省意识和励志情怀的表现是作牙牌子自警。这一年接下来的日子，帝国出现了一次日食——太阳在大白天突然变黑了。皇帝见了，马上引咎自责，在宫中自作牙牌子，上刻“谨天戒、任贤能、亲贤臣、远嬖佞、明赏罚、谨出入、慎起居、节饮食、收放心、存敬畏、纳忠言、节财用”等字眼以为座右铭。当然小皇帝做这事是渴望得到他人鼓励或者说赞赏的。四月初五日，神宗向内阁阁臣张居正和吕调阳通报了自己撰刻座右铭一事。张居正听了那是感慨万千，认为少年天子如此自省和自励，实在是帝国之幸。他向神宗建议说：“皇上所言十二事，虽因天变自警，其实全系修身治天下之道，可以终身行之。”当然世上事行一时易，行终身难。神宗后来的种种表现与其座右铭逐渐背道而驰，诚为憾事，不过万历三年（1575）的神宗实事求是地说是积极向上的，值得期许与期待。这一点毫无疑问。

所以接下来我们欣慰地看到，神宗对那些吊儿郎当、不够勤政的官员惩罚相当严厉。万历三年（1575年）五月十六日，皇帝上朝，发现当日旷工的官员达283人，皇帝马上下令：“各罚月俸”——旷工一日就扣罚一个月的薪水，这要放在现代企业，也算是重处了。当然神宗这样的作为不是一时心血来潮，而是有可持续性的。万历五年（1577年）闰八月初三日，神宗又痛下杀手，处罚了襄诚伯李应臣等587名旷工的官员，下令“各夺俸禄一月”。在那些亦真亦幻的历史脸谱背后，我们仿佛真切地看到——万历十年前对朝局着急的人是神宗，万历十年之后则是曾经吊儿郎当、不够勤政的官员。因为后者发现皇帝比他们变得还吊儿郎当、不够勤政。世事风水轮回，不需三十年河东三十年河西，却是十年见分晓。

万历十年（1582年）六月二十日，张居正去世，享年58岁。这一年神宗刚好20岁。五个月后，他干了这样一件事：命户部采办他弟弟潞王婚礼所需的各种金银珠宝。名单如下：黄金三千八百六十九两、青红宝石八万七千块、各色珍珠八万五千余颗、珊瑚珍珠二万四千八百余颗。这的确是大手笔，也是户部不能承受之重。户部以帝国财政收入不足为由希望减数采办。神宗不许，下令足额采办。

万历十年的金银珠宝采办事件现在看起来实在是一起标志性事件，它是皇帝变脸的开始。因为就在三年前，神宗以两宫皇太后行赏而内库缺金少银为由，下诏征取光禄寺银十万两未遂。原因是张居正上疏制止。张居正疏中有“若再下诏征取，臣等当不敢奉诏遵行”之语，而皇帝果然在最后未能获取光禄寺的银两。这是张居正在与不在的区别，也是神宗内心真实欲望能否得到满足的分界点。毫无疑问，万历十年是这样一个分界点。它是告别的年头，也是张扬的年头。万历十年（1582年）张居正去后，神宗即刻命内阁取太仓银20万两、光禄寺银10万两，以为充赏之用。从这一年开始，皇帝座右铭中的最后一条“节财用”被彻底颠覆，发展到后来，神宗派矿监、税监到全国各地去搜刮“明珠、异宝、文毳、锦绮”以为他赏用，其中郑贵妃生子他赏银15万两、过生日赏银20万两，福王结婚用银30万两、建洛阳府邸用银28万两，营建定陵用银800万两，皇子册封等用银1200万两、采办珠宝等用银2400万两（见《明史·食货志》），一个挥霍无度的皇帝形象至此已是呼之欲出。历史如此反讽，真是令人无语矣。

万历十四年（1586年）十月初五日，礼部主事卢洪春显得格外忧心忡忡。20天前，皇帝连日免朝，两天前又下诏说头晕得厉害，必须“暂罢朝讲”（朝讲，一种帝王勤政仪式。指帝师或硕儒早晨对皇帝讲读经史典籍以为资治通鉴）。联系到自张居正去后，皇帝连祭拜太庙都要遣官代行的现实，作为礼部主事的卢洪春觉得要对皇帝讲讲礼了。帝国之治，礼仪为先。卢洪春上疏说：“陛下年轻力壮，诸病症皆不应有，不应有而有之，上伤圣母之心，下骇臣民之听，且废祖宗大典，臣不知陛下何以能自安……望陛下以宗社为重，不要文过饰非，掩人耳目。”这份奏疏送上后，毫无疑问成了一个人命运的拐点。不是神宗，而是上疏人卢洪春。他被廷杖六十，革职为民，再也不能对皇帝讲理了。

卢洪春冒死上疏劝皇帝勤政，事实上不是一种潮流的开始，也不是结束。在万历朝的劝谏史上，前赴后继者数不胜数，只是他们的命运大同小异，都受到了神宗程度不同的斥责。从万历十一年魏允贞上疏建言五事始，到万历四十八年（1620年）七月二十二日，皇帝去世后的第二天，还有巡按直隶御史易应昌上疏论及国势，有“天下之兵未可恃、天下之食未足恃、天下民心不可恃”之语——神宗在位48年，到头来的结果竟是帝国走到崩溃边缘，数十年间无数官员前赴后继上疏建言的结果并未收到半点成效，神宗之“神”也算是叹为观止了。

很多迹象表明，张居正不在的帝国神宗逐渐将自己抛弃了。从勤政走向怠政，神宗脚步坚定，表情也同样坚定。万历十七年（1589年）三月初九日，已经久不上朝的神宗突然从宫内传出一道旨意："奏对数多，不耐劳剧，不临朝视政。"这是他给自己不上朝以一个合法的借口。与此同时，神宗宣布今后将谢绝在京升授官的面谢——朕不想见到你们，你们也别来烦朕。而在此之前，依惯例被提拔重用的官员都需要入朝晋见皇帝，并当面叩头谢恩。神宗特立独行做出如此选择，很有"神龙见首不见尾"的意思。但是，对大多数地方官员来说，他们连见"神龙之首"的机会都没有，又何谈见尾呢？皇帝终于将自己萎缩成了一个传说。这是万历朝的一个特色。

一年之后，皇帝做出决定：永罢日讲。"日讲"这个在万历元年由张居正传给他的仪式在18年光阴的打磨之后终于不再维持那层温情脉脉的面纱，神宗一脸冷漠地露出其不耐烦的底色，态度决绝，不容置疑。事实上在此之前，皇帝已经很不耐烦了。他对官员们所上的奏疏，不批答、不议处，而是留于宫中，谓之"留中"。那些留中的奏疏，仿佛皇帝的心境，慵懒而沉默，充满了对这个世界的不信任和不自信。皇帝如此作为，以至于老实人兼老好人申时行也看不下去了。万历十五年（1587年）十月初五日，大学士申时行小心翼翼对皇帝上疏建议说，诸司章奏已经在您那放了十多天，更有一个月甚至二三月不发的，提请皇上还是立即签发吧。但是很遗憾，申时行的这份奏疏也被"留中"不发。以"留中"不发对付"留中"不发，神宗不给世界一个解说的理由。申时行只能无可奈何。

当然皇帝也不是一味无趣，他有时也玩玩黑色幽默。万历十四年（1586年）三月初三日，神宗下诏求言，希望百官们畅所欲言，以共享天下太平之治。结果……结果是无数上疏言事的官员自食其果，这其中的杰出代表便是礼部主事卢洪春。他真是不懂神宗的心，不理解其黑色幽默而被他涮了。

万历十五年也是个黑色幽默年。皇帝一方面下令申时行等人进呈《累朝训录》，将祖宗训录汇编成一千九百二十八卷，以为自己资政之用，另一方面他又抛弃传统，永罢日讲，直让申时行摸不着头脑，只能从"圣心难测"的角度去加以解读。

不过，黑色幽默说到底只是皇帝一个人的游戏，百官们不敢陪着他玩。万历后期，越来越多的官员们选择离去，不愿或者说不屑于做这个王朝的陪衬演员。万历三十年（1602年），据统计南北两京缺尚书三人，侍郎十人，科、道官九十四人；全国缺巡抚三人，布、按、监司缺六十六人，知府缺二十五人。万历三十一年（1603年）三月初二日，吏部报告：全国知府缺者十分之五，请令本部推补。万历三十七年，吏、礼二部的部长和副部长都告缺，无奈之下，皇帝只得以礼部侍郎吴道南署本部尚书，总算是让国家机器继续运转下去。

更多的人志在求去。曾为太常寺卿、左副都御史后代理都察院最高行政长官的詹沂因为累章乞休未获批准，索性封印自归，连退休金都不要了。万历三十九年十月初一日，户部尚书赵世卿连疏求去而不得，干脆步詹沂后尘，乘一辆破车逃回老家。万历四十年二月十八日，吏部尚书孙丕扬在连上二十余疏请求退休得不到批准的情况下，也选择拜疏自归，成为帝国政坛的又一轰动性新闻。万历四十六年（1618年）二月二十七日，兵部侍郎署尚书崔景荣因为屡次上疏请求退休未获批准，封印出城，算是自动离职。只是这一回神宗皇帝颇有些不满，他抱怨说："当今部院缺人，非大臣擅自去官之时。"——你崔景荣也太不给朕面子了……

不过最决绝的例子还属李庭机。这位礼部尚书兼东阁大学士闭门数月不入朝办事，连疏乞休达一百二十余次，最终神宗不胜其烦，只得让他归去。帝国官场如此颓废的气象，说起来也是古今奇观。

但是说一千道一万，最后的问题其实都可以归拢到神宗这里。他数十年与大臣们"躲猫猫"，大臣们当然也要投桃报李，和他一起玩这个心照不宣的游戏了。万历时代的帝国很大，人心尽失，皇帝很寂寞。他在后宫中幽怨地看着这个分崩离析的朝廷，就像这个朝廷幽怨地期待他归来一样，是那样的无言复无言。他们相望于庙堂，只是谁也看不见对方，谁也不明白对方的心，是红得像火，还是黑得像漆。而帝国，实在是步入危境。

神宗和张居正

在帝国的权力谱系中，每个参与其间的人都必然要摇曳出不同的波长或者说曲线，毫无疑问正是他们集体构成了万历年间的权力悲喜剧。皇帝虽然无所作为，但那是后期的事。刚开始，皇帝也是个权力玩家。特别是和张居正的权力互动上，那叫一个有所作为，玩的就是“先予后取”——神宗貌似给了张居正无限的权力，却在其死后变本加厉的收回——张被抄家，其家属要么处死要么发配充军。而张居正本人对待权力的策略则是排除一切政敌，打击报复那些异议人士。张居正事实上是张扬的，这与某些史论者为其打造的“工于谋国，拙于谋身”的形象大相径庭——张不是不善于谋身，而是他低估了神宗，以为小皇帝永远在他的羽翼之下不会成长，遑论反抗与反击。神宗和张居正，可以说基本上是他们两位，丰满地构成了万历年间的权力悲喜剧。这个值得细说。

隆庆六年六月十六日，高拱离开了帝国权力场，成为那个时代最引人注目的失意者。20天后，吏部对在京官员进行政绩考察。考察过后，吏部员外郎穆文照，都给事中宋之韩、程文等32人被免职；吏部主事许孚远，御史李纯等53人被外调地方，降级使用。光禄寺寺丞张齐、尚宝司卿成钟声、司丞陈懿德等或赋闲或外调，总之一场人事地震轰轰烈烈地发生了。这场人事地震的目的其实只有一个，将京师各部门中高拱之党剔除干净。这正是张居正保证其权力安全的第一个动作，因为该项工作是在他主持下进行的，那些受到特殊“关照”

的官员或多或少和高拱有着某种联系。张居正不想看到他们在时机合适的时候蠢蠢欲动，从而对自己构成威胁。

张居正的第二个动作显得比较隐晦。他与司礼监太监冯保一起，试图借王大臣之狱置原内阁首辅高拱于死地。高拱虽然退休了，但退而未死，论年纪只有61岁，很有东山再起的可能。刚好在此时，一个叫王大臣又名章龙的来历不明者于万历元年（1573年）正月十九日闯入乾清宫，试图想干点什么却被警卫拿获。当然对冯保来说，王大臣想干点什么无关紧要，紧要的是他在一个合适的时间闯入乾清宫，而这正是他需要的。冯保指使他的家奴辛儒把刀剑等武器塞给王大臣，暗示后者伪装成高拱府上的仆人，是受高拱指派前来杀人的。这个罪名一旦成立的话，毫无疑问“主谋”高拱难逃一死。

张居正被冯保说服参加了这个阴谋行动。人生似乎总是这样，一个人权力的增值过程就是另一个人权力的损减的过程。不过对高拱来说，他已经没有什么权力可以耗损，除了生命，而这生命恰恰是此时的张居正、冯保所需要的。世事锋利无常，高拱危在旦夕，只是王大臣实在不上路，当主审官锦衣卫都督朱希孝将高拱家的仆人混杂于人群中让王大臣加以识别时，王大臣认不出来——史书上说他“茫然莫辨”。随后兴致勃勃的小皇帝神宗下令对王大臣严刑拷打，结果一打打出真相来，不甘受辱的王大臣在大堂上坦承：“许我富贵乃严刑拷打我？我何识得高拱？都是冯保的家奴教给我的！”

张居正和冯保的阴谋行动就此暴露。但历史不是非黑即白的一个过程，讲究的是意料之外，情理之中——冯保的收官行动比较果决，在用生漆酒将王大臣致哑后，又快审快结，于同年二月二十二日处斩王大臣。王大臣之狱就这样不明不白地结束了，张居正看上去一脸无辜。或许他心里应该知道，自己的权力保障工程出现了一个漏洞，好在及时打上了补丁，他的人生才没有崩溃。这是有惊无险，张居正应该为自己感到庆幸的。

事实上在万历年间，张居正广受其他官员非议的还是他的“夺情”之举。万历五年（1577年）九月二十六日，张居正父亲病死。按封建礼制，他必须回家奔丧守孝。但张居正没有回去。张虽然上疏向皇帝请求回家守制，但历史却在这里露出一个马脚——张居正“露意冯保使留之”——请他的战略合作伙伴冯保想办法将自己留下来。张居正的机心在这里一览无遗：朝廷权力斗争激烈，在此前的万历四年（1576年）正月二十三日，辽东巡按御史刘台上疏弹劾张居正专擅威福，蔑视祖宗成法。刘台所举的例子包括张居正“逐大学士高拱去位，不容旦夕之缓”“不经廷推而引张四维入内阁”“私自为子弟谋取科第”，等等，刘台披露张居正在湖北江陵老家大兴土木，建房舍“宫至、舆马、姬妾，奉御同于王者”。这是逾制了，乃为人臣者之大忌。要命的是刘台系隆庆五年(1571年)进士，正是张居正所取，后又得张的重用，由刑部主事推荐为御史。现在一个学生如此言辞激烈地举报、揭发恩师，张居正当然是情何以堪；而且刘台奏疏中所举诸事，他又提不出反驳的证据。由此张居正只能以攻为守，向皇帝打辞职报告说：“刘台为臣所取士，二百年来，未有门生弹劾师长的，臣惟有去位了之。”这样的报告，谓之矫情。

但是，万历四年的张居正却是皇帝须臾不可分离的恩师兼国事仲裁者。在张和刘台之间，14岁的小皇帝几乎不假思索地选择了前者。神宗对张居正“慰留再三”，张也成功地化解了他万历年间一个重大的人生危机。不过，这并不代表官场上的他就没有对手或潜在对手。张居正的威胁依旧存在。如果不是内阁首辅这个位置为他提供了权力保障，毫无疑问，挑战者将层出不穷。所以张居正不能须臾离开他的工作岗位，就像皇帝不能须臾离开他那样。这是万历初年帝国的一个政治现实。

皇帝也果然向他伸出挽留之手，请张居正张先生夺情视事。皇帝说张居正“亲承先帝付托，辅朕冲幼”“朕切倚赖，岂可一日离朕”，命其在官守制，是谓“夺情”。张居正夺情一下子夺出了官场人心，因为有很多人向他投反对票。万历五年(1577年）十月十八日，翰林院编修吴中行上疏弹劾张居正夺情违背“万古纲常”。十九日，检讨赵用贤向皇帝指出，不能援引前朝故事为张居正夺情制造事实根据或理论根据。二十日，刑部员外郎艾穆、主事沈思孝联名上疏，弹劾张居正夺情乃“贪位忘亲”，是不伦不孝之举。二十四日，观政进士邹元标更是上疏批评张居正“以奔丧为常事而不屑为”，与禽兽无异。从十八日到二十四日，六天之内五名官员对张居正说“不”，这其中吴中行、赵用贤二人是隆庆五年进士，和刘台一样他们同为张居正所取，算是张的学生了。而艾穆则是张居正的同乡，张居正在皇帝的首肯下夺情视事，身边的人集体高唱反调，张的威信可想而知。为了保障权力，更确切地说为了树立权威，张居正决定痛下杀手，对反对者严加处罚。他下令对吴中行、赵用贤各廷杖六十下，艾穆、沈思孝各八十下，邹元标因为骂得最凶，张居正杖其一百六十下，算是最严重的警告。这五个人被打得死去活来，惨不忍睹。打完之后张居正还做出行政处分，将吴中行、赵用贤开除公职，艾穆、沈思孝、邹元标则分别发配到凉州、神电卫、都匀卫去充军。一时之间，肃杀之气弥漫朝廷。皇帝看着张居正展开的严厉惩罚默不作声，没人知道他心里在想什么。或许这样的时刻，他开始对这个辅政大臣心生畏惧了吧。

张居正的高调举止在杖击“五直臣”之后并未停止。万历六年（1578 年）三月十三日，张居正夺情数月之后出京回家葬父。我们来看一下他是如何高调的：相关史料记载，张居正所到之处，州县地方官都长跪迎候，抚、按大员则越界迎送，各地藩王差不多也是这样。至于接待规格那是山珍海味，层出不穷。张居正来者不拒。要命的正是这“来者不拒”，因为若干年后他身败名裂之时，神宗皇帝从他家中抄没竟“得黄金万两，白金十余万两”，而出现在万历六年张居正的高调举止就不能不成为其罪证之一。

事实上万历六年，很多迹象显示张居正太不懂得韬光养晦了。张居正三月十三日出京，六月十五日还朝。短短三个月时间权力也紧握手中毫不松懈。表面上看是神宗对他的尊重，因为张居正出京后，皇帝专门交代次辅吕调阳等人：“遇大事不得专决，必须飞报江陵，听张居正定夺。”在此情形之下，吕调阳心里极不舒服，连上十疏称病不出，要求归里。万历六年七月初六日，在张居正回京 20 天后，礼部尚书兼文渊阁大学士兼太子太傅吕调阳办理完离休手续回老家去了，两年之后去世。这是张居正同阁臣之间的关系。与此同时，反对者继续对他说“不”。就在张居正归家葬父之时，万历六年（1578 年）三月，户部员外郎王用汲上疏弹劾张居正排除异己，用人唯亲，他甚至批评神宗“威福不自出，乾纲不独断”，一切听任张居正所为。这也从一个侧面反映出张居正权力之大。王用汲在“五直臣”受罚之后依然我行我素，终于令张居正勃然大怒，张回京后第一件事就是将王用汲削职为民。这也算是帝国权力场上的另一曲不和谐音吧。

此后，反对者依然络绎不绝。从夺情、归家到张居正推行“一条鞭”法，反对张居正的人各有各的反对理由。万历八年（1580年）夏，南京兵部主事赵世卿奏陈“匡时”五要，明确反对张居正改革。同样是在南京，前兵部尚书刘光济在万历五年（1577年）九月反对张居正谋“夺情”，这使得张居正改革的群众基础变得相当薄弱。而他在万历九年（1581年）推广的“一条鞭”法无差别地将那些豪民大户推到自己的反对面上——以一人敌千万人，张居正真正是自寻死路。虽然改革后帝国国库日益充裕，但张居正的倒下看来只是时间问题了。

一年之后，张居正就倒下了。万历十年（1582年）六月二十日，张居正去世，享年58岁。皇帝赠上柱国，谥文忠，命官员护丧归葬。但随后由于太监张诚等人东山再起，反攻倒算，神宗下令抄没张居正的家，并削其生前官秩，夺其所赐玺书、四代诰命，以罪状告示天下。他和张居正的关系就这样从“须臾不可分离”一夜之间转成一刀两断、恩断义绝，这其中权力的嬗变应该说起了关键的作用。因为权力及其嬗变的过程最终会演绎成一条抛物线，张居正的在耗损，皇帝的则在增值，或者说皇帝需要一场皇权授予仪式。他们之间需要一场革命，你死我活的权力革命来完成或凤凰涅槃或大毁灭，哪怕为此恩断义绝、刨棺戮尸也在所不惜。

天子长大成人，可以说“不”也必须说“不”。仅此而已，世事没什么悬念的。

王朝唱晚

万历十三年（1585年）八月，首辅申时行开始为一块地底下可能存在的石头而忧心忡忡。此前，皇帝采纳前礼部尚书徐学谟的建议，在大峪山建造陵墓。但是御史李植、江东之、羊可立三人联名上疏说，陵墓之地有巨石，“地果吉利则不宜有石，有石则宜另择他处”。这是从风水学的角度对皇帝陵墓建设提合理化建议，本来此事与申时行无关，但接下来他们三位把矛头对准了申时行，说徐学谟建议在大峪山建造圣上陵寝，“申时行以亲故赞其成，非大臣谋国之忠”。李植更直言申时行此举是犯罪。这里需要交代一个背景，那就是徐学谟和申时行的关系。徐学谟曾跟张居正关系不错，张居正去后，徐学谟和申时行交好，甚至把自己的亲女儿嫁给申时行的二儿子申用嘉。所以此二人的关系应是儿女亲家。不过三御史所谓“申时行以亲故赞其成，非大臣谋国之忠”却只是一个动机揣测——儿女亲家是没错，但申时行真是因为这个因素故意装作不知道陵墓之地有巨石吗？皇帝由此需要一个答案，一个关于忠诚、责任、真伪和立场的答案。

申时行为自己辩护了，他说：“当初皇上阅视此地时，李植、江东之并没有说此地有石。今已二年，忽创此议，很明显是为了借此倾害大臣。”的确，考察大峪山陵墓之地是在两年前的万历十一年进行的，当时李植、江东之、羊可立三人也随行，为何不就石头问题早作预警，偏偏要在工程开工之日突然对首辅大人发动致命一击呢？很显然这里是有预谋或者阴谋的。皇帝就此做出处理，切责李植、江东之、羊可立三人，并令“夺俸半年”——扣发他们半年的薪水，以示警告。一个王朝的党争可以说初露端倪。

端倪之后是发展。九月，已被扣发薪水的李植等人提交了有利于他们的证据：找到一个风水大师证明大峪山寿宫有石。三御史强烈要求进行现场勘查，以还他们清白，更重要的是还圣上一个吉祥的来生——在其长眠地下之后。疏上，申时行又开始忧心忡忡了。奏疏报还是不报，石头有还是没有？这都是烦恼的问题。申时行最后的选择是不报。皇帝虽然年轻，却也多疑，万一他相信风水大师之说，那情势就会逆转。申时行不想冒这个险。

随后情势的发展有利于申时行。因为大学士王锡爵反水了。这是历史叙事的神来之笔，在万历十二年被拜礼部尚书兼文渊阁大学士的王锡爵事实上是李植等人着力要推出的新首辅，取申时行而代之。作为王锡爵的门生，李植一直在努力，哪怕受到皇帝处罚也要挽狂澜于既倒，但王锡爵却在这个时刻回头是岸了，他“耻为三人（李、江、羊三御史）所引”，坚决要与他们划清界限。这是发生在皇帝对李植、江东之、羊可立三人夺俸半年之后王锡爵的一次政治表态，王批评他们与吏部侍郎赵用贤结党，在张居正、冯保之狱后结成一个新的利益联盟。由此，王锡爵掀起了反李植三人的政治运动，继他之后先后有御史韩国桢、给事中陈舆郊、王敬民等站出来检举揭发李植等的罪恶行径，神宗最后拍板，将李植由太仆少卿贬为户部员外郎，江东之由光禄少卿贬为兵部员外郎，羊可立由尚宝少卿贬为大理评事，随后又将李植等降三级调外使用。

党争至此并未抵达高潮，因为有越来越多的人卷了进来。为了声援李植三人，谕德吴中行、赞善赵用贤、光禄少卿沈思孝上疏求去，赵用贤暗自支持礼部尚书兼东阁大学士许国向皇帝开炮，称“朋党之说，是小人用以去君子，空人国”，力撑李植三人。由此，帝国党争发展到了纠结阶段，皇帝深受其苦。

申时行也深受其苦。虽然在万历十三年，他侥幸逃过党争的倾轧，但接下来他就没有这样的好运气了。万历十九年（1591 年）四月二十五日，南京礼部主事汤显祖上疏弹劾申时行。这位在若干年后写出《牡丹亭》的才子在万历十九年的春天显然对帝国首辅牢骚满腹。他说：“言官中亦有无耻之徒，只知自结于内阁执政之人，得到申时行保护，居然重用。”又说：“首辅申时行执政，柔而多欲，任用私人，靡然坏政。请陛下……严诫申时行反省悔过。”三个月后，福建按察佥事李琯上疏弹劾申时行十罪，其主要内容包括申时行儿子申用嘉“假冒籍贯，中浙江乡试；其婿李鸿冒籍纳监，以及纵家人宋九通贿纳京卫经历，未尝历俸，竟得双封；受部光先之贿金，而私授他为总制陕西三边军务，致使敌寇盘跨两川以及（申时行）私收辽东总兵官李成梁贿金，为他掩盖败绩，阵亡八百人，竟反以奏捷议赏”等涉及政治、经济、军事方面的问题。当然这些问题并无实据，但弹劾的人多了，皇帝也不能不起疑心。万历十九年九月十二日，57岁的申时行引退，万历四十二年，80岁的申时行与世长辞，算是彻底摆脱言官的诘责了。

更多的人依然在彀中。申时行归去那年，阁臣许国抱怨说，现在“内外小臣争务攻击，致大臣纷纷求去，谁能再为国家做事”！他提请皇帝严禁小臣攻击大臣。因为在某种意义上说这是党争泛滥的一种表现。虽然神宗也感时伤怀，担忧：“大臣解体，争欲去官，国无其人，朕与谁共理国事！”并且告诫百官今后再有肆行诬蔑大臣者将重治不贷，但一种动荡不安的气息却已经弥漫帝国上下，经久不息。因为自万历二十二年（1594年）二月，吏部郎中顾宪成被革职为民，在无锡东林书院讲学之后，齐、楚、浙三党攻击“东林”事件便层出不穷。万历三十九年（1611年）五月初三日，掌京畿道御史徐兆魁弹劾东林党人特别是顾宪成说：“臣观今日天下大势尽趋附东林……顾宪成自贬官归官，假讲学以结党行私，而道德性命与功名利达混为一途。”其后，光禄寺丞吴炯上疏回击说：“顾宪成被诬，天下将以讲学为戒，绝口不谈孔、孟之道，国家正气从此而损，并非细事。”

万历四十一年（1613年）十二月，户部郎中李朴上疏为东林党人辩护，说：“凡攻击东林者，今日指其为乱政，明日曰其为擅权，不知东林居何官，操何权柄？顾宪成清风百代，已死犹被攻击；而有人弄弊作奸，卖官卖爵，擅自杀人，却得到保护。”李朴又论及言官党同伐异，以排挤忠直之臣为已事，真是到了是可忍孰不可忍的地步。但李朴很快为自己的所作所为付出代价：齐、楚、浙诸党发力，将其贬为州同知。李成了帝国党争的又一牺牲品。

牺牲年年有，李朴只是极小的个案。万历四十五年（1617 年）三月，神宗下令考察京官，齐、楚、浙三党进一步驱逐东林党人，甚至连退休居家者也不放过，官场党争超越权谋层面，在正邪之间展开，这的确于国家正气颇有损焉，但神宗的态度是置之不理。

帝国党争至此走向乱象纷呈。王朝唱晚，只待最后的钟声敲响。而那钟声，已是隐约可闻。

国本之争及其他

现在看来，那场有关“国本”之争的游戏中，每一个人都是纠结的，为自己的立场和欲望与他人做着不甘示弱的斗争。皇帝未必强势，皇帝身边的女人则各有哀怨和巧妙。大臣们虽然胜在最后，却付出了沉重的代价。这代价不仅仅关乎大臣，其实也关乎帝国的行政效率，关乎信仰，关乎一个王朝的世道人心。万历四十八年，当皇帝与世长辞，年近四十的老太子朱常洛终于坐上冷冰冰的龙椅之时，或许什么是“国之根本”这个问题并没有得到真正解决。只是，那又如何呢？

万历九年（1581 年）的一个冬天，当皇帝在慈宁宫心血来潮临幸了一个不知名的宫女之时，他不知道，帝国的梦魇已是如影随形。这个后来被称之为恭妃的宫女怀孕了，生下皇长子朱常洛。围绕朱常洛的身份和地位问题，大臣、皇帝以及皇帝身边的两个女人恭妃和郑贵妃开始角力。角力的目的只有一个，谁能承继大统？是皇长子朱常洛还是郑贵妃所生的皇三子朱常洵？

大臣们刚开始是毫无察觉的，因为皇帝并没有明确表示要废长立幼。万历十年（1582 年）八月，皇长子朱常洛出生之时皇帝没什么动静，但万历十四年正月皇三子朱常洵出生之后皇帝却做了一个耐人寻味的举动：册封郑贵妃为皇贵妃。这是厚此薄彼，都说母以子贵，皇帝对朱常洵之母如此厚爱，会不会在立储问题上有重大突破呢？申时行不安了。那个正月刚过，二月初三日，内阁大臣申时行就向皇帝提出立储问题。立储问题不是小问题而是大问题，因关系国家存亡根本，所以称之为“国本”。申时行为了促请皇帝早立太子，举例说明本朝的先例，说："英宗二岁立，孝宗六岁立，武宗一岁即立为皇太子。"如今皇长子已经五岁了，这时立为太子，不算太早。最主要的是可以"正名定分"。名分问题解决了，朝廷的人心也就安定了。申时行如是以为。但皇帝却跟他打哈哈，称"皇长子年幼体弱，等二三年后再行册立"。由此，国本问题浮出水面，众大臣人心浮动，开始了长达15年的"争国本"运动。而这样的较量事后证明，结果只有一个——两败俱伤。

二月初八，户科给事中姜应麟上疏，提出要晋封恭妃，其次才晋封贵妃。如此，才"与礼不违，于情不废"。最主要的，姜应麟促请皇帝早立皇长子为皇太子。紧接着，吏部员外郎沈璟、刑部主事孙如法、御史孙维城和杨绍程也先后上疏，为恭妃争名分，促请皇帝早立皇长子为皇太子。当然，神宗对这个问题是毫不妥协的。他一一惩罚上疏者，以为效仿者儆戒。这其中姜应麟被贬为广昌典史，孙如法贬为潮阳典史，沈璟也被下放。御史孙维城和杨绍程扣发工资、奖金（夺俸）。不过万历十四年由于"争国本"问题引发的上疏潮却没有就此终止。在该年度，两京（北京、南京）有数十名官员上疏声援受惩罚，吏部员外郎沈璟、刑部主事孙如法、御史孙维城和杨绍程，成为"争国本"运动的外援团。皇帝深陷反对浪潮之中，虽焦头烂额依然立场坚定，给世人留下深刻印象。

不过毫无疑问，一个王朝的断裂带已经形成，皇帝成了真正的孤家寡人。他的同盟军似乎只有郑贵妃一人，但群情汹涌之下，郑贵妃也不敢明目张胆地争储。这个女人和皇帝一样，希望时间可以解决他们的问题。而大臣们却相信时间站在自己一边——"持久战"就这样开始了。万历二十年（1592年），较量又一次展开。这一年朱常洛已经11岁，正月二十一日，礼科都给事中李献可领着六科官员给皇帝上疏，请求对皇长子进行太子养成教育。这是曲径通幽，也是变相逼神宗承认朱常洛的太子身份。李献可上疏说：皇长子朱常洛当及早进行预教，不要继续禁于深宫之中。此疏一上，神宗当然很生气。他下旨要将李献可外放，贬到地方上去，以为儆尤。但要命的是大学士王家屏拒不执行任务，将神宗朱批封还。与此同时吏科都给事中锺羽正、吏科给事中舒弘绪以及大学士赵志皋等人纷纷支持李献可，神宗又一次站到了广大官员的对立面上。万历二十年的故事可以说是六年前"争国本"故事的翻版，神宗虽然大力弹压，却是人心尽失，帝国的断裂已是触目惊心。

万历二十一年（1593年），皇帝主动出招，将他的三个儿子一并封王。这是以退为进。表面上看神宗并不厚此薄彼，但廷臣们无论如何不能接受这样的事实。正月二十六日，当内阁首辅王锡爵违心地奉诏拟旨，传达神宗意思之时，他不折不扣地成了那个可怜的替罪羊。礼部尚书罗万化以及洵禄寺丞朱维京、涂杰、王学曾、给事中王如坚、吏部员外郎顾宪成、礼部主事顾允成、张纳陛、郎中于孔谦、员外陈泰来、工部主事岳元声、吏科都给事中史孟麟、礼科给事中张贞观、国子助教薛敷教等人直接闯到王锡爵的首辅办公室指责他是否要做一个历史的罪人。王害怕了，慌忙跪到皇宫外请皇帝追还前诏，但神宗不给；王锡爵退一步，请皇帝将此事下廷议，神宗还是不同意；王锡爵再退，请求和皇帝面对面说话，要一个说法。神宗拒绝见面。王锡爵退无可退，只得上疏求罢——老子不干了还不行吗？！——却是不行，历史的纠结在这里体现得酣畅淋漓。神宗听说王锡爵要走，勃然大怒，要拿那些反对者开刀。反对者抱成一团，和皇帝做坚决、彻底的斗争。几个你来我往的回合之后，皇帝精疲力竭，只得宣布暂停三子并封王的举措。这一回合，大臣们胜了。

万历二十九年（1601年）十月十五日，皇帝在国本问题上弃子认输，同意立皇长子朱常洛为皇太子，另册封朱常洵为福王、朱常浩为瑞王、朱常润为惠王、朱常瀛为桂王，总算是在立储问题上重点突出、主题鲜明了。这是朱常洛的胜利，更是大臣们不依不饶、坚持信念的一个结果。但事情并不那么简单，因为在此之前和之后，虽然大局已定，可皇帝身边亲朱常洵的势力依旧暗潮涌动，演绎出包括“妖书案”“梃击案”在内的精彩曲目，为一个王朝的权力斗争添加看点。万历朝真是变得越来越诡异了。

“妖书案”的发生经过比较复杂。先是在万历二十六年五月，刑部侍郎吕坤向皇帝上《天下安危疏》，吏科给事中戴士衡揭发说，吕坤此举“包藏祸心”，是逢迎郑贵妃。因为吕坤疏中虽然说了天下种种危险情状，唯独不说立皇太子事宜，其用意不言自明。但神宗对此事置之不理。五年后，也就是万历三十一年，国本问题大局已定，内阁大臣朱赓在其寓所外见到一本名为《续忧危竑议》的书。此书借一个叫“郑福成”的人以问答的形式预言国事，说皇上立皇长子为皇太子实在是迫不得已，他日一定会有变更。而用朱赓为内阁大臣也是有深意藏焉，因为“赓”与“更”音同，寓“更易”的意思。此书最耐人寻味的当属“郑福成”三个字，取“郑贵妃之子福王朱常洵当成”的意思。“妖书案”就此发生，并且与吕坤的《天下安危疏》有着说不清道不明的关系。皇帝下令彻查，却始终弄不清“妖书”的作者究竟是谁。看来神宗一天没死，围绕国本问题的角力就不可能偃旗息鼓。在廷臣与亲朱常洵的势力之间寻找政局的平衡和延续，神宗一路走来真是心力交瘁。

万历三十九年九月十三日，皇贵妃王氏逝世。临死前她拉着皇太子朱常洛的衣服哭泣说：“儿长大如此，我死何恨。”朱常洛也感同身受，号啕大哭。的确，“国本之争”让每一个当事人都如履薄冰、如坐针毡，哪怕是胜利者也一刻不得轻松。因为四年之后，明末宫廷三大案之一的“梃击案”就发生了。一个叫张差的蓟州男子手持枣木棍，冲入皇太子朱常洛所住的慈庆宫，击伤守门内官李鉴，直到前殿檐下，才被太监韩本用等人拿下，从而让朱常洛躲过一场劫难。这桩发生在万历四十三年（1615 年）五月初四日酉刻的疑似政治谋杀案，其主使据传是神宗爱妃郑贵妃及其弟郑国泰，目的是为了致皇太子于死地，以便朱常洵咸鱼翻身。郑贵妃当然是打死也不承认自己就是主谋，她整天哭哭啼啼，向神宗吹枕头风，神宗为息事宁人，不愿深究，便定张差为“风癫奸徒”，于同月二十九日将其秘密处决。一个王朝的隐私或者说秘密再也没有了确凿的人证、物证，只好不了了之。唉，历史毕竟经不起深究的，在国本问题上，神宗下令不得再横加议论，可一些不知进退的人却管不住自己的嘴巴，他们为此付出了代价，比如工科给事中何士晋。这位“梃击”论的坚定主张者要求严惩郑国泰，结果被外调，贬为浙江佥事，成为“国本”之争中又一个牺牲品。

荒唐时代，每一个人都纠结，每一个人都在牺牲或被牺牲。郑贵妃绞尽脑汁、机关算尽也未能赢到最后，因为最后登基的人依然不是他的儿子朱常洵。可以说这是一场耗散运动，长达 15 年的耗散运动。一个王朝的精力、人心、信仰包括情感都被耗散殆尽。“从万历十四年阁臣申时行等请立皇太子，至万历二十九年皇太子之位始定。自古以来父子之间，未有受命如此之难也。”这是万历年间帝国中人对此一事件的感慨，感慨感出了一个时代特有的诡异和艰难，说明帝国的确江河日下。

乱象丛生

万历四十四年（1616 年），一切走向图穷匕见。对帝国来说，毫无疑问这是一个清晰的节点。从万历四十四年到万历四十八年，神宗生命中的最后五年是那样的手忙脚乱、且战且退。帝国内忧外患、乱象丛生，明眼人一看便知，这是下世的光景，万历朝来日无多。

这一年正月初一日，一个叫努尔哈赤的 58 岁男人在赫图阿拉（今辽宁新宾西老城）即大汗位，国号大金（史称后金。后改大金为清，努尔哈赤为清太祖高皇帝），努尔哈赤作为帝国异数的存在，在万历四十四年就做出了一个威胁性的举动。他致书威胁朝鲜国王，警告“今后若再援助明朝，必以兵戎相加”。与此同时，明帝国一地狼藉。山东大饥。“母食死儿，夫割死妻”的惨景使得饥民为求生逃到江淮一带，以人易人，公开形成人肉交易市场。另外起来造反的饥民也不在少数。四月十九日，河南舞阳、泌阳、遂平等地数百饥民纷纷起事；六月二十日，由于蝗虫盛行，“积地尺许”，山东武安三千饥民忍无可忍无须再忍起来造反，杀死了县主簿孙光耀。这是民情骚动的情形，是内忧，至于外患方面主要是边饷严重不足，边境问题随时可能激化，后果不堪设想。但皇帝却漠视“九边缺饷”这个问题，以惠王朱常润和桂王朱常瀛婚礼都没钱操办为由，拒绝阁臣提出的请发库银济边之建议。十月，兵科给事中赵兴邦上疏说：“今日一二百万两，抚之而有余；如等到将来边境问题严重，即使是动用几千万，仍然不足以安边。”诚可谓预警之语。因为二三十年之后，明末代皇帝崇祯就深刻而痛苦地领教了这个问题或者说残酷现实。明之亡，实亡于神宗，在“九边缺饷”问题上鼠目寸光以及后来所采取的饮鸩止渴之举，都从一个侧面说明神宗在最后时刻的举止失措。

人祸频仍，天灾也是频发。万历四十四年（1616年）六月二十八日，黄河在河南祥符朱家口一带决口，“陈、杞、睢、柘城诸州县，皆受其害”。礼科给事中亓诗教在这一年警告“天下将乱”。当然这样的担忧不止亓诗教一人有，七月十四日，兵科给事中熊明遇以星变灾异为由上疏论及国事，称天下事已经到了令人寒心的地步！他希望皇帝能痛改前非，重振朝纲。但这样的希望毫无疑问是一种奢望。因为神宗对其置之不理。

万历四十五年（1617年），全国各地灾情越发严重。三月，江西发生大水。六月，北直隶南部各府饥荒，湖广承天府（相当于今湖北荆州地区）大水成灾，河南开封等处蝗灾。七月，江西大旱，江北、山东蝗灾，福建泉州洪水过后饥疫并生。这一年柳州也大旱，数千灾民卖儿卖女，人间惨剧层出不穷。

万历四十六年（1618年），努尔哈赤写下“七大恨”告天，并且发兵攻陷抚顺。明军将士一万多人被消灭，幸免者十无一二。后金随后攻陷清河堡，帝国防线脆弱得不堪一击。户部在这一年报告：九边十三镇边饷，隆庆间每年共为二百三十九万左右，今增至现银计三百八十一万九千零二十九两。太仓入不敷出。九月，为了应急，帝国决定加派辽饷。每亩加赋银三厘五毫，全国共派银二百三十一万两。一时间民怨沸腾，帝国财政基础到了崩溃边缘。

万历四十七年，明、后金之间著名的萨尔浒之战爆发。战争虽然仅仅进行了五天，明军却三路全面告负，共计九万士兵死亡（一说四万五千多人），文武将吏三百多人丧生，从而失去了在辽东战局中的有利地位。后金则从防御转入进攻，帝国掘墓人的形象已是隐约可见。

这一年，努尔哈赤还统兵四万攻陷辽东重镇开原以及铁岭，显示了其战无不胜、攻无不克的气势。的确，战争的结果不是最重要的，重要的是气势。这一年，明帝国的气势是颓废的。“逃亡”是关键词。五月十七日，陕西延绥镇（即榆林镇）游击袁大有带领援辽士兵一千余人，到达北京昌平时有七百多人逃亡。

十月二十八日，大同游击焦垣带领援辽士兵八百人，到达河北怀来时，军士哗变，焦垣吓得一个人偷偷逃跑了。巡按辽东御史陈于庭在奏疏中向皇帝秘密报告，所募新兵逃亡严重，“请急命增募”。神宗则对此置之不理。唉，士兵可以增募，气势却不可以增募。一种颓势的到来连皇帝也无法阻挡了。

这一年，加饷在继续。十二月，皇帝以辽饷不足为由，下令再加全国各直省田赋，每亩加征银三厘五毫，共增收田赋银二百余万两。这一年全国田赋总计达八百万两。其中，辽饷就占了三百二十四万两，但即便这样，辽东经略熊廷弼也连呼不足。他在万历四十八年初上疏说：“辽东军饷仍然缺乏，兵无粮，马无料。”于是从万历四十八年三月十二日开始，全国第三次加征田赋，连同前两次每亩计加银九厘。这一年全国共增收银五百二十万两，试图以全国财力救辽东一隅，以全国百姓的怨声载道来平息东北战火——毫无疑问帝国的饮鸩止渴已经到了疯狂的程度。

巡按江西御史张铨为此在万历四十八年四月上疏，忧心忡忡地指出：“……一再加赋，扰乱天下，驱民致乱。”但一切为时已晚，因为皇帝自己先撑不住了。三个月后，神宗皇帝在弘德殿去世，只留下一个烂摊子等待后人收拾。

很显然，这是个谁都无法收拾的烂摊子，因为一切都已经烂到家了。谁摊上，谁倒霉，神宗之后，明帝国的最后三个皇帝以其各自不同的人生态度回答或者说诠释了这个问题——他们全都是苦命天子，特别是最后那一位——崇祯。

熹宗

过渡皇帝的几张面孔

1620年

1620年发生了多少事啊……

这一年是17世纪20年代的第一年，是中国农历庚申猴年，明万历四十八年。是一个混乱的年头，也是新旧世界交替的拐点时刻，有无数的欲望和情感在其间流淌。一些人出生了，比如普鲁士国奠基人弗里德里希·威廉，还比如英国经济学家、人口统计学的创始人之一格兰特。一些人去世了，比如日本战国后期的名将直江兼续，还比如明神宗皇帝朱翊钧以及明光宗皇帝朱常洛。在1620这个年头，明帝国的年号显得有些混乱和急切。它既是万历四十八年，也是泰昌元年。准确地说，1620年8月份以前是万历四十八年，8月份以后为泰昌元年。在世界范围之内，当一艘叫"五月花"号的商船，载着102名破产者、流浪者等在旧世界的游戏规则中郁郁不得志的人从英国的普利茅斯港出发，横渡大西洋，驶向遥远陌生的新大陆——北美洲去寻找美国梦时，明帝国开始显得波谲云诡，疑案频发。"红丸案""移宫案"接踵而至，权力背后的阴谋或者说阴谋背后的权力强暴了这个外强中干的帝国，秩序的崩溃在1620年初露端倪。

站在朱由校的立场上看1620年，这个万历三十三年（1605年）十一月十四日出生的15岁少年感觉颇为无助。七月二十一日，祖父死。九月初一日，年仅39岁的父亲明光宗朱常洛在乾清宫去世，在位时间才一个月。父亲的去世是与一大堆泻药以及成分不明的"红丸"联系在一起的，先是卧床不起，司礼监秉笔兼掌御药房太监崔文升进泻药，父亲吃了，一昼夜腹泻三四十次，然后是鸿胪寺丞李可灼进“红丸”，两天后父亲就猝然离世。随后，御史王安舜、郑宗周、郭如楚、冯三元、焦原溥、给事中魏应嘉、惠世扬、太常卿曹珖、光禄少卿高攀龙、主事吕维祺等人先后上疏请求处理崔、李二人。在帝国一度发生过的争国本背景下，真是每一个人都可疑，每一剂药丸都可能是毒药。朱由校如履薄冰地上台，在父亲尸骨未寒的时刻即皇帝位，成为只有7年执政生涯的过渡皇帝——毫无疑问，1620年绝对是一个疑窦丛生却又含义丰富的年头。

这一年接下来的时间，朱由校开始为自己和母亲的关系处理问题而纠结。由于光宗突然病逝，朱由校上位，选侍李氏也就是朱由校的母亲按祖制必须搬出乾清宫，以为居住在慈庆宫的新皇帝朱由校腾位。但李氏拒绝这样做，她的身后，晃动着宦官魏忠贤的身影。在最高权力的取舍上，此二人似乎结成了战略同盟，为一个共同的目标而隐秘奋斗。九月初二日，明光宗朱常洛死后第二天，都给事中杨涟上疏反对李氏继续居于乾清宫；同时这位声名显赫的官员还弹劾李选侍对皇长子朱由校无礼，声称不可将皇长子托付给她。御史左光斗同时上疏，表明了李选侍不能继续居于乾清宫的理由。他说：“内廷的乾清宫，如同外廷皇极殿，只有皇帝和皇后才能居住于此，其余嫔妃都不可于此居住。请李选侍移居于宫妃养老的地方仁寿宫内的哕鸾宫去住……”1620年由此变得剑拔弩张，权力的基点在乾清宫内外游离，杨涟、左光斗等士大夫阶层开始为一种秩序的重新归位与李选侍还有魏忠贤进行着较量。三天之后，形势明朗，李选侍移居哕鸾宫，朱由校搬进乾清宫。1620年的秩序得到了维护。但是没有人知道，这只是开始，不是结束。因为在接下来的时间段，魏忠贤继续发力，让杨涟、左光斗等士大夫阶层付出沉重代价。当然，这是后话。

1620年，巡按直隶御史易应昌上疏发表“盛世”危言，说：今日国势，最危险的有以下三件：一、天下之兵未可恃。征兵征不上来，应征的却又逃走；调兵调不到位，勉强到位却又逃走。“兵饷甚缺。”二、天下之食未足恃。帝国之大，没一年不发生旱涝，没一地不发生旱涝。淮南有粮三十万石苦于无船可运；山东需要征粮六十万石，却既无粮也无船。三、天下民心不可恃。各地士兵逃亡、哗变事件接连不断；饥民蜂起，百姓起义，此伏彼起……易应昌感叹——帝国国势，真真堪忧了。

1620年，杭州城突发大火，有六千一百余家房屋着火，大火燃烧了整整一昼夜。这是三月初五日的事情。过了五个月杭州城再发大火，这次竟有一万余家房屋着火，居民死伤惨重，似乎是老天爷为一个王朝的危局在发布预警……

从1620年出发，在接下来的七年时间里，帝国且战且退，天启年代没有亮起启明星。天启元年（1621年），后金攻克沈阳和辽阳，明经略袁应泰自杀身亡；天启二年（1622年），广宁失守。与此同时，河套蒙古入侵延安、黄花峪等处，深入帝国境内六百里地，杀掳数万人；天启三年（1623年），黄河决口。睢阳、徐州、邳州一带方圆一百五十里以内悉成平地；同年七月三日，工科给事中方有度向皇帝报告：辽东战事起来后，每年加派新饷四百八十五万余两，今已五年，共达二千余万两。“百姓敲骨剔髓，鬻子卖妻，以供诛求。”方有度警告：兵饷问题不解决，帝国将有倾覆之忧。十一月二十一日，吏科都给事中程注奏陈天下急务称：“天下最急，莫如辽左，而蓟镇为其咽喉。”熹宗一筹莫展；天启四年（1624年），黄河在徐州决口，城中水深达一丈三尺；刑科给事中解学龙疏陈边将贪腐情状：“两辽东三帅各领银一万二千两为治宅第之资令人骇愕。营房每间领造价钱六两，而镇将睹自侵尅，每间实际用银不过五六钱。马料刍豆，十扣其半。”天启五年（1625年）正月，后金军攻取旅顺。六月，各地饥荒严重。延安持续三月时间出现大风雪。济南飞蝗铺天盖地，庄稼绝收。这一年帝国出现“人相食”的情形。天启六年（1626年），京师王恭厂大爆炸，城内东自顺城门（今宣武门）大街，北至刑部街，“长三四里，周十三里，尽为齑粉”。皇宫里的龙椅在大爆炸中倒塌，熹宗大惊失色，急逃交泰殿躲避。据统计，在王恭厂大爆炸中共有一万九百三十一间房屋倒塌，而爆炸后四个月，后金皇太极即汗位，对明帝国的攻势更加凌厉。天启七年（1627年）五月十一日，后金兵围锦州。二十八日，分兵再攻宁远城。熹宗皇帝在历史的大困局中首鼠两端，茫茫然不知所之。这一年，距离明帝国的覆灭还有17年时间，但这17年不属于朱由校，而是属于他的兄弟朱由检——崇祯皇帝。因为差不多三个月后，23岁的朱由校就在懋德殿与世长辞。

死于青春。朱由校死于青春，而他身后的帝国也在黄昏中行将就木。

熹宗的四张脸孔

现在，我们重新回过头来看看朱由校的那张脸，那张表情丰富、有着不同侧面和层次的脸。都说历史是由细节构成的，但其实它也由关系构成。不同的人物关系及其命运走向，打造了不同的历史细节和历史情节。毫无疑问，皇帝朱由校是其中的中心人物。他坐在龙椅之上，看上去如此年轻，只是屁股决定脑袋，什么样的位置决定了什么样的人物关系——这其中最重要的是他和魏忠贤的关系。

万历十七年（1589年），当河间府肃宁县的一个市井无赖李进忠被选入宫中，成为司礼秉笔太监孙暹手下一个打杂的小伙计时，他不知道，在此后的岁月里，自己竟然有能力深刻地影响帝国朝局。熹宗皇帝成为他的铁杆玩伴。这个后来更名为魏忠贤的人引导皇帝极尽声色犬马之好，自己却包揽政事，成为帝国的一个符号人物——他们两人的关系，那才叫纠结和缠绵啊。

从万历十七年算起，差不多三十年之后，熹宗赐魏忠贤世荫的荣耀，荫封他的兄弟魏钊为锦衣卫千户。这是魏忠贤发达的开始。不过很多人看不透这一点，比如周宗建。天启三年（1623年）二月二十八日，御史周宗建上疏弹劾魏忠贤结党营私，准备将其一网打尽，没想到皇帝站在魏忠贤一边，诏夺周宗建俸禄三月——扣发了他三个月的薪水，以示惩戒。

看不透魏忠贤分量的人除了周宗建还有杨涟。天启四年（1624年）六月初一日，左副都御史杨涟向皇帝揭发魏忠贤二十四大罪，称：“大小臣工，皆知有忠贤，不知有皇上，乞正法以快神人之愤。”皇帝当然不可能将魏忠贤正法，他严厉批评杨涟的“虚妄”之语，以为对魏忠贤的慰藉和支持。杨涟受批评后，帝国官场掀起了反魏风。有 70 多名高级官员上疏弹劾魏忠贤不法。但是很遗憾，这些上疏弹劾的人统统受到熹宗的严词切责。魏忠贤在皇帝心目中的分量，那叫一个沉甸甸。

天启六年（1626 年），魏忠贤在帝国的威望到达顶点。这一年，他的生祠遍天下。这一发端于浙江杭州的兴建魏忠贤生祠运动得到皇帝的支持。熹宗皇帝赐名建于西湖的魏忠贤生祠为“普德”，还令杭州卫百户守祠。由此，花费数万到数十万的生祠在全国各地出现。都城内外，祠宇一时相望。监生陆万龄甚至提议在国子监建造魏忠贤生祠，给出的理由是：“孔子作《春秋》，忠贤作《要典》，孔子诛少正卯，忠贤诛东林，宜建祠国学西，与先圣并尊。”这是把魏忠贤抬到孔子的地位上了，而楚王包括袁崇焕在内也先后为魏忠贤建生祠，成为帝国信仰迷失时代的新鲜注脚。由此可见，熹宗皇帝对魏忠贤的关爱到了何种程度！

我们再来看看魏忠贤的职位。魏是司礼太监和提督东厂太监，但很显然皇帝认为还不够，不仅进其上公，加恩三等，还赐魏忠贤“顾命元臣”的印鉴，准其享有九千岁的称呼，并默许百官对魏忠贤的雕像行五拜三稽首之礼。这是皇帝在礼仪层面上的突破——在帝国的秩序体系中，此前从未有过这样的突破；甚至皇帝还放弃他的最高权力，在忙于木匠活的时候让魏忠贤自由裁量政务。由此，在万历年间神宗怠政的基础上，天启年间熹宗皇帝又有意无意地加了乱政的方子。杨涟等重臣纷纷去职，东林党人惨遭杀戮——朝局正邪之争全面失衡，帝国的崩溃呈现了不可遏止的姿态。这其中，熹宗皇帝未能处理好他与魏忠贤的关系是重要原因。

甚至在去世之前，熹宗还交代继任者崇祯皇帝要善待魏忠贤。虽然崇祯杀伐决断，未让魏忠贤继续苟活人间，但一切为时已晚，魏忠贤遗留下的所有破坏性效应在帝国最后 17 年一览无遗并得以总爆发，究其原因，实在是天启年间熹宗皇帝犯下的错。这是两个男人破坏性关系所导致的延后反应，熹宗漠视权力与秩序的后果在他与魏忠贤的关系处理上清晰而全面地显现出来，这是他呈现给世人的第一张脸。

熹宗留给世人的第二张脸则是温情或者说仁慈。天启二年（1622年）五月，熹宗复张居正原官。他赞同户部左侍郎陈大道等为原任大学士张居正所列的二十项功绩，认为张居正在治理帝国方面的确“功不可泯”，所以为其平反昭雪，官复原职，并给予祭葬——这是熹宗对祖父万历皇帝的一次反动，也是对历史真相的一次探究与致敬。甚至他的脚步不止于此，还走得更远，走到了建文时代。同样是在天启二年，六月二日，皇帝下旨，称：“方孝孺忠节持著，既有遗胤，准与练子宁一体恤录。”此前方孝孺的十世孙方忠奕来京为延续一线血脉“伏阙上书”，熹宗一切从实际出发，抚恤方孝孺遗嗣，为历史留下一个温情的注脚，也从一个侧面反映了他漠视权力与秩序的独特个性。在他与魏忠贤的关系处理上，这样的个性为帝国带来了灾难性的后果，但是在处理历史遗留问题上，熹宗这样的个性则为其带来生前身后的美誉——皇帝的形象开始变得丰满起来。

熹宗留给世人的第三张脸是寂寞。他是著名的“木匠皇帝”，在斧头与木头之间，竭尽所能地寻找自己的精神寄托。这实际上也从另一个侧面反映了他漠视权力与秩序的个性。从正德到万历再到天启，游历皇帝、炼丹皇帝、木匠皇帝的身份转变似乎说明了帝国最后几个皇帝都是蛮有个性的，但最寂寞的主儿无疑是熹宗。国事不可为，不是他不愿意为，而是历史的因果关系重重叠叠，留给他操作或者说突围的空间几乎等于零。后金在辽东攻势凌厉，帝国为辽饷问题饮鸩止渴，种种作为可以说是自掘坟墓。王恭厂的大爆炸像极了王朝唱晚时的警钟，而龙椅在大爆炸中倒塌，作为皇帝的他急逃交泰殿躲避，这份狼狈，不是末世的征兆是什么？！或许这一切，熹宗早已经心知肚明。所以让争权的人去争权，让魏忠贤和杨涟们在困局中去有所作为吧，他是明知不可为而不为之，或者说在另一个领域有所作为，比如干木匠活。这份聪明似乎是皇帝难得糊涂的真切写照，却是无人懂他。若干年后，当他的弟弟崇祯皇帝在最后的历史困局中明知不可为而为之，最终徒呼奈何时，或许熹宗那张寂寞的脸才反衬得格外清晰，令人印象深刻吧。

熹宗留给世人的第四张脸是天真。这位年轻的皇帝相信风水学，相信一切都是因果轮回，而人定可以胜天。天启二年（1622 年），皇帝干了一件事，把位于北京西南大房山系九龙山附近的努尔哈赤祖坟给挖了，金国帝王陵寝毁于一旦。熹宗这么做目的只有一个，泄“王气”，断龙脉，阻止后金上位。天真的皇帝在堪舆师引导下，将革命进行到底，不仅挖了努尔哈赤祖坟，还将其太祖完颜阿骨打的睿陵也给破坏了，取而代之的是一座“皋塔”，“皋塔”是纪念南宋抗金名将牛皋的，它之所以建在睿陵原址是取“气死金兀术，笑死牛皋”之意——皇帝天真到了迷信的程度，迷信到了意淫的程度，也算是千古奇观了。

熹宗留给世人的这几张脸展示了他不同的性格层面，也展示了其对这个世道的应对态度与能力。很显然，这不是一条正确的道路，因为一切都在如火如荼，帝国漏洞多多，补钉打不胜打。要不是天启六年（1626 年）袁崇焕在宁远之战中阻击了努尔哈赤的 13 万精兵，熹宗的天启年代很可能守不住原本就不固若金汤的山海关——那是帝国最具象征性的篱笆，熹宗实在是很幸运，未将最后的决战留给自己，而是留给了他的继任者。

时也命也？人间再无天启帝。

集体沉沦

帝国的崩溃说到底是人事的崩溃、人才的崩溃。天启年代和万历年代一样，配角比主角更有戏，杨涟们的倒下也比皇帝的倒下更加动人心魄。那才是一场悲剧，真正的悲剧。当士大夫精神的缺失成为时代的主旋律时，说实话，皇帝的作用便显得可有可无——他蜕化成一个符号，风干在末世王朝的晚风中，于事无补也于世无补。

杨涟。杨涟是一个标签，昭示着帝国的世道人心。这个万历三十五年（1607年）的进士也是东林党的后起之秀，以追随顾宪成的风骨而自励。这或许可以解释他为什么会在天启四年六月上疏弹劾魏忠贤二十四大罪的一个动因。当然，四个月后，杨涟付出了代价，他被削籍——开除公职，并在第二年三月下狱，经受了严刑拷打。锦衣卫动用了很多酷刑，死时“土囊压身，铁钉贯耳”（见《碧血录》），情状惨不忍睹。

赵南星。河北人赵南星在民间有很高的声望，与邹元标、顾宪成称为海内“三君”。魏忠贤最初也不想与他为敌，而是试图拉拢利用。他派自己的外甥傅应星去拜见赵南星，赵南星却拒而不见。赵以整齐天下为己任，曾告诫魏忠贤说：“主上冲龄，我辈内外臣子宜各努力为善。”由此遭到魏忠贤的打击报复。天启四年，赵南星被发配代州，三年后死于流放地。继杨涟之后，又一帝国的风骨轰然倒下。

高攀龙。高攀龙是明代著名学者，东林党领袖。他 25 岁时追随顾宪成一道讲学，于程朱理学多有钻研。顾宪成去世后，高攀龙成为东林党首。世称“顾高”。天启四年八月，高攀龙拜左都御史，因揭发御史崔呈秀贪污之事得罪魏忠贤，于同年十月罢归。后因崔呈秀挟私报复，派锦衣卫缇骑前往无锡欲逮捕高攀龙回京，高遂于天启六年三月十六日写下遗书，“衣冠赴水”而死，享年 65 岁。

左光斗。左光斗是桐城人。万历三十五年（1607 年）进士，天启四年拜左佥都御史。因为与杨涟共同弹劾魏忠贤，又和高攀龙一起揭发御史崔呈秀贪污之事，左光斗被削籍。天启四年十月下狱，天启五年八月在狱中去世。左光斗生前与杨涟两人为朝局着力深巨，朝野并称其“杨、左”。

事实上东林党人在天启年间的集体凋零不是一个偶然现象。它是正邪之争的必然结果。皇帝既然是非典型皇帝，以避世、不争为人生趣味，朝局自然邪气盛行，正气不存。魏忠贤的追随者有“五虎五彪十狗十孩儿四十孙”之说。其中“五虎”为文职，包括工部尚书兼左都御史崔呈秀等五人；“五彪”为武职，包括左都督田尔耕等五人。而“十狗十孩儿四十孙”也是各有其人。他们反映了一个王朝的阿附气味和彷徨品质。天启五年（1625 年）十二月，御史卢承钦为了取悦魏忠贤，仿《点将录》构致东林党人关系图，称“东林自顾宪成、李三才、赵南星而外，如王图、高攀龙等，谓之副帅，曹于汴、汤兆京、史记事、魏大中、袁化中谓之先锋，丁元荐、沈正宗、李朴、贺烺，谓之敢死军人，孙丕扬、邹元标谓之土木魔神。请以党人姓名罪状，榜示海内”。由此一轮新的打击呼之欲出。

这样的打击不仅仅体现在器物层面，也体现在精神层面上。左都御史邹元标与左副都御史冯从吾在京创建的首善书院被毁，紧接着东林、关中、江右、徽州等地书院俱毁。邹元标、冯从吾、孙慎行、余懋衡、周宗建、张慎言、黄尊素、邹维琏、卢化鳌、熊明遇等东林党人被先后削籍——帝国在精神层面上集体走向沉沦，终致万劫不复。

天启六年（1626 年）正月，书生袁崇焕在宁远之战中发炮击伤努尔哈赤，此举意外改变了帝国垂直向下的走向，病入膏肓的帝国这才获得一次场外休息的苟且机会。紧接着是第二年夏天，皇帝在西苑乘船游玩时意外落水，虽然没有马上致命，却仿佛证明帝国底气到底虚弱得可以，随时可能自己打败自己——死亡只是时间问题罢了。而熹宗也果然不争气，竟挺不过天启七年的夏天。八月二十二日，熹宗辞世。死前，他对三个人做出评价。评价弟弟朱由检为“尧舜”，暗示其可以继位。评价太监王体乾“勤练”，评价魏忠贤“忠诚”，这样的评价，可谓出人意料。而《明史》在若干年后则对当事人熹宗做出评价，称他：“在位七年，妇寺窃权，滥赏淫刑，忠良惨祸，亿兆离心，虽欲不亡，何可得哉？”（见《明史卷二十二·天启帝本纪》）

如此，在相互评价当中，历史不动声色地完成了它的演绎。

第十六章

崇祯

崩溃之旅的孤独君王

伏笔与铺垫

终于抵达崩溃之旅了。

从崇祯元年（1628 年）开始，在接下来 17 年的时间长度里，崇祯帝悲欣交集地完成了大明王朝最后的收官动作。这实际上是没有多少悬念的旅途。因为作为两百多年来，朱元璋制度设计的实践者和破坏者，朱的子孙们演绎了种种可能性和不可能性，当所有风景看遍、激情耗尽之时，崇祯帝的宿命也就呼之欲出了——他再也变不出什么花样来，历史也不会给他更多表演或者突围的空间。1628 年，所有含义丰富或暧昧的历史事件纠结在一起，共同完成一个王朝崩溃前所必须有的那些伏笔与铺垫。它们势能饱满，姿态鲜明，令人不容置疑。

这一年，帝国有三个地方发生了兵变，分别在蓟镇、宁远和固原。兵变原因大体相同，都是朝廷欠发军饷，兵士们因饥饿索饷，不得不干出一些出格事来。比如抢夺、焚烧武器弹药，绑架驻地军官等。说起来这些驻地军官也是牺牲品——军饷不是他们克扣的，实在是朝廷没饷可发，但兵士们却把矛头对准他们——谁让他们是具体的执行者呢？！七月二十五日，辽宁宁远兵变中，巡抚毕自肃、总兵官朱梅、通判张世荣、推官苏涵淳就成了这样的牺牲品。他们被绑在谯楼（系古代城门上建造的用以高望的楼）上，成为帝国无力时代的可怜人质。毕自肃因为官阶最高，更是受到严刑拷打，八月初八，49 岁的毕因不堪忍受自杀殉国了。但人死了，账还在。至崇祯元年止，辽东所欠军饷达五十三万余两，这也是宁远兵变深层次的原因之所在。在蓟镇，这个问题同样存在。蓟镇兵变平息后，为了安抚人心，顺天巡抚立马向户部及兵部打报告请求先发三个月的欠饷，总之一切都是让局面得以维持下去，以防发生更大的突变。但是在固原发生的兵变却是预后不良，哗变士兵和农民起义军合流，抢夺固原州库，攻击泾阳、富平等地，还抓走了游击李英。这里头的原因深究起来也是当地巡抚胡廷宴与延绥巡抚岳和声对哗变士兵提出来的缺饷问题无法应答，终致士兵们铤而走险，走到帝国的对立面上，向这个王朝要说法了。

当然，作为当事人的崇祯皇帝那是相当的焦头烂额，应接不暇。崇祯元年（1628 年），帝国除了发生此起彼伏的兵变外，其他麻烦而棘手的问题也是层出不穷。该年后金兵进犯黄泥洼，准备攻打山海、石门。在陕西，安塞高迎祥、汉南王大梁聚众造反，一个自称闯王，一个自称大梁王，准备为这个帝国制造不和谐音。老天也不长眼，时事艰难之时还兴风作浪，在浙江嘉兴、绍兴一带刮起强台风，“海水直入郡城，街市可行舟”“滨海及城郊居民被溺死者不可胜计”。仿佛为王朝唱晚，添加若干伤感的背景音乐。

崇祯二年（1629 年），形势进一步恶化。十月二十七日，后金兵入关。他们包围了蓟州。十一月，京师不得不宣布戒严。这一年皇帝在政治上颇有作为，裁撤了驿站的兵卒，以为帝国节省财政开支。这其实是户科给事中刘懋的一个动议，他在二月初八日上疏提“请裁驿站冗卒”，认为“岁可省金钱数十万”——每年可以节省财政支出数十万。但是世事因果相连，那些失业驿卒因失了饭碗，纷纷加入农民起义军，成为闯王的一分子。这其中有一个叫李自成的 23 岁年轻人也从银川驿站“下岗”，走上造反的道路。他是两年前到此应征当一名驿卒的。崇祯二年（1629 年）皇帝在政治上的有所作为，无意间竟启动了江山易主的最后程序——此二人谁都没想到，他们的命运交集在这一年就悄悄发生了，而不必等到 15 年后，李自成率兵打进北京城那一刻。

帝国崩溃之旅在接下来的时间段显得更加触目惊心。崇祯八年（1635 年），高迎祥、李自成、张献忠等率领农民军攻陷明中都凤阳，烧了龙兴寺，捣了皇帝的祖坟。崇祯九年（1636 年）四月十一日，后金国汗皇太极称帝，改元崇德——作为帝国的异数，它鲜明而强悍地存在，时刻威胁明帝国的国家安全。同年，清兵入喜峰口，入昌平，攻顺义，京师再次宣布戒严。崇祯十年（1637年），明帝国的属国朝鲜降清，标志着天下权力秩序发生严重变动，帝国权威受到强力挑战，这是明建国两百多年来从未发生过的事。崇祯十一年（1638年），京城西直门内安民厂发生火药爆炸。方圆十数里内房屋尽皆震塌，居民死伤万余人。这一酷似天启六年（1626年）发生的王恭厂大爆炸事件仿佛末世预警，很有震撼人心的意味。安民厂大爆炸后一百天，清兵入塞，开始了对明帝国长达半年时间的大扫荡。而这又是比火药爆炸更加震撼人心的政治事件，帝国的脆弱在这个年头一览无遗。九月二十四日，京师戒严。随后清军分八路南下，深入中原腹地二千里，俘获人口近50万、黄金四千余两、白银近百万两。清军这场持续到崇祯十二年三月的军事行动是五年后他们入关的总预演，昭示帝国的覆亡已无任何悬念。崇祯十二年（1639年）正月，目睹国事艰难，翰林院修撰吴伟业忍不住感时伤怀，他上奏崇祯说："今日阽危至极，皇上当下哀痛之诏，悯人罪己，思咎惧灾……"吴伟业如是用语，仿佛从帝国内部发出预警——王朝大去之期不远矣。崇祯十五年，两个人的降清加剧了局势的恶化。一个是祖大寿，另一个是洪承畴。这两个帝国抗清的标志性人物在这一年做出的令世人震惊的政治抉择，说明世道人心的改变已是不可遏止的潮流——人人裹挟其中，不进则退，不生则死。这一年，清兵再次入塞，连下八十八城。帝国几无抵抗能力，鲁王朱以派自杀殉国。崇祯十六年（1643年）五月初七日，崇祯帝在召巡抚保定右佥都御史徐标入京奏对时潸然泪下。因为徐标向他描述的一幅世纪末情景实在是不忍耳闻："臣自江淮来数千里，见城陷处固荡然一空，即有完城，亦仅余四壁城隍。物力已尽，蹂躏无余，蓬蒿满路，鸡犬无音，曾未遇一耕者，成何世界！皇上无几人民，无几土地，如何致治？"崇祯听了，那叫一个泪如雨下、情何以堪啊。此时，离大明王朝的最后覆灭只剩下短短不到一年时间。而李自成和张献忠在这一年分别建立政权，对即将到来的新世界充满渴望或者说野心。他们与辽东的后金遥相呼应，准备完成对明帝国的最后一击。这一年，崇祯皇帝做的一件令人印象深刻的事是向李自成、张献忠二人发出悬赏令，所谓立"赏格"，规定："购李自成万金，爵通侯；购张献忠五千金，官极品。"这道悬赏令是皇帝六月十五日对外发布的，这个夏天，帝国闷热异常，是崇祯帝即位以来最热的一个夏天，但也是他生命中最后一个夏天。

因为他再也看不到崇祯十七年夏天的太阳了。

突围形象

但是一开始，皇帝是心有不甘的。

他既未看透自己的宿命，更未看清历史的宿命。以为我能我可以，意气风发，要挽狂澜于既倒。事实上崇祯帝也的确出手了，并且出手不凡。

那是天启七年（1627 年）十月二十七日，贡生钱嘉征上疏揭露魏忠贤十罪，其中最重要的有三条：一、并帝。魏忠贤与先帝相提并论，“奉谕旨，必云朕与厂臣”，钱嘉征质问历史上“从来有此奏体乎”？二、蔑后。魏忠贤蔑视皇后，并试图置其于死地。三、弄兵。魏操刀于禁苑之中，玩的就是武力威胁。崇祯皇帝接到这封奏疏时，年仅 17 岁，即位才两个月，而魏忠贤把持权柄多年，有文臣崔呈秀、田吉（兵部尚书）、吴淳夫（工部尚书）、李夔龙（副都御史）、倪文焕（太常寺卿）等“五虎”；武臣田尔耕、许显纯、孙云鹤（东厂理刑官）、杨寰（镇抚司理刑官）、崔应元（锦衣卫指挥）等“五彪”伺其左右，那叫一个位高权重、无人能敌。所以崇祯帝不得不面临一个生死攸关的挑战：要不要与魏忠贤较量一番？

此前，魏忠贤在熹宗刚刚去世、朱由检尚未上位之时就曾蠢蠢欲动，试图问鼎最高权力。都督田尔耕已经被他说服，准备起事，只是兵部尚书崔呈秀首鼠两端，“恐有义兵”，不敢轻举妄动，魏忠贤这才悻悻然作罢。但是很显然，他和朱由检的实力对比极为悬殊。在天启七年，新帝朱由检不过是一个符号，听凭魏忠贤摆布才是正途——起码在魏忠贤看来是这样。

但是朱由检在这个时刻显示了他的谋略。他召来魏忠贤，令内侍读钱嘉征疏。一条一条读得慢条斯理却又暗藏杀机，由此历史进入拐点时刻——魏忠贤害怕了。他以重金贿赂太监徐应元，请他在崇祯帝面前为自己求情。魏忠贤本不必这么做，如果他有和崇祯帝殊死较量一番的勇气的话。事实上魏忠贤在这件事上是示之以弱，给了年轻的小皇帝一鼓作气、扭转乾坤的豪情或者说动力。崇祯帝斥责徐应元多管闲事，并且在十一月初一日下令将魏忠贤安置在凤阳，三天后，皇帝发出逮捕令，要将已经上路的魏忠贤逮治。已经走到阜城的魏忠贤畏罪自杀，崇祯帝"诏磔其尸，悬首河间"，在政治学和生物学上彻底完结魏忠贤这个人或者说社会符号。另外魏忠贤的侄子魏良卿也被处死。崇祯帝在这件事上显示了与其兄弟熹宗不一样的人生态度和处世哲学。此前，熹宗临死前曾评价魏忠贤"忠诚"，并嘱托朱由检要善待之，但朱由检却杀伐决断，不愿在旧秩序里苟且偷生——一个王朝命运突围者的形象可以说呼之欲出。

应该承认，崇祯帝朱由检最初的突围形象堪称完美。他在逮治魏忠贤的手段和策略上从容不迫、游刃有余，显示了与其年龄极不相称的老到成熟；并且在后续动作上，崇祯帝也有成熟设计——这是一个为意欲重生的帝国开山辟路的设计，里面包含了皇帝的雄心与渴望。天启七年（1627年）十二月二十三日，崇祯开始打击魏忠贤反革命团伙。崇祯帝下诏："天下所建魏忠贤逆祠，悉行拆毁变价。"包括"五虎""五彪"在内的魏忠贤集团骨干分子受到惩处。这个历时一年多的打击行动由崇祯帝亲任总指挥，并最后裁定。处罚结果毫无疑问是严厉的或者说毁灭性的：魏忠贤反革命团伙中魏忠贤、客氏二人磔死（凌迟处死）。崔呈秀等以"首逆同谋"罪立斩；刘志选等以"交结近侍"罪问斩，判秋后处决；魏广微等11人与魏志德等35人，全都充军，罪名是"谄附拥戴"，太监李实等以"交结近侍又次等"罪，判充军；顾秉谦等129人以"交结近侍减等"罪，判处有期徒刑三年；黄立极等44人被开除公职，永不叙用。这样在《魏忠贤钦定逆案》中，共有二百六十余人受到处置，与主审官、阁臣韩爌最初试图以四五十人结案的判决设计不可同日而语。崇祯帝大开大合的处事作风在"诏定逆案”中鲜明地体现了出来。与此同时，他又开展拨乱反正工作，将天启年间被魏忠贤压制的官员解放出来，让他们重新走上工作岗位，比如重新起用袁崇焕等；为遭受魏忠贤陷害、含冤去世的老同志恢复名誉，比如赠予已故官员杨涟太子太保、兵部尚书；左光斗右都御史；魏大中、周顺昌太常卿等官衔。虽说这些恤赠都是些死后清誉，却也表达了皇帝与旧时代一刀两断的坚强决心。这个时候的崇祯帝，事实上是与时间赛跑——帝国沉疴遍身，他愿意做减负者和治疗师。崇祯帝相信，帝国应该还有救，因为他在发力，全身心地投入，以牺牲者的虔诚或者说奉献，来换取帝国触底反弹的机会和可能。

接下来无数的事实证明，崇祯皇帝是努力想成为一个有为之君的。在一份崇祯二年（1629 年）的京官考察记录上，我们分明可以窥测皇帝对政事孜孜以求、力求完美的心态：“（该年）素行不谨冠带闲住者一百人，泄露降一级调外任者四十六人，才力不及降一级调外用者十七人，贪酷革职者八人，罢软无为冠带闲住者三人。”崇祯帝对百官分别对待、一丝不苟的心态与万历以来那些对官员采取无为而治政策的君主们形成鲜明差别。崇祯十二年（1639 年），因清军入塞导致帝国失陷城镇达六十余处。崇祯帝震怒异常，一口气处死了包括蓟镇总监中官郑希诏、分监中官孙茂霖、顺天巡抚陈祖苞、保定巡抚张其平、山东巡抚颜继祖、蓟镇总兵吴国俊、陈国威、山东巡抚倪宠、援剿总兵祖宽、李重镇等在内的 36 名责任官员。皇帝孜孜以求治，为帝国安危辛勤操劳的心态在这一事件中展露无遗。

但是什么时候开始，崇祯帝的治国心态出现了若干诡异的色彩？“过犹不及”的悲剧性宿命在他生命中的最后 17 年为何频频光临？在历史大崩溃的前夜，一个帝王的焦灼、悲悯、怨天尤人、我行我素以及无可奈何花落去的复杂心态，在诸多大事件的碰撞和覆盖下，是怎样浮出水面的呢？一切需要细细道来。

刘鸿训第一个感受到了来自崇祯皇帝的寒意。这位在天启六年（1626 年）因为触犯魏忠贤而被免职的官员在崇祯元年（1628 年）七月晋身为太子太保、文渊阁大学士，这是崇祯帝慧眼识人的结果。刘鸿训也知恩图报，准备为皇帝肝脑涂地在所不辞。特别是在扫荡魏忠贤余党上，刘鸿训公私之仇兼报，试图一网打尽。但崇祯帝出于朝局稳定的考虑，决定要分别对待。由此刘鸿训深感不满，他从朝堂退下来后说了这样一句话："主上毕竟是冲主。"意思是说皇帝年轻，做事不够成熟老到。当然接下来的事实证明，崇祯皇帝是成熟老到的，他有勇有谋地解决了魏忠贤反革命集团问题，不够成熟老到的人是刘鸿训，因为他在错误的时间、错误的地点说了那样一句错误的话，皇帝为此要置他于死地。崇祯元年（1628 年）十月二十一日，刘鸿训被开除公职，二年正月流放代州。崇祯五年正月十二，刘死于流放地——崇祯帝以绝不饶恕的态度向刘鸿训及世人展示他步步紧逼的寒意，其心胸之狭窄由此可见一斑。

崇祯八年（1635），汤显祖之子汤开远在刘鸿训之后也感受到了来自崇祯皇帝的寒意。这年十月，汤开远上疏指出崇祯帝对待文武官员的态度不一。对文臣示之以刻薄，对武将示之以宽纵。这位左良玉军中的监军希望皇帝对文武官员要待之以平，一视同仁。但汤开远很快遭到皇帝的打击报复，他差点和刘鸿训一样被开除公职，只因左良玉等人求情，才得以留在军中戴罪立功。五年后，这位郁郁不得志的监军含冤去世，据说是"过劳死"——皇帝的心胸狭窄再次留下了证明。

陈新甲之死则反映了皇帝的冷酷无情或者说实用主义处世态度。崇祯十四年，因为松、锦失守，兵部尚书陈新甲提出引咎辞职。崇祯皇帝不许，同时令他与清军暗中议和，前提条件是要保密。但世事无常，议和之事很快泄露，堂堂帝国要与清国媾和，这是言路无论如何不能接受的。一时间交章弹劾陈新甲蔚然成风。崇祯皇帝怕引火烧身，勒令陈新甲做出检讨，但是陈尚书不上路，自以为有皇帝罩着，拒不认错。崇祯十五年七月二十九日，陈新甲在崇祯皇帝复杂的眼神下入狱，两个月后被斩于市。他的死为世人揭开了皇帝性格的另一个侧面：爱面子，不爱里子。帝国的兵部尚书死在他的面子里，谁还会为这个王朝卖命呢？这一年祖大寿和洪承畴之所以降清，既和帝国的失败有关，或许也和皇帝的性格缺陷有关吧？一个抱持冷酷无情或者说实用主义处世态度的皇帝是没有多少追随者的。崇祯十七年，皇帝在煤山脚下吊死时，身边的大臣无一追随，各自作鸟兽散——世事的恩怨相报，真是屡试不爽。

但是和袁崇焕相比，这些人的遭遇都是小巫见大巫。崇祯皇帝多疑自信的复杂性格在他与袁崇焕的互动关系中充分暴露出来，这也导致了帝国无法走上自我拯救的道路。崇祯帝杀袁崇焕是自毁长城，帝国在他着力拯救的急迫过程中快速坍塌，如同其性格缺陷一般，是那样的触目惊心，充满了邪恶的堕落式的快感。

性格缺陷

袁崇焕的悲剧应该说是他和崇祯皇帝二人性格缺陷碰撞的必然结果。一个轻言浪对，一个信以为真；一个我行我素，一个疑窦丛生。最后时刻，那个叫皇太极的人点燃火药桶边上的导火索，爆炸便不可避免了。

刚开场是花好月圆的，就像世事的“起承转合”，第一步“起”总是波澜不惊，充满和谐意味。崇祯元年四月，皇帝任命袁崇焕为兵部尚书兼右副都御史，督师蓟、辽，兼督登、莱、天津军务。两人的合作开始了。袁崇焕投桃报李，表示要为皇帝平辽。崇祯帝立即做出回应，称：“朕不吝封侯之赏，卿其努力以解天下倒悬之苦！卿子孙亦受其福。”封侯之赏、荫及子孙对一个士大夫（袁崇焕是进士出身，以文官身份领军，也算是士大夫一族了）来说，当是人生的最高追求，皇帝如此犒赏，袁崇焕再次投桃报李，表示平辽五年可成。这其实是轻言浪对，虽然在此前袁曾经炮伤努尔哈赤，但皇太极即位后，后金的战斗力继续走强，而明军苦于机制、财经以及腐败等诸多问题的困扰，战斗力很成问题。关于这一点，袁崇焕自己也很清楚。他接下来在回应给事中许誉卿的疑问时表示，所谓五年平辽只是“聊慰圣心耳”。袁以这样的人生态度与处世哲学，遭遇崇祯帝的信以为真和锱铢必较，危机的降临便是不可避免了。

当然危机不是一步达成的，历史为两个彀中人都提供了足够宽大的舞台，让他们的性格缺陷充分暴露，并一步步走向碰撞。袁崇焕接下来做的令崇祯帝很不爽的事是要钱，准确地说是催讨拖欠的军饷。袁崇焕刚去辽东，宁远兵变就爆发了。明军的机制、财经以及腐败问题在袁崇焕面前一览无遗。宁远十多个兵营哗变，巡抚毕自肃、总兵官朱梅、通判张世荣、推官苏涵淳等人被绑架，现实问题如此触目惊心地表达出来，袁崇焕怎么办？他分两步走，一是强行镇压，和兵备副使郭广秘密谋划，诱捕了兵变主谋张正朝、张思顺，杀了十五个人，从而暂时平息了兵变。二是向皇帝请饷，请发宁远军所缺的四个月兵饷，袁崇焕以为，这才是解决问题的根本之道。但崇祯帝却不以为然，他在朝堂上透过现象看“本质”地说：“将兵者果能如家人父子，自不敢叛，不忍叛。不敢叛者畏其威，不忍叛者怀其德，如何有鼓噪之事？”崇祯帝对实实在在存在的军饷拖欠问题避而不谈，反而从道德层面苛求刚上任的袁崇焕必须一劳永逸地解决兵变问题——两人在观察和处理同一事务上出现了不同的角度和心态，崇祯帝甚至在礼部右侍郎周延儒的诱导下怀疑袁崇焕恃边逼饷，借此中饱私囊。他对袁的信任缺失已然呈现。

接下来，袁崇焕先斩后奏杀死皮岛守将毛文龙，进一步刺激了崇祯帝的疑心。对崇祯皇帝来说，毛文龙是有功的，他在濒临朝鲜的皮岛上多次袭击清军后方，从而牵制了清军南下的进程，这就是功劳。但对袁崇焕来说，毛文龙拒绝其清理东江军饷的命令，有虚功冒饷之嫌。由此，清理军队腐败、树立在辽东的威信便成为袁崇焕随后必做的一件事情。崇祯二年（1629年）六月初五日，毛文龙在皮岛死于袁崇焕的尚方宝剑之下，此前，崇祯帝对此事一无所知。在崇祯帝看来，毛文龙死于什么罪名并不重要，重要的是袁崇焕蔑视权威、先斩后奏杀死了毛，这个是他不能容忍的。

但还是忍了下来。在两人的性格碰撞中，崇祯帝的性格事实上也是细腻、丰满、富有曲线的，或者说他的燃点还未达到。这里有两个原因。一是尚方宝剑的确是自己亲赐，袁崇焕先斩后奏的举动在潜规则范围之内；二是“平辽”还指望袁崇焕去完成，和毛文龙的性命甚至是自己的权威相比，崇祯帝认为“平辽”更重要。由此，他由着袁崇焕往前走，还“传谕暴文龙罪，以安崇焕心”。其良苦用心，非局中人不能感受。

事后分析起来，指望袁崇焕“平辽”的确是崇祯帝最后的底线，这个底线一旦突破，袁崇焕就会死得很惨。但很遗憾，历史的残酷性就在这里，它不差分毫地向前演绎，每一个节点都在指向皇帝性格缺陷的最后总爆发。崇祯帝杀袁，真是每一个节点都可疑，每一个节点都在引领皇帝疑心的大发作。崇祯帝二年十一月，皇太极率领的清兵从蒙古绕道入关，遵化失守，袁崇焕率师回京救援。在广渠门外，袁的部队打败了清军的围攻。历史的第一个节点不期而至：未经崇祯帝许可，袁崇焕率师回京，目的可疑。

第二个节点很快如影随形——袁崇焕请求皇帝准许他的部队入城休整，以利再战。这个在崇祯帝看来，也是目的可疑，但袁崇焕不自知。在此之前，他的后背上累积了皇帝太多狐疑的目光，就像一层层炸药，只需一根火柴就能引爆。关键时刻，聪明的皇太极递上那根火柴——他施反间计，使皇帝相信袁崇焕和他有密约，袁回师也罢，请求准许他的部队入城休整也罢，都是这个阴谋计划的一个组成部分。被清军俘虏的杨太监适时放了回去，向皇帝报告袁崇焕的险恶用心——火柴熊熊燃烧，炸药即刻引爆。袁崇焕在崇祯帝愤怒和狐疑的心态下入狱，成为帝国悲情时代分量最重和最著名的牺牲品。崇祯三年八月十六日，袁以“谋叛罪”被凌迟处死，抄家，兄弟妻子流放三千里——帝国的防线至此不摧自毁。

袁崇焕死后，崇祯帝失去最后一道防火墙，帝国的崩溃进入倒计时。帝国之毁随于性格之毁，诚哉斯言啊。

帝国的忧伤

我们来看一看皇帝的《罪己诏》吧。在历史的大宿命和个人的小宿命之间，崇祯帝下过六道含义丰富的罪己诏。它们从各自不同的层面呈现出关于帝国宿命的忧伤主题。在担当和不堪担当之间，年轻的、孜孜以求治的皇帝从希望走向绝望、从宽容走向狭隘、从公允走向偏激、从悲欣交集走向心如死水。他承担了一切不该他承担的，却又在历史的大颓势之中，添加了来自其性格缺陷的助推力。毫无疑问这是一个标本——王朝唱晚时代，那个孤独的勤政者将他落寞而行的背影定格成天头地脚，以注脚的形式悲怆地写在历史边上，任人品读，也任人评说……

崇祯八年（1635 年），皇帝的第一道《罪己诏》是在以下背景出台的。这一年，农民军在荥阳会师，包括高迎祥、张献忠、老回回、罗汝才、革里眼、左金王、改世王、射塌天、横天王、混十万、过天星、九条龙、顺天王等十三家义军七十二营部队大会于荥阳，简称荥阳大会。随后不久，农民军陷凤阳、围桐城、攻颍州、潜山、罗田、麻城等地，后转入陕西，气焰一时大盛。而当凤阳祖坟被捣的消息传来，崇祯帝惊慌失措。他“身着素服，声泪俱下”，慌慌地遣官告庙，表示自己乃大明不肖子孙。二月十三日，皇陵失守，总督漕运尚书杨一鹤成了替罪羊，被逮捕下狱。这一年帝国党争正盛。礼部左侍郎兼东阁大学士文震孟因与首辅温体仁不和，告老还乡。皇帝给他的评价是“徇私挠乱”，很有悻悻然之意，而文震孟从入阁参政到黯然下野，只有短短五个月时间。帝国人事之复杂，崇祯帝始乱终弃的用人观由此可见一斑。这一年郑鄤在党争中死去。这位文震孟的战略合作者曾经当面攻击温体仁，文震孟去后，郑鄤遭到温体仁的打击报复，先下狱，后被杀。而崇祯帝的烦恼不仅仅在于党争，还在某些官员的“拎不清”。监军汤开远十月上疏攻击他“待文武之臣不一，于抚臣则惩创之，于镇臣则优遇之。督抚失事多逮系，而大将率姑息”。这一点令崇祯帝恼羞成怒的同时又觉得很有些话要说——崇祯八年（1635年）版《罪己诏》就这样出台了。

崇祯帝在他的《罪己诏》里先是表达自己的志向：“朕以凉德，缵承大统，意与天下更新，用还祖宗之旧。”紧接着说明因为“倚任非人，遂致虏猖寇起”。这里有对自己用人失误的检讨；而帝国内外交困的情状崇祯用八个字来概括——“虏乃三入，寇则七年”——后金三次入塞，农民军起事已达七年。这是个历史困局。在这样的困局消耗下，皇帝承认“国帑匮绌而征调不已，闾阎凋敝而加派难停”。而他“中夜思惟，业已不胜愧愤”。“愧愤”二字，可谓传神——既惭愧又愤怒，个中情绪，实实复杂难言。崇祯接下来提到了最敏感的事件：“今年正月，复致上干皇陵。”凤阳祖坟被捣了，“祖恫民仇”，崇祯帝承认“责实在朕”。所以为了救国于危难之间，崇祯帝表示要“择十月三日避居武英殿，减膳撤乐”，以愆其过，以励其志。在这份感情充沛的《罪己诏》里，崇祯帝还承认“民罹锋镝，蹈水火，血流成壑，骸积成山者，皆朕之过也”。很有“行了行了都是我的错”“我不下地狱谁下地狱”的悲壮感。

在接下来几份《罪己诏》中，崇祯帝年用语一次比一次悲壮，甚至从悲壮走向悲怆或者说凄凉。崇祯十五年（1642年），崇祯帝在他的第三份《罪己诏》中承认“（帝国）灾害频仍，干戈扰攘，兴思祸变，宵旰靡宁，实皆朕不德之所致也！罪在朕躬，勿敢自宽”。他表示自己今后要“敬于宫中默告上帝，修省戴罪视事，务期歼胡平寇以赎罪戾……”崇祯十七年（1644年）正月十八日，崇祯帝在他的第五份《罪己诏》中痛责自己：“为民父母，不得而卵翼之，民为朕赤子，不得而襁褓之，坐令秦豫丘墟，江楚腥秽，贻羞宗社，致疚黔黎，罪非朕躬，谁任其责？”但此时帝国大势已去。兵部尚书冯元飚在陈新甲被处决后，吓得不敢再做兵部尚书，死活要离职而去。崇祯帝下《罪己诏》，除了自责，其他官员对此并不以为然。此时李自成拥百万之众在西安建立政权，准备对北京发起最后一击，帝国却无多少抵抗力量。这个正月，崇祯帝发出的令人印象深刻的话语是："朕非亡国之君，事事皆亡国之象。祖宗栉风沐雨之天下，一朝失之，何面目见于地下。"他这话是对阁臣们说的，但听者置若罔闻，人人明白国事不可为了。三月十六日，昌平失守。十七日，北京城被围。城破只在旦夕间。崇祯帝"仰天长号，绕殿环走，拊胸顿足，叹息通宵，大呼：'内外诸臣误我！误我！'"十八日，崇祯帝下第六份也是他生命中最后一份《罪己诏》："朕凉德藐躬，上干天咎，致逆贼直逼京师，皆诸臣误朕。朕死，无面目见祖宗，自去冠冕，以发覆面。任贼分裂，无伤百姓一人。"在此之前，太监王相尧开宣威门献降，兵部尚书张缙彦开正阳门、负责京师防务的成国公朱纯臣开朝阳门迎降，崇祯帝最后时刻亲自鸣钟上殿，却没有一位官员前来签到"上班"，众人都作鸟兽散了——他的时代或者说他的王朝就以这样尴尬的形式黯然结束。一切了犹未了不了了之。这一年崇祯帝 33 岁，大明王朝 276 岁。两个数字的对比含义实在丰富——是那样的年轻，又是那样的苍老。他们糅杂在一起，不由分说走向死亡……